HANGIL
GREAT BOOKS

인류의 위대한 지적유산

HANGIL
GREAT BOOKS
41

명이대방록

황종희 지음 | 김덕균 옮김

한길사

HANGIL
GREAT BOOKS
41

Huang Zongxi
Ming Yi Dai Fang Lu

Translated by Kim Duk-Kyun

Published by Hangilsa Publishing Co. Ltd., Korea

청나라 때의 학교
황종희는 「학교」편에서 "천자가 옳다고 하는 것이 반드시 옳은 것이 아니고,
천자가 그르다고 하는 것이 반드시 그른 것이 아니다. 천자 역시 마음대로
시비를 결정하지 못하고 학교를 통해 공론해야 한다"며 학교의 역할을 강조했다.

이주 황종희(梨洲 黃宗羲, 1610–95)
그는 풍전등화와도 같은 명나라를 되살리는 데 평생을 바친 명·청교체기의 학자이자 사상가다.

初錮之為黨人總指之為清流

繼則之於儒林其為人也蓋三

變而至今豈其時為之耶

抑夫人亦有選心　自題

황종희의 친필

황종희는 『명의대방록』 외에도 송·원·명의 유학사상사를 정리한
『송원학안』(宋元學案)·『명유학안』(明儒學案)을 남겼다.

강희제(康熙帝)의 남순도(南巡圖)
청나라의 기초를 확립한 강희제(성조)가 남쪽 지방을 순회하는 그림.
청나라는 문화정책을 실시하면서 많은 한족 출신의 지식인들을 청조에 참여하도록 했으나
황종희는 그들의 끈질긴 요구를 거절하고 대신 아들 황백가와 제자 만사동을
『명사』편찬 작업에 보냄으로써 명나라에 대한 지조를 지켰다.

소주(蘇州)의 운하와 상점
명·청대의 번화한 소주(蘇州)의 모습을 묘사한 그림. 소주는 대운하를 끼고
발달한 강남의 중심 도시로서 당나라 때부터 번영을 누렸으며 송나라 때에는
항주(杭州)와 함께 상공업의 중심지가 되었다. 성벽 아래에는
각종 상점이 자리 잡고 있어 상인들의 왕래가 잦았다.

강소(江蘇) 무석(無錫)의 동림서원(東林書院)

송대(宋代)에 세워진 이 서원은 명나라 말기 동림당(東林黨)의 고헌성(顧憲成)·고반룡(顧攀龍)이
강학(講學) 및 정치활동의 장으로 사용하면서 재건되었다.
특히 이곳은 동림당의 양련(楊漣)·좌광두(左光斗)·범경문(范景文)·유종주(劉宗周)·황도주(黃道周) 등이
환관 위충현(魏忠賢)을 격렬히 성토한 곳으로 유명하다.

명나라 말기 장거정(張居正)의 독재에 반대하고,
위충현을 중심으로 한 환관들의 횡포에 항의하다 옥사한 다섯 사람의 묘.

자금성 북쪽에 있는 경산
이자성 농민군이 성 안으로 진입하자 명나라 마지막 황제인 숭정황제가 도망쳐 나와
경산의 수황정에서 목을 매 자살을 함으로써 명나라는 허망하게 무너져내렸다.

자금성의 태화전(太和殿)

명나라 영락 18년(1420)에 건립된 고궁 내 가장 높은 건축물이다.
명나라 가정(嘉靖)년간에 황극전(皇極殿)이라 했다가 청나라 순치(順治)년간에
태화전이라 고쳐 불렀다. 이곳 태화전과 천안문 사이의 넓은 광장에서는 명·청대 황제의
등극(登極), 대혼(大婚), 황후책립(皇后冊立) 같은 대규모 행사들이 거행되었고
설날, 동짓날, 황제 생일을 기념하는 진사(進士) 발표, 출정(出征), 연회(宴會) 등의 행사를 치렀다.

팔기군(八旗軍)의 병사들

청나라의 주력 군대조직인 팔기군은 명나라 말기 극소수의 만주족이 중국 전체 인구의
대부분을 차지하던 한족을 무너뜨리고 청나라가 들어서는 데 큰 공을 세웠다.

만리장성(萬里長城)

인류최대의 구조물이라고 일컬어지는 만리장성은 진시황(秦始皇)이 전국을 통일하고
흉노(匈奴)의 침입을 막기 위해 세웠다고 하나 실제로는 전국시대
진(秦)·조(趙)·위(魏)·한(韓)·연(燕) 등의 제국이 건설했다는 기록이
『사기』(史記)의 곳곳에 보인다. 진시황은 만리장성의 동쪽인
요동(遼東) 발해(渤海)에서부터 서쪽인 감숙(甘肅) 임조(臨洮)까지
증축했으며 그 후대에도 계속 증축이 이루어지다가 명대에 비로소 완성되었다.

옮긴이 김덕균

김덕균은 성균관대학교 동양철학과를 졸업하고 같은 대학교 대학원에서
석사·박사 학위를 받았다. 한국연구재단 지원으로 중국산동사회과학원에서
박사후과정(Post-Doc)을 마치고, 성균관대·중앙대·동덕여대·한국예술종합학교에서
강의하다가 중국산동사범대학 외국인교수, 서일대학교 교양과 주임교수,
중국사회과학원 교환교수, 성산효대학원대학교 효문화학과 교수를 지내고,
현재는 보건복지부와 대전광역시가 공동 출연한 한국효문화진흥원
효문화연구단장으로 있다. 저서로『통쾌한 동양학』『명말청초 사회사상』『공문의 사람들』
『근현대사 속 겨레의 효자들』『황종희의 명이대방록』『동아시아 효문화 이해』등
여러 책이 있고, 역주서로『역주 고문효경』
『중국봉건사회의 정치사상』『잠서』(상·하) 등이 있다.

GB
한길그레이트북스

인 류 의 위 대 한 지 적 유 산

황종희

—

명이대방록

—

김덕균 옮김

한길사

명이대방록 · 차례

새 시대를 갈망하는 『명이대방록』의 사상사적 의의

● 황종희와 『명이대방록』

김덕균 성산효대학원대학교 교수·동양철학

1. 명말청초 격변기의 사회 상황과 신사조의 형성

명말청초의 사회는 정치 경제적인 격변기였다. 안으로는 이자성(李自成)과 장헌충(張獻忠)의 농민봉기로 혼란스러웠고, 밖으로는 강성해진 만주족이 명조를 위협하는 상황이었다. 또한 조정 내부에서는 동림파(東林派) 대 비동림파의 대립이 극심하였는데, 이 당쟁은 위충현(魏忠賢)을 중심으로 한 환관들의 동림에 대한 탄압으로 이어졌다.

한편 경제적으로는 강남 일대를 중심으로 자본주의 맹아 분위기가 형성되었다. 정치·행정의 중심인 북경을 비롯한 행정 중심지역에서는 내분과 전쟁이 끊이지 않은 반면, 강소·절강 등 강남지역에서는 상업과 수공업이 발달한 중대형 도시가 형성되어 번창하고 있었다.

명말청초의 대표적인 상업도시는 광동성의 광주(廣州), 호북성의 한구(漢口), 절강성의 항주(杭州), 강소성의 소주(蘇州)

와 남경(南京)을 들 수 있다. 이 도시들은 중국내에서 이미 15
세기초부터 30개 남짓한 비교적 큰 상업도시로 번성하고 있
었다.[1]

도시의 발달은 수륙·해상교통의 요지인 양자강 중하류 지
역에 집중되었는데, 이것은 '지소인다'(地小人多) 현상과 맞물

---

1) 당시 강소성 일대의 인구분포.

年代	소주부 (蘇州府)	오현 (吳縣)	장주 (長洲)	곤산 (崑山)	오강 (吳江)	자료
1371	473,862호 1,947,871구	60,335 245,112	85,868 356,486	88,918 357,633	80,384 361,686	홍무 『소주 부지』(蘇州 府志) 권10
1376	506,543호 2,160,463구	61,857 285,247	86,178 380,858	99,790 390,364	81,572 368,288	위와 같음
1393	491,514호 2,355,030구					『명회전』(明 會典) 권19
1432					79,645戶	가정『오강 현지』(吳江 縣志) 권9
1462					68,365戶	위와 같음
1491	535,409호 2,048,097구					『명회전』 권19
1503	582,000호 2,009,300구					강희『소주 부지』 권20
1570			115,787호 294,116구			위와 같음
1578	600,755호 2,011,985구					『명회전』 권19
1632		100,969호 65,610구				『오문보승』 (吳門補勝) 권1
1644	610,054호 1,378,381구	100,969 65,610	115,787 294,116	81,043 132,828	82,891 210,129	강희『소주 부지』 권20
1674	634,255호 1,430,243구	100,969 65,610	115,787 294,116	81,043 132,828	82,673 210,029	위와 같음

* 참고자료 : 洪煥椿, 『明淸蘇州農村經濟資料』, 江蘇古籍出版社, 1988
년, 25~28쪽 및 36~37쪽 참조.

려 있었다. 중국은 땅이 넓은 것처럼 보이지만 실제 사람이
살 만한 공간은 많지 않았기 때문에 인구가 집중되는 도시화
가 자연스레 진행되었다. 도시의 발달은 수공업과 상업의 발
달을 가져왔고, 이른바 '자본주의 맹아' 형태가 보이는 새로
운 사회단계로 나갈 수 있었다.

또한 제한된 관료사회로 관직에 진출하지 못한 일부 사대부
들이 상업에 종사하는 것을 당연하게 여기는 풍토가 조성되기
도 했는데, 이것은 기존의 사농공상(士農工商)의 사민의식(四民
意識)의 일대 전환이라는 차원에서 의미있는 일이라 하겠다.

'자본주의 맹아 발현'의 시기는 아울러 인식세계의 전환도
가져왔다. 이른바 근대적 의미의 사유체계가 형성된 것이다.
여기서 근대 지향적 사유체계란 합리주의 정신과 자본주의
정신에 입각한 ① 인식 주체로서의 개인의 자아에 대한 각성
② 사회적 불평등 구조의 해소 ③ 사적 소유의 자유와 이윤
추구의 확대 등을 의미한다. 이런 생각에는 몇가지 전제되어
야 할 것들이 있다. 중국사회 '정체성론'[2]에 대한 반성 및 전
통과 근대화의 관계에 대한 검토가 그것이다.

먼저 중국사회 정체성론에 대한 문제로, 이는 이미 수십년
간 많은 연구자들이 다루어왔던 이론임에도 불구하고 분명한
한계를 지니고 있다. 결국 이 문제는 서양중심적인 사고에

2) 중국사회 정체성론이란, 막스 베버의 『유교와 도교』, 카를 비트포겔
의 『동양적 전제주의』 등이 담고 있는 중국사회의 정치적인 전제주
의와 사적 소유의 불허로 인한 경제적 미발달을 의미한다. 물론 마
르크스의 '아시아적 생산양식론'에 입각한 중국사회 분석도 이에 속
한다고 볼 수 있다.

대한 반성으로 연결되면서 중국사회 나름대로의 발전 모델을
제시하기에 이르렀다.

다음은 전통사상과 근대화에 관한 문제인데, 막스 베버는
이 문제를 거론하면서 정치형태를 합법적인 것, 전통적인 것
등으로 분류하였다.

여기서 합법적인 것은 근대 민주주의 사상을, 전통적인 것
은 봉건체제를 의미한다. 따라서 합법적인 근대사상과 전통
사상은 대립적일 수밖에 없으며, 전통적인 것에 대한 비판
극복이 곧, 근대화라는 등식이 성립된다. 물론 전통적인 것이
라고 모두 전근대적이라고 할 수는 없지만, 기본적으로 전통
에 대한 비판·수정이 근대화라는 데에는 이의가 없다. 다만
중국사회의 경우 전통사상에 대한 반성과 수정의 요구가 외
부(外因論)에 있었는가 아니면 내부에 있었는가(內因論)가 문
제의 핵심이 된다.

역사적으로 볼 때 중국사회 근대화는 외부적 요인이 강하
게 작용한 것은 사실이다. 그렇다고 내부적 요인이 전혀 작용
하지 않았다고 볼 수도 없다. 이 점에서 중국사회 근대화의
내적 요인으로 명말청초의 사상을 주목하지 않을 수 없다.

첫째, 황종희·당견(唐甄, 1630~1704)[3]을 중심으로 한 전
제주의에 대한 비판을 들 수 있다. 전제주의는 이른바 민주
사회로 나가는 길을 가로막는 장애물이다. 중국사회는 역사
적으로 근대화 이전 단계까지 전제주의가 지속되었는데, 전

---

3) 당견은 "진나라 이후 제왕은 모두 도적이다"(『潛書』「室語」)라고 하
  며, 전제주의에 대해 혹독히 비판하고 있다.

제주의에 대한 비판은 발전적인 측면에서 민주사회로의 길을 여는 역할을 담당했다. 반전제주의에 대한 논의는 결국 사회 발전의 한 전형을 보여주는 것이라 할 수 있다.

둘째, 명말 양명좌파에서 비롯된 개인의 자아각성을 꼽을 수 있다. 근대 이전 사회에서 개인의 자아는 공동체(국가나 사회)에 종속되었기 때문에 개인보다는 공동체가 우선하는 사유체계였다. 그러나 근대화의 척도는 주체적 사유에 의한 개인의 욕망이 얼마나 자연스럽게 표현되고 용납되는가에 있다. 이것은 명말청초 양명학의 주자학적 사유체계에 대한 비판과 반성을 통해 자연스럽게 제시되었으며, 황종희의『명이대방록』에서 이 문제는 더욱 분명해졌다.

명말청초의 사회상황과 사상은 근대화의 전단계라는 차원에서 볼 때 그 의미가 더욱 살아난다. 청조의 강력한 전제주의가 정치적 억압을 지속하였음에도 불구하고, 그 이론적 기반이었던 주자학적 엄격주의는 각성된 개인과 사회의 비판적 상황에 부응하지 못하고 지식인들에게 설득력을 잃고 말았다.

이것을 잘 표현하고 있는 책이 바로 황종희의『명이대방록』이다. 다시 말해 황종희는 정치·경제적 격변기를 살면서 그 사상의 실마리를 잡아갔고, 그것을 그의 저술을 통해 담아냈던 것이다. 그는 농민군과 청조의 명조 위협을 목도하고 새로운 정치적 패러다임을 구상하였고, 경제적인 새로운 환경 속에서 기존의 사농공상에 대한 차별의식을 비판적 안목에서 바라보았다. 따라서 우리는『명이대방록』을 통해 새 시대를 갈망하는 황종희의 정치·경제에 대한 구체적 정책대안과 철학을 자세히 살펴볼 수 있다.

2. 파란만장했던 생애와 폭넓은 저작 활동

명말청초의 대학자 황종희(黃宗羲, 1610~95)는 절강성(浙
江省) 여요현(餘姚縣) 사람으로 자는 태충(太沖), 호는 남뢰(南
雷)이며, 사람들이 이주(梨洲) 선생이라고 불렀다.

절강성의 동남쪽에 위치했던 여요현은 절동학파(浙東學派)
의 발상지로서 송대에는 진량(陳亮, 1143~94, 자는 同甫)·여
조겸(呂祖謙, 1137~81, 자는 伯恭)·당중우(唐仲友)·설계선
(薛季宣, 1134~73, 자는 士龍, 호는 艮齋)·진부량(陳傅良,
1137~1203, 자는 君擧, 호는 止齋)·엽적(葉適, 1150~1223,
자는 正則)·왕응린(王應麟, 1223~96, 자는 伯厚, 호는 深寧居
士) 등의 학자를 배출하였다.

이들의 공통점은 공리적(公利的) 실학과 실천을 중시하였
으며, 현실 정치의 폐단을 예리하게 비판하였고, 고증(考
證)·실증(實證)을 중시한 점이다. 이런 경향은 황종희의 학
문에 큰 영향을 주었다.

황종희의 어릴 적 이름은 린(麟)으로, 그의 어머니가 태몽
에서 기린을 보았기 때문에 지은 이름이라 한다. 그는 어릴
때부터 재능이 뛰어났다. 부친 황존소(黃尊素, 1584~1626)를
따라 북경에 머물 때, 부친이 제시한 팔고문에 대한 과제를
마치고 나면 시중에서 소설책을 사서 보았다. 이때 그의 어

머니가 이를 걱정하며 제지하자 부친은 "이 역시도 지혜를
넓혀준다"(『연보』, 1623년)고 하며, 그의 행동을 나무라지 않
았다.

이런 태도는 그의 학문관에서 그대로 드러난다. 그는 평소
경전 강독회를 조직하고 주변 사람들과 어울리며, "학문은
반드시 육경(六經)을 근본으로 해야 하고, 공리공담은 결국
건질 것이 없다"(『연보』, 1668년)고 하였고, "각자 스스로 터득
한 것이 바야흐로 학문이다"(『연보』, 1677년)고 하였다. 그가
강조하는 학문의 방법과 목적이 잘 드러난 내용이라 하겠다.

황종희는 명말 성경(誠敬)과 신독(愼獨)을 위주로 한 당대
최고의 학자였던 유종주(劉宗周, 1578~1645)를 스승으로 모
셨다. 이것은 그의 부친이 환관 위충현(魏忠賢) 일당에게 체
포되면서 남긴 유언에 따른 것이다.

한편, 그는 당대 최고의 석학들과 어울려 학문과 사상을
토론하였다. 대표적으로 육왕학과 주자학을 조화시킨 손기봉
(孫奇逢, 1584~1675), 주자학과 불교비판에 앞장섰던 진확(陳
確, 1604~77), 과학자이자 사상가이며, 특히 황종희와는 막역
했던 방이지(方以智, 1611~71), 고증학의 개조로 자신의『일
지록』(日知錄) 비평을 부탁한 고염무(顧炎武, 1613~82), 『명
사』(明史) 편찬을 총괄 지휘한 서건학(徐乾學, 1631~94) 등을
들 수 있다.

또한 그는 강학활동을 통해 수많은 제자를 길렀는데, 그 중
에서도 특히 만사대(萬斯大, 1633~83)·만사동(萬斯同, 1638~
1702) 형제는 청대 사학을 대표하는 학자로 성장하였다.

황종희의 동학과 제자들 가운데 사학자가 특히 많았던 것은 그의 역사에 대한 연구가 그만큼 지대했음을 반영한다. 전조망(全祖望, 1705~55)이 쓴 「이주선생신도비문」(梨洲先生神道碑文)에, "공부하는 사람은 반드시 먼저 경전을 연마해야 한다. 경술(經術)은 세상을 경략하는 까닭에 바야흐로 어리석은 선비가 되는 것을 막는다. 그렇기 때문에 글과 역사를 함께 읽어야 한다. 또한 이르기를 글을 많이 읽지 않으면 이치의 변화를 증명할 수 없으며, 글을 많이 읽는다 해도 마음에서 구하지 않으면 속된 학문이 되고 만다"며, 황종희의 경사(經史) 존중의 학문관을 잘 소개하고 있다.

그런데 그의 삶은 『연보』에 보이듯 그렇게 평탄하지 않았다. 그는 스스로 "반평생 열 번의 죽을 고비를 만났다"고 하면서, 1662년 당한 화재는 같은 해에만 두 번째라고 적고 있다. 특히 청나라와의 전투가 치열했기 때문에 이에 가담했던 황종희로서는 생명의 위협을 한두 번 겪은 것이 아니었다.

1646년 그가 사명산(四明山)에서 병사 500명과 더불어 결사항전의 채비를 갖춘 것은 「사명산채기」(四明山寨記)에 자세히 나와 있다. 1656년 동생들과 함께 산적들에게 잡혀 죽을 뻔하였으나 구사일생으로 살아난 것도 『연보』에 기록되어 있다.

황종희는 다사다난한 일생을 살면서도 학자로서의 풍모를 잃지 않은 채 학자 본연의 임무를 게을리하지 않았다. 그것은 그의 방대한 저술 속에 그대로 나타난다. 대표적인 저작으로는 『율려신의』(律呂新義, 1652), 『역학상수론』(易學象數論, 1661), 『명이대방록』(1663), 『요강일시』(姚江逸詩, 1672), 『명

유학안』(明儒學案, 1676),『남뢰문안』(南雷文案, 1680),『남뢰문
정』(南雷文定, 1688),『금수경』(今水經, 1692),『명문해』(明文海,
1693),『명문수독』(明文授讀, 1693) 등이 있다.

3.『명이대방록』의 구성과 판본

『명이대방록』은 1662년(청 康熙元年)부터 쓰기 시작하여
1663년에 완성되었다. 황종희가 그렇게도 애타게 갈구하던
명조 회복의 가능성이 완전히 사라진 시기에 완성되었던 것
이다. 따라서 이 책의 내용은 명조에 대한 아쉬움을 간직하
고 있다. 그가 이 책의 서문에서 밝히고 있듯이 이 책은 '정
치의 대법(大法)'을 말하기 위해 저술한 것이다.

이 책의 내용은 다분히 현실 정치에 대해 매우 비판적이고
과격하다. 그런 연유로 건륭(乾隆, 1736~95)년간 금서 처분을
받기도 했다. 그럼에도 불구하고 여러 차례 간행되어 많은
사람들이 읽었던 것으로 보아 그 내용의 중요성을 짐작할 수
있다. 이 책은 모두 13목(目) 21편으로 구성되어 있으며, 주로
정치·경제 등 사회 개혁사상을 담고 있다.

『명이대방록』은 현존하는 초본(鈔本)·각인본(刻印本) 등
모두 20여 종이 있다. 청조 건륭년간의 절강 여요현 이주문
헌관(梨洲文獻館)에 보관된 자계(慈溪) 정씨(鄭氏)의 이로각(二
老閣) 초각본(初刻本), 도광(道光, 1821~50)년간에 전희조(錢
熙祚)가 판각한 지해본(指海本), 광서(光緖, 1875~1908) 31년

(1905)의 항주군학사(杭州群學社)에서 장린진(蔣麟振)이 편찬한 『황이주유서십종』(黃梨洲遺書十種) 석인본(石印本), 1915년 중화서국(中華書局)에서 설봉창(薛鳳昌)이 편찬한 『이주유저휘간』(梨洲遺著彙刊) 배인본(排印本), 1935년 상해 대동서국(上海大東書局)의 영인본, 1935~37년 상해 상무인서관(商務印書館)의 『총서집성초편』(叢書集成初編) 배인본, 『사부비요』(四部備要) 배인·축인본(縮印本), 1955년 북경고적출판사(北京古籍出版社) 배인본이 있다.

본 역서는 이 가운데 절강 여요현 이주문헌관에 보관된 이로각 초각본을 저본으로 1985년 출판한 『황종희전집』 제1책(浙江古籍出版社)을 참고하였고, 『연보』는 1915년 중화서국의 『이주유저휘간』을 저본으로 하였다.

4. 신시대 대망론 『명이대방록』의 사상사적 의의

1) '명이'의 의미와 신시대

『명이대방록』(明夷待訪錄)의 '명이'(明夷)는 『주역』 64괘의 하나다. 이 괘는 곤(坤, ☷)상 이(離, ☲)하로 그 내용은 "밝은 태양이 땅속에 빠져 들어간 상태"이며, 또한 "밝고 지혜로운 사람이 상처를 입고 때를 기다리는 형국으로 암흑시대를 가리킨다." 아래 이(☲)괘의 초구(初九)는 "지혜롭고 양심적인 사람이지만 상층부의 음흉함이 모든 것을 좌우하기 때문에 인정받지 못한다." 따라서 "조용히 때를 기다려야 한다"는 의

미이다. 육이(六二)는 "밝음이 상처받는 상황에서 왼쪽다리를 다치는 형국이니 이를 벗어나는 데 타고 갈 말이 건장하면 길하다"는 내용이다. 구삼(九三)은 "……서둘러서는 안 되고, 참고 견디며 기다려야 한다"는 뜻이다.

다시 말해 이것은 "독재로 인해 밝은 지혜가 상처받고 양심들이 핍박받는 암흑시대에 지성과 양심이 혼자서 저항하면 탄압을 받으므로 은밀히 동지를 규합하여 세력을 키워야 한다"는 내용이다.

위 곤(☷)괘의 육사(六四)는 "독재의 결과는 파멸밖에 없다는 사실을 깨닫고 그 자리를 떠나야 할 입장이다." 육오(六五)는 "참고 견디는 것이 이롭다"는 것이다. 상륙(上六)은 "밝지 못하여 어두워졌으니 처음에는 하늘로 올라갔다가 나중에는 땅으로 들어간다"는 것으로, 바르지 못한 정치는 결국 패망을 가져온다는 내용이다.

이같은 '명이'의 의미는 곧 명청교체기의 명왕조가 처한 상황을 잘 표현한 내용이라 할 수 있다. 결국 황종희는 이것을 통해 새로운 시대를 갈망하며 기다린다는 뜻에서 '대방록'을 기록했다. 한마디로 『명이대방록』은 '신시대 대망록'인 것이다. 신시대를 바라며 정치·경제의 구체적인 모습을 이 책에 수록한 것이다.

2) 정치개혁론

『명이대방록』이 드러내고자 했던 신시대의 모습은 어떤 것인가?

　황종희는 이 책 첫머리를 장식하고 있는 「군주론」(원군) 편에서 인간의 자사(自私)와 자리(自利)를 언급하였다. 그런데 이 자사·자리는 개인적·주관적 이기심의 발로이기 때문에 공해(公害)를 제거하거나 공리(公利)를 추구하는 방향으로 나 가지 못한다고 지적하였다. 하지만 인간은 공동사회를 기반 으로 삶을 영위하기 때문에 이런 자사·자리를 공리의 차원 으로 승화시켜야 한다고 주장한다. 공리의 추구는 결국 개개 인의 이익을 가져다주는 결과를 낳기 때문이라는 것이다.

　그런데 과거의 성인(聖人)과는 달리 당대의 군주들은 사리 (私利)에 눈이 어두워 공리를 진작시키지 못한다고 하였다. 공리가 진작되지 않는 한 일반 백성들의 삶은 곤경에 빠진다. 군주가 천하만물을 자신의 사유물로 생각하고 전횡하게 되면 개개인의 삶은 초개만도 못한 존재가 되고 만다는 판단이다.

　그러나 황종희에게서 백성이란 존재는 정치의 핵심이다. 『맹자』 이후 계승된 민본의 정치 형태를 황종희는 더 극명하 게 표출하였다. 그는 민주군객(民主君客)이란 표현으로 이를 말하였다.

　객인 군주가 천하를 자기 마음대로 다루면서 주인인 백성 은 평안할 날이 없다고 말한다. 군주가 정치를 농단하면서 관리와 신하는 군주의 몸종이 되었고 백성을 위해 일할 수 없다고 하였다. 그래서 그는 「신하론」(원신) 편에서 말한다. "내가 벼슬하는 것은 천하 인민을 위해서이지 군주를 위해서 하는 것이 아니다." 벼슬아치는 백성들을 위하여 봉사하는 위치에 있는 자라는 설명이다.

그래서 후대 학자들은 황종희의 사상을 군주 중심의 지배체제를 비판하고 민리민복(民利民福)을 추구하였다는 점에서 '중국의 루소'[4] '유교의 루소'[5]라 부르기도 하였다. 이같은 해석은 그 이전 중국의 정치행태를 놓고 보았을 때 과장된 표현으로 볼 수는 없다.

정치적으로 중국의 군신(君臣)·군민(君民) 관계는 주종관계였다. 송대에는 대신이 황제 앞에 앉아 있을 수도 없었고, 늘 서 있어야만 했다. 명대에는 정장(廷杖)이란 제도가 있어서 황제가 관료들에게 직접 체형을 가하는 경우도 있었다.[6]

이같은 황제의 전횡을 염두에 두고 그것을 비판하는 논리를 전개한 것은 민권신장 차원에서 큰 의미를 지니며 그런 점에서 루소의 민약론에 결코 뒤지지 않는다는 지적인 것이다.

법(法)이 존재하는 것도 군주의 전횡을 막기 위해서이다. 군주가 법 집행을 남발하면 백성들은 괴로울 수밖에 없다. 전횡을 일삼는 군주는 법 집행을 마구잡이로 하는데, 법 제정의 목적은 이런 한 개인의 독단과 사욕을 제어하기 위해서이다.

따라서 황종희는 「법제론」(원법) 편에서 "치법(治法)이 있은 뒤에야 치인(治人)이 있다"고 한 것이다. 중립적인 법의 엄정한 적용을 말한 대목으로 인치(人治) 이전에 법치(法治)가 정립되어야 한다는 주장이다.

4) 梁啓超, 『中國近三百年學術史』(대만 中華書局, 1983년).
5) 안병주, 『유교의 민본사상』(성대 대동문화연구원, 1987년) 212~213쪽 참조.
6) 민두기, 『중국근대사론 I』(지식산업사, 1985년) 94~97쪽 참조.

자칫 유교적 친친(親親)의 논리가 감정에 치우쳐 올바른 법 집행을 해칠 수 있다. 문제는 여기서 출발한다. 온갖 인연으로 얽힌 인간관계로 공정한 법 집행이 어렵고, 공적 질서가 무너진다. 이같은 문제는 유교적 전통이 깊은 중국과 한국의 오랜 관행이었고 지금도 고질병처럼 남아 있다. 명말청초 시대에 이미 이런 문제를 인식한 황종희는 이를 바로잡아야 한다고 하면서 엄정한 법치를 강조하였다.

또한 그는 정책결정을 하는 데에도 여론·공론을 중시해야 한다고 하였다. 시비 판단의 문제를 어느 특정 개인에게 맡길 수 없다는 주장이다. 그는 시비 판단의 장으로 학교를 내세웠다. 그는 「학교」편에서 "천자가 옳다고 하는 것이 반드시 옳은 것이 아니고, 천자가 그르다고 하는 것이 반드시 그른 것이 아니다. 천자도 또한 감히 시비를 결정하지 못하고 학교에서 그 시비를 공론하는 것이다"고 하였다.

학교는 양식있는 선비를 양성하는 기관이다. 도덕적으로 가장 올바른 이들이 모여 학문하는 곳이 학교이다. 그렇기 때문에 사회적 주요 사안에 대한 시비 판단은 학교의 공론에 의지해야 한다고 주장한 것이다.

과거 왕조사회에서 일반 저잣거리의 여론보다도 학교의 여론에 신경을 곤두세웠던 것은 그만큼 양심과 양식을 지닌 지식인들의 여론이 정치의 향방을 결정하는 중요한 잣대가 되기 때문이었다. 동시에 지식인들의 동향이 곧 일반 민중의 여론 동향을 가늠하는 지름길이었다는 것이다. 이런 황종희의 주장을 두고 '구민주주의적 의회정치'(舊民主主義的 議會政

治)[7]라 부르기도 한다.

　이렇게 볼 때 황종희의 민본정치 사상은 기존의 것과 구별
되어야 한다. 선진시대 이래로 유교의 정치사상은 '절어구민'
(切於救民)의 민본적 형태를 취하였다. 그러나 이 때의 민본
의 의미는 군주로부터 내려지는 '은혜의 산물'의 형태에 가깝
다. 그래서 때로는 '민심(民心)은 천심(天心)'이라는 정치논리
로 이용되기도 하였다. 이 때 민본이라 하더라도 민은 어디
까지나 대상적 존재이지 주체적 존재가 될 수 없었다.

　그러나 황종희의 '군객민주'(君客民主)의 논의와 시비 판단
의 주체로 학교〔士人階層〕를 선정한 것은 근대적 민주정치 형
태에 근접한 것이라 할 수 있다. 이 점에서 황종희의 정치 사
상은 기존의 민본정치 사상과 구별된다.

　나아가 황종희는 이같은 정치형태를 활성화시키기 위해서
재상제도의 활성화(「재상론」), 관리선발의 엄정함과 인재 발
굴의 중요성(「관리선발」「서리」), 환관의 정치 간섭 배제(「환
관」) 등을 골자로 한 제도개혁론을 개진하였다. 특히 송대 이
후 기승을 부리던 환관의 횡포는 해결하지 않으면 안 될 중
차대한 문제였다. 부친 황존소를 비롯한 가까운 이들이 환관
의 횡포로 희생되었기 때문이다.

　한마디로 환관은 군주의 몸종이라는 원래의 본분으로 돌아
가야 한다는 것이다. 당시 환관들은 황제를 보좌하면서 전횡
을 일삼았고, 대신 관료들은 오히려 그들 비위나 맞추는 한

---

7) 侯外廬, 『中國思想通史』 제4권(人民出版社, 1957년) 155~165쪽 참
　조.

심한 일들을 전개하고 있었다. 이것은 군주의 다욕(多欲)에서 비롯되었기 때문에, 군주의 여자관계를 정리하면 해결될 것이라고 보았다. 그래서 그는 「환관」(엄환) 편에서 "군주는 삼부인(三夫人) 외에는 모두 두지 말아야 한다. 그렇게 된다면 환관으로 잔심부름하는 사람도 불과 수십 명이면 충분할 것이다"고 하였다.

3) 경제개혁론

「토지제도」(전제)와 「회계제도」(재계) 편은 경제개혁 문제를 다룬 내용이다. 그는 백성을 가치판단의 중심에 놓고 경제문제를 다루었다. 정전제(井田制)의 회복을 통한 부의 균등한 배분은 올바른 정치의 기본이고, 일반 백성들에 대한 세금 경감은 부민론(富民論)의 구체적 방법이라 생각했다. 일조편법(一條鞭法)의 폐지를 주장한 것은 현실적 여건을 감안한 조처였다. 일조편법의 '편'(鞭)자는 원래 '편'(編)자 였는데, 시행상 백성들에게 가져다준 고통 때문에 변형된 글자이다. 민리민복을 개진한 황종희의 입장에서 이같은 일조편법의 폐지 주장은 당연한 것이다.

은(銀)이 일부의 권력층(대개는 환관층)에 집중되어 있는 상태에서 은본위제도를 시행하는 것은 백성들에게는 부담만 가중시키는 것이며, 경제적으로는 자금의 흐름을 막는 요인이었다. 여기서 황종희는 그 대안으로 전과 지폐의 활용을 주장하였다. 전과 지폐를 사용하면 무엇보다 백성들이 편리할 뿐만 아니라 시장원리에 입각해서도 경제를 활성화시키는 역할을 할 수 있다는 판단이다. 은은 귀하기 때문에 시장에서 사용하거나 세금을 내기 위한 수단으로 사용하자면 부담이 따를 수밖에 없다. 하지만 전은 주조하기 쉽고 고갈될 염려가 없기 때문에 시장에서 사용하든 부세방법으로 사용하든 유통수단으로 편리하며, 그것도 오랫동안 원활히 사용할 수 있다는 강점이 있다는 것이다. 이것은 시장의 논리에서나 설명 가능한 혁신적인 생각이 아닐 수 없다.

또한 이것과 더불어 공상개본(工商皆本)의 주장은 기존 사농공상(士農工商)의 사민(四民)의식에 대한 차별적 이해를 넘어선 매우 획기적인 발언이었다. 이것은 명청대 싹트기 시작한 자본주의 맹아 문제와도 관련된다. 다시 말해 화폐유통을 활성화시키자는 주장과 기존의 직업에 대한 차별의식을 비판하는 논의가 담겨 있는 『명이대방록』을 통해 당시 사회상을 읽을 수 있다는 것이다.

자급자족의 자연경제가 수천년 동안 지속되면서 중국사회는 농업문화가 정착되었다. 그런데 농업문화는 사회 발전에는 능동적이지 못했다. 더욱이 폐쇄적 농업문화는 새로운 문화를 받아들이는 데 거부감을 갖기도 했다.

이런 까닭에 황종희가 주장한 공상(工商)문화에 대한 의식전환은 중국사회의 변화라는 차원에서 큰 의미를 지닌다. "콩심은 데 콩 나고 팥 심은 데 팥 난다"는 농업문화적인 사고방식에서의 공상문화는 위선일 수밖에 없다. 농업사회의 정직한 도덕 윤리가 공상문화에서 그대로 적용될 수 없다는 점에서 그렇다.

비록 황종희가 제한적이긴 하지만 공상문화를 농업과 함께 본업으로 인식했다는 것은 중국사회의 발전적 전환이란 차원으로 그 의미를 확대 해석해도 무방할 것이다.

또한 그가 정전제를 주장한 것은 단순히 고대 이상사회의 모델을 따르자는 망상이 아니었다. 중앙집권적 전제정치가 가져온 폐단을 직시하고 정권을 분산시키자는 일종의 지방자치를 주장한 것이다. 이미 앞에서 전제왕권으로 인한 수많은 폐단을 지적하였다. 그 폐단을 해결하는 방법을 정전세에서 찾자는 것이다.

군주는 전국토의 유일한 소유자이면서 전횡의 대명사였고, 그 측근세력이었던 환관들은 온갖 부정부패의 주범이었다. 이같은 상황에서 봉건제는 문제 해결의 대안이 아닐 수 없었을 것이다.

그가 제시하는 분권통치는 개선된 민(民) 의식, 자각된 개인 없이는 불가능한 일이었다. 따라서 황종희의 정전제 주장은 당시 개선된 민의식의 반영이라고도 할 수 있다.

이런 점에서 그의 정전제는 선진(先秦)시대의 정전제와는 질적으로 다른 각도에서 논의되어야 한다. 선진시대의 정전제는 단순 경제논리, 즉 효율적인 토지관리 차원에서 논의되었다. 그러나 황종희의 정전제 논리는 정치논리로 해석할 수 있다. 그것은 정치개혁논리와 함께 논의되어야 할 것이다.

5. 『명이대방록』이 후대에 미친 영향

지금까지 살펴본 바와 같이 『명이대방록』이 추구하는 정치 경제적 형태는 매우 개혁적이고 혁신적이다. 전제왕권하에서 개혁과 혁신을 주장한 것은 그만한 용기와 결단이 필요하다. 아마도 황종희는 이미 회생 불가능한 명조에 기대를 걸기보다는 새로운 왕조—물론 그가 바랐던 새로운 왕조가 만주족 정권이라고 못박을 수는 없지만—에 대한 강한 집념과 의지를 이 책을 통해 표현했던 것이다. 그 왕조에 대해 구체적으로 언급하지는 않았지만 그 사회의 제도와 형태는 매우 분명한 어조로 그리고 있다.

새로운 사회의 주체는 비록 구체적 언급이 없다 하더라도 다음 세 가지 방향에서 추론할 수 있다. 첫째는 이미 멸망한 명왕조 회복을 통해서, 둘째는 새롭게 들어선 청조를 통해서, 셋째는 제3의 세력을 통해서이다. 여기서 첫째, 둘째는 현실적으로 불가능함을 황종희는 잘 알고 있었다. 『명이대방록』의 저술시기로 볼 때, 그가 명조 회복의 불가능함을 알고 썼다는 것과 극렬한 반청운동을 전개했다는 점이 이를 증명한다. 또한 명조를 비롯한 역대 전제왕권이 『명이대방록』의 정치 경제적 비판의 대상이 되었다는 점에서 이전 왕조가 여기에 해당될 수 없다는 사실은 분명하다. 따라서 마지막 세번째가 아마도 황종희가 기대를 걸고 추구했던 사회가 아닐까 생각한다.

물론 황종희 자신의 구체적 언급이 없는 부분에 대해 왈가

왈부한다는 것이 무의미한 일일 수도 있겠으나, 『명이대방록』이 신시대에 대한 열망과 과거 잘못된 사회에 대한 비판의 강도가 자못 강렬하다는 점에서 과연 신시대의 주체가 누구인가를 두고 자문하지 않을 수 없다.

그렇다면 황종희가 갈망했던 신시대는 『명이대방록』 내용에서 찾아야 할 것이다. 그것은 특정 왕조가 주체가 되는 사회라기보다는 '군객민주'에 보이듯 백성이 주인이 되고, 정치의 주역으로 사대부 지식인 출신의 재상과 관리들이 지배하는 사회라고 할 수 있다. 이것이 근대적인 민주주의 사회와는 거리가 있다 하더라도 기존의 전제왕조사회에서 논의되던 '군주민본'(君主民本)과는 분명 다른 차원임을 알 수 있다.

그렇기 때문에 『명이대방록』은 신시대·신사회를 갈망하는 청말 지식인들에게는 유용한 교과서 역할을 할 수 있었던 것이다.

대표적으로 손문(孫文, 1866~1925)은 일본 망명중 혁명결사체 '홍중회'(興中會)를 결성하면서 이 책을 선전품(宣傳品)으로 휴대하였고, 양계초(梁啓超, 1873~1929)는 『중국근삼백년학술사』(中國近三百年學術史)에서 이 책을 루소의 『사회계약설』에 비유하고, 황종희를 '중국의 루소'라고 명명하였다. 『청대학술개론』에서는 『명이대방록』이 인쇄 반포되면서 "청말 사상의 급속한 변화에 대단히 큰 영향력이 있었다"고 하였고, 이 책이 비밀리에 반포되면서 "혁명사상을 선전하고 신봉하는 자가 점점 많아졌다"고 하였다.

한편 담사동(譚嗣同, 1865~98)은 삼대 이후 군권 배척과

인권 존중의 차원에서 가장 뛰어난 것은 『명이대방록』이라고 극찬하기도 하였고, 장개석(蔣介石, 1887~1976)도 그의 『중국의 운명』에서 『명이대방록』을 루소의 『사회계약론』에 비유하며, 황종희가 더 위대하다고 평가하였다. 그리고 『명이대방록』을 『송원학안』(宋元學案)·『명유학안』(明儒學案)과 더불어 필독서로 꼽았다.

물론 황종희의 『명이대방록』을 비현실적인 것이라 비판한 이도 있는데, 장병린(章炳麟, 1869~1936)이 대표적인 인물이다. 그는 『장씨총서』(章氏叢書) 「비황」(非黃)이란 단편에서 황종희의 논의를 '양심적 영웅주의'로 강하게 채색되어 있다고 비판하고, 황종희는 오랑캐의 지배에 자문을 기대함으로써 명왕조에 대한 충성을 저버렸다고 비난하였다.

그러나 황종희는 청조의 요청에도 불구하고 어떠한 관직도 수여한 적이 없다. 다만 명사(明史)를 편찬하는 데 간접적으로 참여했을 뿐이다. 명사 편찬에 참여한 것은 단지 정복 왕조가 피정복 왕조의 역사를 폄하하거나 훼손하는 것을 막기 위한 고육지책이었고, 그것도 자기 대신 제자 만사동을 보냄으로써 자신은 명조에 대한 지조를 지키려고 하였다. 오히려 그는 가열찬 반청운동으로 몇번의 죽을 고비를 넘기기도 하였고, 이 운동에 가담했던 이들의 신도비(神道碑)와 전기를 작성하며 그들을 칭송하였다.

이같은 의지는 명조 회복이 불가능한 것을 깨닫고 저술한 『명이대방록』에도 그대로 드러난다. 전제왕권에 대한 강한 비판이 그것이다. 이 비판은 결코 이전 왕조에 국한된 것이 아님은 분명하다.

　여하튼 『명이대방록』은 수백년 간의 전제정치에 대한 과감한 비판을 시도하고, 민주주의 정신을 발현하였는데, 이것은 손문·양계초·담사동·장개석을 비롯한 지식인 및 정치인들의 활동에 큰 영향을 주었다. 특히 황종희의 공리적(公利的) 민본 정치사상은 청말민초 변화된 사회의 요청과 요구에 적합한 논리로서 당시 환영받던 이론이었던 것이다.

명이대방록

머리말

　나는 항상 맹자(孟子)의 "한 번 다스려지고 한 번 혼란해
진다"(一治一亂)[1]고 한 말에 의문을 갖고 있었다. 어찌하여 삼
대(三代) 이후에는 혼란만 있었고 다스려지지는 않았을까? 호
한(胡翰, 1307~81)의 이른바 십이운(十二運)을 보면[2] 주나라
경왕(敬王, 기원전 519~476) 갑자년(甲子年, 기원전 477)으로
부터 오늘날까지 모두 혼란한 운세에 해당한다. 이후 20년간
은 '대장'(大壯)[3]에 해당되어 비로소 다스려질 것이기 때문에
삼대의 융성했던 시기와 같아 아직 절망할 것은 아니다.

---

1) 『맹자』「등문공」(滕文公) 하에서 "天下之生久矣, 一治一亂"이라 했
　다. 한편 「공손추」(公孫丑) 하에서는 "彼一時, 此一時也. 百年必有王
　者興, 其間必有名世者"라고 하며, 치란의 반복을 언급했다.
2) 호한은 명나라 초기의 경학자로 자는 중신(仲申)이며, 금화(金華 :
　지금의 절강) 사람이다. 명 태조 때 구주교수(衢州敎授)를 지냈다.
　홍무(1368~98) 초기에 『원사』(元史) 편찬을 맡았고, 저서로는 문집
　『호중자집』(胡仲子集)과 시집 『장산선생집』(長山先生集)이 있다. 12
　운(運)은 『호중자집』「형운」(衡運)에 있다.
3) 『역』(易)의 괘(卦) 이름이다. 양(陽)이 강(剛)하게 성장하는 형상이다.

이전 임인년(壬寅年, 1662) 여름에 정치의 대법(大法)을 조목조목 나열하면서 몇 장 끝내지 못했는데, 화재를 당해 중지한 적이 있다.[4] 금년 남수(藍水)[5]에서 고향집으로 돌아와 남은 책들을 정리하는데, 이 책이 짐꾼들이 짐을 나르고 선실 바닥에 그대로 쌓아두었는데도 아직 없어지지 않고 남아 있자 아들 황백가(黃百家)[6]가 완성하는 게 좋겠다고 하였다.

겨울 10월, 비오는 창가에서 붓을 들고 원고를 수정하면서 탄식하며 다음과 같은 생각을 하였다. 옛날 왕면(王冕, 1287~1359)[7]이 『주례』(周禮)[8]를 모방하여 저서 한 권을 내고 스스로 말하기를 "내가 아직 죽지 않았으니 이 책을 가지고 현명

---

4) 1662년 2월 5일, 5월 3일 용호산당(龍虎山堂)과 황죽포(黃竹浦) 고거(故居)에 연달아 불이 났다. 그래서 황종희는 「오월복우화」(五月復遇火)라는 시 속에서 "半生濱十死, 兩火際一年"이라 하였다. 그해 9월 그는 남계시(藍溪市)로 이사하였다.

5) 남계시, 지금의 절강성 여요시(余姚市) 육부진(陸埠鎭)이다.

6) 원문의 '아자'(兒子)는 황종희의 아들 황백가이다. 계학원(季學原) 외 『명이대방록도독』(明夷待訪錄導讀 ; 巴蜀書社, 1992년 9월) 참조.

7) 원대의 화가이자 시인이다. 자는 원장(元章)이고, 제기(諸暨 : 지금은 절강에 속함) 사람이다. 농민 출신으로 낮에는 농사짓고 밤에는 독서하였다. 후에 진사에 응시하였으나 실패하고 그림을 그려 연명하다가 주원장(朱元璋)이 무주(婺州)를 점령하였을 때, 그 군대에 가담하였으나 오래지 않아 세상을 떠났다. 저서에 『죽재집』(竹齋集)이 있다.

8) 원명은 『주관』(周官) 혹은 『주관경』(周官經)이라고 한다. 주나라 관제와 전국시대 각 나라의 제도를 기록하고 있으며, 후에 유가정치사상을 첨부하였다. 고문경학자들은 이것을 주나라 초기 주공(周公)이 지은 것이라고 하나, 금문경학자들은 전국시대에 나온 것이라고 말한다. 또 어떤 이들은 왕망(王莽)시절의 유흠(劉歆)의 위작(僞作)이라고 생각한다.

한 군주를 만난다면 이윤(伊尹)·여상(呂尙)[9]과 같은 사업을 이루는 것이 어렵지 않을 것이다"[10]고 하였지만, 마침내는 조금도 시험해볼 기회를 얻지 못하고 죽었다. 왕면의 책을 아직 구해보지 못하여 그것이 잘 다스릴 수 있는 내용을 담고 있는지 그렇지 않은지는 참으로 알 수 없다. 그러나 난세의 기운이 아직 끝나지 않았는데, 또한 어찌 '대장'의 운수가 오겠는가!

내가 비록 늙었어도 기자(箕子)[11]에게 주나라 무왕(武王)이 질문한 것과 같은 기회가 혹 있을지 기대한다. 어찌 "태양이 아직 떠오르지 않았고, 빛이 아직 대지를 비추지 않았다"[12]는 것 때문에 이 말을 감추어두겠는가!

계묘년(癸卯年, 1663), 이주(梨洲) 황종희 씀.

「題辭」

余常疑孟子一治一亂之言, 何三代而下之有亂無治也? 乃觀胡翰所謂十二運者, 起周敬王甲子以至於今, 皆在一亂之運. 向

---

9) 이윤은 은나라 탕왕(湯王)의 대신이었고, 여상은 주나라 무왕(武王)의 신하였다. 둘 다 개국공신이다.
10) 이 내용은 『명사』(明史) 권285 「왕면전」(王冕傳)에 보인다.
11) 은나라 사람으로 주왕(紂王)의 숙부이다. 일찍이 주왕에게 간언하다가 미움을 사 곤혹을 치렀다. 훗날 무왕이 은나라를 멸망시킨 후 그를 불러 천지의 대법(大法)을 물었다. 이에 답한 내용이 『서경』(書經) 「홍범」(洪範) 편이다.
12) 『춘추좌전』(春秋左傳) 권 제21 「소공」(昭公) 2에는 "明夷之謙, 明而未融, 其當旦乎."라고 되어 있다. '명이'(明夷)괘는 이하곤상(离下坤上, ☷☲)이다. '겸'(謙)괘는 간하곤상(艮下坤上, ☷☶)으로 명이괘 초구(初九)가 변해 겸괘가 된다.

後二十年交入'大壯', 始得一治, 則三代之盛猶未絶望也. 前年壬寅夏, 條具爲治大法, 未卒數章, 遇火而止. 今年自藍水返於故居, 整理殘帙, 此卷猶未失落於擔頭艙底, 兒子某某請完之. 冬十月, 雨窗削筆, 喟然而歎曰: 昔王冕做『周禮』, 著書一卷, 自謂"吾未卽死, 持此以遇明主, 伊呂事業不難致也", 終不得少試以死. 冕之書未得見, 其可致治與否, 固未可知. 然亂運未終, 亦何能爲'大壯'之交! 吾雖老矣, 如箕子之見訪, 或庶幾焉. 豈因"夷之初旦, 明而未融", 遂祕其言也!

　　癸卯, 梨洲老人識.

1
군주론

　인간은 처음 태어나면서부터 각기 자사(自私)와 자리(自利)를 가지고 자기의 이익을 도모하였다. 천하에 공공의 이익이 있어도 누구도 그것을 하려고 하지 않았고, 공공을 해치는 일이 있어도 누구도 그것을 제거하려고 하지 않았다. (이때) 어떤 한 사람이 나와서 자기 개인의 이익을 이익으로 여기지 않고 천하로 하여금 그 이익을 받게 하며, 자기에게 해로운 것을 해로 여기지 않고 천하로 하여금 그 해를 풀게 하였다.

　이 사람의 수고는 반드시 천하 사람들보다 천만 배는 되었다. 천만 배의 수고를 하면서도 자기 스스로 또한 그 이익을 누리지 않는 것은 필시 천하 사람들의 인정상 그렇게 하고자 하는 바는 아닐 것이다.

　그래서 옛날의 군주 가운데 이모저모 생각해서 (군주의 자리에) 오르려고 하지 않은 사람은 바로 허유(許由)[1]와 무광(務光)[2]이었다. (비록 군주의 자리에) 나아갔어도 또한 물러간 자는 요(堯)[3]와 순(舜)[4]이었다. 처음에는 (군주가) 되고 싶지 않았지만 그만두지 못한 자는 우(禹)[5]였다. 어찌 옛날 사람들이라고 다를 바가 있었겠는가? 편안함을 좋아하고 수고로운 것을 싫어하는 것은 일반 사람들의 감정과 같다.

(그러나) 후대의 군주들은 그렇지 않다. 천하의 이익과 해로움의 권한이 모두 군주 자신에게서 나온다고 생각하여, 천하의 이익을 모두 자기에게로 돌리고, 천하의 해는 모두 남에게로 돌리면서 또한 잘못이라는 생각이 없다. (그리고) 천하 사람들로 하여금 자사와 자리를 추구하지 못하게 하면서 자기의 매우 사사로운 것을 천하의 공적 임무라고 생각한다.

처음에는 (이런 자신의 행태를) 부끄러워하다가 시간이 좀

---

1) 요임금 때의 고사(高士). 전설에 의하면 요임금이 허유에게 천하를 양여(讓與)하려고 했지만 그는 이를 거절하고 기산으로 들어가 숨었다고 한다. 참고로 이런 허유의 뜻을 잘 표현하고 있는 다음 문장을 소개한다. 『장자』(莊子)「소요유」(逍遙游):"堯讓天下於許由曰, 日月出矣, 而爝火不息, 其於光也, 不亦難乎. 時雨降矣, 而猶浸灌, 其於澤也, 不亦勞乎. 夫子立而天下治, 而我猶尸之, 吾自視決然. 請治天下. 許由曰, 子治天下, 天下旣已治也. 而我猶代子, 吾將爲名乎. 名者實之賓也. 吾將爲賓乎."

2) 무광(瞀光), 모광(牟光)이라고도 한다. 상(商)나라 탕대(湯代)의 은사(隱士). 전설에 의하면 탕왕이 그에게 천하를 주려고 했지만 그는 이를 거절하고 돌을 등에 매달고 물에 투신 자살하였다고 한다. 참고로 『장자』「외물」(外物)을 소개한다. "湯與務光, 務光怒之. 紀他聞之, 帥弟子而踆於窾水."

3) 고대 제왕의 이름. 당요(唐堯).

4) 요와 더불어 중국 고대 성군. 우순(虞舜).

5) 하(夏)나라를 창업한 성왕. 요·순 두 임금을 섬기며 홍수를 잘 막는 데 큰 공을 세웠다고 전함.

지나면서 안주하며, 천하를 막대한 산업으로 보고, 그것을 자
손들에게 전하여 무궁토록 향유한다. 한나라 고조(高祖) 유방
(劉邦, 기원전 206~195)이 "내가 이룬 사업과 중형(仲兄)이
이룬 사업 중에 누구의 것이 더 많은가?"[6]라고 한 것은 이익
을 좇는 감정이 자기도 모르는 사이에 나온 말일 것이다.

　이것은 다름이 아니라, 옛날에는 천하의 백성이 주인이고,
군주가 객이 되어 무릇 군주는 일생 동안 천하를 위해 경영
했기 때문이다. (그런데) 지금은 군주가 주인이고 천하 백성
이 객이 되어서 무릇 천하의 어느 곳도 평안하지 못한 것은
군주만을 위하기 때문이다. 그래서 그것(천하)을 얻지 못했을
때에는 천하 백성들의 간(肝)과 뇌(腦)를 찌르고 멍들게 하고,
천하 백성들의 자녀를 이산시켜서 자기 한 사람의 재산을 넓
히면서도 조금도 잔혹하다고 생각지 않는다. (그리고는) "나
는 참으로 자손들을 위해 창업을 한 것이다"고 말한다. (군주
가) 이미 천하를 얻고나서는 천하 백성들의 골수를 때려 상
하게 하고 천하 백성의 자녀를 이산시키면서 자기 한 사람의
음란과 쾌락을 추구하면서도 당연하게 여기며, "이것은 나의
재산에서 나온 이자"라고 말한다.

　그런즉 천하의 큰 해가 되는 것은 군주뿐이다. 이전에 군
주가 없을 때에는 사람들이 각기 자사와 자리를 얻을 수 있
었다. 아아! 어찌 군주를 둔 것이 본래 이와 같았겠는가!

　옛날 천하의 사람들이 그 군주를 위하여 받드는데 아버지

---

6) 『사기』 「고조본기」(高祖本紀).

에 비기고 하늘에 견주었어도[7] 진정 지나치지 않았다. 지금 천하의 사람들이 군주를 원망하고 미워하는 것이 마치 원수 대하는 것과 같고 그를 독부(獨夫)[8]라고 이름하는데, 참으로 당연한 것이다. 그러나 어리석은 선비들[小儒]은 얼빠진 모양으로 군주와 신하의 의리는 천지 사이에 빠져나갈 데가 없다[9]고 하여, 걸(桀)·주(紂)[10]와 같은 폭군까지도 탕(湯)·무(武)[11]가 목을 벤 것이 부당하다[12]고 하며, 망령되이 백이(伯夷)·숙제(叔齊)[13]를 터무니없게 전한다. 수많은 사람들이 파

---

7) 『좌전』「양공」(襄公) 14년조에 진사광(晉師曠)이 "民奉其君, 愛之如父母, 仰之如日月"이라고 한 것과 『사기』「삼제본기」(三帝本紀)에 요를 설명하며 "其仁如天"이라고 한 것은 같은 맥락이다.

8) 『맹자』「이루」(離婁) 하: "孟子告齊宣王曰, 君之視臣如手足, 則臣視君如腹心, 君之視臣如犬馬, 則臣視君如國人, 君之視臣如土芥, 則臣視君如寇讐." 『상서』(尙書)「태서」(泰誓) 하: "獨夫受洪惟作威乃汝世讐."(이 문장에서 '獨夫受'의 '受'는 紂王이다.) 『맹자』「양혜왕」(梁惠王) 하: "曰賊仁者謂之賊, 賊義者謂之殘, 殘賊之人謂之一夫, 聞誅一夫紂矣, 未聞弑君也."

9) '군신지의'(君臣之義)는 하늘과 땅 사이에 피할 수 없는 '천리'(天理)란 뜻이다. 『장자』「인간세」(人間世): "臣之事君, 義也. 無適而非君也. 無所逃於天地之間, 是之謂大戒." 『이정전서』(二程全書)「유서」(遺書): "父子. 君臣. 天下之定理, 無所逃于天地之間."

10) 걸(桀)은 하나라 말기의 임금으로 폭군으로 유명하고 주(紂)는 잔인무도한 은나라 최후의 군주이다. 이들은 요순과 대비되어 포악무도한 군주로 널리 알려져 있다.

11) 은나라의 탕왕과 주나라의 무왕. 이들은 모두 자기가 섬기던 군주를 방벌하여 군주가 되었다.

12) 『사기』「유림전」(儒林傳)에는 한나라 경제(景帝) 때 황생(黃生)과 원고생(轅固生)이 탕·무의 걸·주 토벌을 '시군'(弑君) '범상난륜'(犯上亂倫)이라 단정하고 있다.

13) 형제간인 백이와 숙제는 모두 은나라 고죽군(孤竹君)의 아들이다.

멸하여 피투성이가 된 모습은 저 썩은 쥐[14]와 다를 바가 없
다. 어찌 이 커다란 천지와 수많은 백성들 가운데 오로지 군
주 한 사람[一人一姓]만이 사사로이 할 수 있는가?

그러므로 무왕은 성인이고, 맹자의 말은 성인의 말이다.[15]

주 무왕이 은을 치자 이를 간하였고, 무왕이 천하를 손에 넣자 그
들은 주나라에서 곡식 먹는 것이 부끄럽다고 여겨 수양산(首陽山)
에서 은둔하다 굶어 죽었다고 한다. 이에 대한 기록은 여러 문헌
에 보이는데, 그 몇 가지만 소개한다.

『맹자』「만장」(萬章) 하 : "伯夷 目不視惡色 耳不聽惡聲 非其君
不事 非其民不使 治則進 亂則退 橫政之所出 橫民之所止 不忍居也
思與鄉人處 如以朝衣朝冠 坐於塗炭也 當紂之時 居北海之濱 以待
天下之淸也 故聞伯夷之風者 頑夫廉 懦夫有立志."

『장자』「양왕」(讓王) : "昔, 周之興, 有士二人, 處於孤竹. 曰伯夷
叔齊. 二人相謂曰, 吾聞, 西方有人, 似有道者. 試往觀焉. 至於岐陽.
武王聞之, 使叔旦往見之. 與之盟曰, 加富二等, 就官一列. 血牲而埋
之. 二人相視而笑曰, 嘻, 異哉. 此非吾所謂道也. …… 吾聞, 古之
士, 遭治世, 不避其佐(任)遇亂世, 不爲苟存. 今天下闇, 周德衰. 其
並乎周以塗吾身也, 不如避之以潔吾行. 二子北至於首陽之山, 遂餓
而死焉. 若伯夷叔齊者, 其於富貴也, 苟可得已, 則必不賴. 高節戾行,
獨樂其志, 不事於世. 此二士之節也."

그밖에 『여씨춘추』(呂氏春秋)「성렴」(誠廉)과 『사기』「백이열전」
등에 잘 기록되어 있다. 이런 기록의 공통점은 이들을 '고상수절'
(高尙守節)의 모범으로 추앙하고 있다는 점이다.

14) 본래 절강 여요현 이주문헌관(梨洲文獻館)에 있는 건륭(乾隆)연간
의 자계(慈溪) 정씨(鄭氏) 이노각(二老閣) 초각본(初刻本)에는 '수
서'(首鼠)로 되어 있는데, 『이주유저휘간』(梨洲遺著彙刊)에는 '부
서'(腐鼠)로 되어 있다. '수서'는 아마도 의심 많은 쥐가 머리를 들
고 어느 편을 선택해야 좋을지 망설이며 관망하는 '수서양단'(首鼠
兩端)의 축약어로 보인다. 여기에서 선택한 '썩은 쥐'의 의미는 조
금도 아깝지 않은 폐기물이란 뜻이다.

15) 이 말은 맹자의 다음과 같은 말을 두고 한 것이다. 『맹자』「양혜왕」
하 : "齊宣王問曰, 湯放桀, 武王伐紂, 有諸. 孟子對曰, 於傳有之. 曰

후대의 군주는 (자신을) 아버지와 같고 하늘과 같다는 헛소리[空名]로 사람들이 (자신의 지위를) 엿보며 눈치보는 것을 금지하였다. 군주는 모두 성인의 말에 불편함을 느끼고 『맹자』를 폐지하고 과거 과목에서 제외하기까지 하였는데,[16] 어리석은 선비들에게서 근원한 것이 아니겠는가!

비록 후대의 군주가 과연 이 재산을 보전하여 영원토록 전한다고 하더라도 또한 그것을 사사로이 하는 것은 의심할 여지도 없다. 이미 (천하를 자신의) 재산처럼 생각하는데, 사람들이 재산을 얻고자 하는 마음이 어느 누가 나(군주)만 같지 않겠는가? 끈으로 단단히 묶어놓고,[17] 자물쇠로 잠가놓아도, 한 사람의 지력이 천하에 갖고자 하는 많은 무리를 이길 수 없으니, 멀게는 몇 대에, 가깝게는 자신의 당대에 그 혈육의 파멸이 그 자손에게 일어난다.[18]

臣弑其君可乎? 日賊仁者謂之賊, 賊義者謂之殘, 殘賊之人謂之一夫, 聞誅一夫紂矣, 未聞弑君也."

16) 명나라 태조 주원장(朱元璋)은 『맹자』의 "君之視臣爲土芥, 則臣視君如寇讐."(「이루」(離婁) 하) "民爲貴, 社稷次之, 君爲輕."(「진심」(盡心) 하)을 보고 맹자에게 제사지내는 것을 폐지하고, 공묘(孔廟) 안의 맹자 위패를 철거하였다. 물론 이후 맹자에 대한 제사는 시행되었지만, 위에 기술한 『맹자』의 내용은 삭제시켰다.

17) 『장자』「거협」(胠篋) : "攝緘縢……."

18) 중국 역대 왕조의 수명을 간단히 살펴보면 진(기원전 221~207)은 14년, 서한(기원전 206~기원후 8)은 214년, 동한(25~220)은 195년, 삼국(220~265)은 45년, 서진(西晋, 265~316)은 51년, 동진(東晋)과 16국(317~420)은 103년, 남북조(420~589)는 169년, 수(隋, 581~618)는 37년, 당(唐, 618~907)은 289년, 5대10국(907~960)은 53년, 북송(北宋)과 요(遼, 960~1127)는 167년, 남송(南宋)과 금(金, 1127~1279)은 152년, 원(元, 1271~1368)은 97년, 명(1368~

옛날 사람들이 대대로 제왕의 집안에서 태어나지 않기를 바라고,[19] 명나라 의종(毅宗, 1628~44)[20]이 공주(公主)에게 "네가 어찌 우리 집안에 태어났는가!"[21]라고 하였는데, 이 말이 비통하지 않은가! 창업할 당시를 회상하자면 천하를 얻으려고 하는 마음이 꺾이고 사라지지 않는 사람이 있겠는가!

그러므로 군주의 직분에 밝으면 요순의 시대처럼 사람들은 (평화적으로) 선양(禪讓)할 수 있고, 허유나 무광 같은 이가 속세를 등지지 않을 것이다. 군주의 직분에 밝지 못하면 시정의 사람들이 모두 욕심을 내어 허유나 무광 같은 사람은 후대에 다시 나타나지 않을 것이다. 따라서 군주의 직분을 밝게 하기는 매우 어렵더라도 잠깐의 음란과 쾌락으로 (군주의 직분을) 끝없는 슬픔과 바꿀 수 없다는 것은 비록 어리석은 자라도 또한 분명히 알 수 있는 일이다.

1644)은 276년, 청(1644~1911)은 267년이다. 이것으로 미루어볼 때 한당명청(漢唐明淸)을 제외한 대부분의 왕조는 200년을 채우지 못했고, 비록 200년을 지속한 왕조라 하더라도 전제군주에 대항하는 세력이 끊임없이 발호하여 중국의 역대 왕조는 하루도 편할 날이 없었다. 바로 이런 불안의 연속을 황종희는 전제군주의 전횡에서 찾는다. 결국 이 문장을 통해 황종희가 기대하는 이상사회를 엿볼 수 있다. 그는 전제주의의 필망과 이를 대체할 이상사회, 즉 "以天下(民)爲主, 君爲客."이라는 일종의 민주사회를 상정하고 있다.

19) 『자치통감』(資治通鑑) 「제기」(齊紀) 1 : "宋順帝下詔禪位於齊, …… 帝泣而彈指曰, 願後身世世勿復出帝王家!"

20) 명나라 마지막 숭정황제(崇禎皇帝)로 이름은 주유검(朱由檢)이다.

21) 『명사』(明史) 「공주전」(公主傳)에 보임. 이자성의 농민군이 북경을 점령하였을 때 숭정황제가 수령궁(壽寧宮)에 들어서자 장평공주(長平公主)가 황제의 의복을 잡고 통곡하자 숭정이 바로 이 말을 하고, 검을 빼어 공주의 왼쪽 팔을 내리쳤다.

「原君」

有生之初，人各自私也，人各自利也；天下有公利而莫或興之，有公害而莫或除之．有人者出，不以一己之利爲利，而使天下受其利，不以一己之害爲害，而使天下釋其害．此其人之勤勞，必千萬於天下之人．夫以千萬倍之勤勞而己又不享其利，必非天下之人情所欲居也．故古之人君，量而不欲入者，許由務光是也；入而又去之者，堯舜是也；初不欲入而不得去者，禹是也．豈古之人有所異哉？好逸惡勞，亦猶夫人之情也．

後之爲人君者不然．以爲天下利害之權皆出於我，我以天下之利盡歸於己，以天下之害盡歸於人，亦無不可．使天下之人不敢自私，不敢自利，以我之大私爲天下之大公．始而慚焉，久而安焉，視天下爲莫大之產業，傳之子孫，受享無窮，漢高帝所謂"某業所就，孰與仲多"者，其逐利之情不覺溢之於辭矣．此無他，古者以天下爲主，君爲客，凡君之所畢世而經營者，爲天下也．今也以君爲主，天下爲客，凡天下之無地而得安寧者，爲君也．是以其未得之也，屠毒天下之肝腦，離散天下之子女，以博我一人之產業，曾不慘然！曰"我固爲子孫創業也"．其既得之也，敲剝天下之骨髓，離散天下之子女，以奉我一人之淫樂，視爲當然，曰"此我產業之花息也"．然則爲天下之大害者，君而已矣．向使無君，人各得自私也，人各得自利也．嗚呼，豈設君之道固如是乎！

古者天下之人愛戴其君，比之如父，擬之如天，誠不爲過也．今也天下之人怨惡其君，視之如寇讐，名之爲獨夫，固其所也．而小儒規規焉以君臣之義無所逃於天地之間，至桀紂之暴，猶謂湯武不當誅之, 而妄傳伯夷叔齊無稽之事, 使兆人萬姓崩潰之血肉, 曾不異夫腐鼠. 豈天地之大, 於兆人萬姓之中, 獨私其一人一姓乎? 是故武王聖人也, 孟子之言, 聖人之言也. 後世之君, 欲以如父如天之空名禁人之窺伺者, 皆不便於其言, 至廢孟子而不立, 非導源於小儒乎!

雖然, 使後之爲君者, 果能保此產業, 傳之無窮, 亦無怪乎其私之也. 旣以產業視之, 人之欲得產業, 誰不如我? 攝緘縢, 固扃鐍, 一人之智力不能勝天下欲得之者之衆, 遠者數世, 近者及身, 其血肉之崩潰在其子孫矣. 昔人願世世無生帝王家, 而毅宗之語公主, 亦曰 : "若何爲生我家!" 痛哉斯言! 回思創業時, 其欲得天下之心, 有不廢然摧沮者乎! 是故明乎爲君之職分, 則唐虞之世, 人人能讓, 許由務光非絶塵也 ; 不明乎爲君之職分, 則市井之間, 人人可欲, 許由務光所以曠後世而不聞也. 然君之職分難明, 以俄頃淫樂不易無窮之悲, 雖愚者亦明之矣.

2
신하론

어떤 사람이 "형태가 없는데도 보고, 소리가 없는데도 듣고서"[1] 그 군주를 섬긴다면 신하라고 할 수 있는가? 신하라고 할 수 없다. 자기 몸을 죽이면서까지[2] 군주를 섬긴다면 신하라고 할 수 있는가? 역시 신하라고 할 수 없다. "형태가 없는데도 보고, 소리가 없는데도 듣는 것"은 아버지를 섬기는 데서 비롯된 것이다. 자기 몸을 죽이는 것은 사사로움이 없는 것의 최고 표준이다. 그래도 신하라고 하기에 부족하다면 신하의 도리는 어떻게 한 이후에나 가능한 것인가? 그것은 이렇게 대답할 수 있다.

---

1) 이 문장은 『예기』(禮記) 「곡례」(曲禮) 상에 보임. 그 의미는 "어린이가 부친의 형상을 보지 못하고, 부친의 음성을 듣지 못했는데도 부친의 뜻을 알 수 있다"는 내용이다. 다시 말해 "무형(無形), 즉 태도가 나타나기 전에 보고, 무성(無聲), 즉 말하기 전에 듣는다"는 뜻이다.
2) 『논어』 「위령공」(衛靈公) : "志士仁人, 無求生而害人, 有殺身而成仁."

저 넓은 천하는 한 사람이 능히 다스릴 수 없기 때문에 여러 신하와 관리[群工]를 두고서 나누어 다스리게 한 것이다. 따라서 내가 나가서 벼슬하는 것은 천하 백성을 위한 것이지 군주를 위해서가 아니며, 만민을 위한 것이지 군주[一姓]를 위한 것이 아니다.

나는 천하 만민의 입장에서 보기 때문에 그 도리에 합당하지 않으면 군주가 태도나 말로써 나를 강제하더라도 복종하지 않겠다. 하물며 형태도 없고 말도 없는 데에서랴! 그 도리에 합당하지 않으면 조정의 관직에 있다 하더라도 받아들이지 않겠다. 하물며 내 몸을 죽이면서까지 하겠는가! 그렇지 않고 군주 한 사람의 입장에서 보면 군주가 태도나 말로 드러내지 않는 기호와 욕망이 있을 때, 내가 따라서 그것을 보고 듣고 한다면 이것은 환관이나 궁녀의 마음이다. 군주가 자기를 위해 죽고 자기를 위해 망할 때,[3] 내가 (이것에) 따라서 죽고 망한다면 이것은 사적으로 총애를 받는 자[私暱][4]나 하는 일이다. 이것으로 신하인지 아닌지를 구별할 수 있다.

세상의 신하들이 이런 뜻을 잘 알지 못하고 신하는 군주를 위해 만들어진 것이라고 말한다. 군주는 나에게 천하를 나누어 다스리게 하고, 군주가 나에게 인민을 나누어주고 다스리게 한다고 하며, 천하 인민을 군주 주머니 속의 사사로운 물

3) 『좌전』「양공」(襄公) 25년조에 보임.
4) 『좌전』「양공」 25년조에 제장공(齊莊公)이 피살되자 어떤 사람이 안영(晏嬰)에 물으며 "너도 죽을 텐데 도망가지 않는가?"라고 했다. 그때 안영이 "故君爲社稷死, 則死之, 爲社稷亡, 則亡之; 若爲己死而爲己亡, 非其私暱, 誰敢任之?"라고 말했다.

건 정도로 생각한다. 지금 사방이 시끄럽고 혼란하며 민생은 초췌하여 우리 군주를 위태롭게 하기에 충분하니,[5] 이것을 다스리고 기르는 시책을 강구하지 않을 수 없다. 진실로 사직의 존망에 관계없다면 사방의 시끄러움과 혼란, 그리고 민생의 초췌함은 비록 직무에 충실한 신하가 있다 하더라도 또한 하잘것없는 걱정이라고 생각한다.

저 옛날의 신하는 이런 (천하를 위하고 만민을 위하는) 생각을 하였을 것인가? 저런 (군주를 위하고 일성〔一姓〕을 위하는) 생각을 하였을 것인가?

대개 천하의 치란(治亂)은 일성의 흥망에 있는 것이 아니라, 만민의 근심과 즐거움에 있다. 그래서 걸주가 멸망한 것은 곧 치세(治世)가 되는 까닭이며, 진(秦)나라와 몽고(蒙古)가 일어난 것은 난세(亂世)가 되는 까닭이다. 진(晉)·송(宋)·제(齊)·양(梁)의 흥망은 치란과 관계가 없다. 신하가 백성의 재난을 경시하면 곧 군주를 도와서 흥하게 하고 군주를 따라서 망할 수는 있어도, 그것은 신하의 도리에 위배되는 것이다.

천하를 다스리는 것은 마치 커다란 나무를 끄는 것과도 같아서, 앞에 있는 사람이 '어기' 하면 뒤에 있는 사람이 '영차' 하는 것과 같다.[6] 군주와 신하가 함께 나무를 끄는 사람인데, 만일 손으로 나무를 동여맨 줄을 잡지 않고, 발로 땅을 디디

---

5) 명말 전국을 뒤흔든 이자성과 장헌충(張憲忠)의 농민봉기와 만주족 정권의 명조 위협을 말한 내용이다.
6) 『회남자』(淮南子) 「응도」(應道) : "今夫擧大木者, 前呼邪許, 後亦應之, 此擧重動力之歌也."

지 않고, 나무를 끌어야 할 사람들이 나무를 끄는 사람들 앞에서 그저 웃으며 놀기나 하고, 뒤에서 나무를 밀어주어야 할 사람이 그것을 좋다고 하면 나무를 끄는 일은 할 수 없다.

아아! 후대의 교만한 군주는 방종하여 천하 만민을 잘 다스리는 것으로 일을 삼지 않는다. 초야에 묻혀 사는 사람에게서 구하는 것은 (자신을 위해) 분주히 심부름이나 하는 사람을 얻고자 하는 데 불과하다. 이에 초야에 있다가 위에서 부름을 받은 사람은 또한 분주히 심부름이나 하는 데 지나지 않으니, 한때 잠시나마 추위와 배고픔에서 벗어나 마침내 군주가 자신을 알아준 것에 감격해하고 다시는 (군주의 신하에 대한) 예가 갖추어졌는가 아닌가는 생각지도 않고, 노비들 사이를 오르내리면서도 당연하다고 생각한다.

만력(萬曆) 초에 신종(神宗, 1573~1620)이 장거정(張居正, 1525~82)[7]을 대하였을 때, 그 예우가 약간은 지나쳤지만, 이것은 옛날의 사부(師傅)[8]에 비하면 백분의 일도 되지 않는다. 당시 논자들은 놀라 떠들면서 장거정이 신하의 예가 없는 것이라고 하였다. 대저 장거정의 죄는 바로 사부로서 자기를 지키지 못하고 노비처럼 부리게 한 것이지만, 오히려 질책을 하고 있으니 무슨 말인가? 이것은 곧 이목이 세속에 빠져서

---

7) 명말의 정치가. 자는 숙대(叔大), 호는 태악(太岳)이며, 호광(湖廣) 강릉(江陵, 지금의 湖北) 사람이다. 1547년 진사가 된 후 10년간 재상을 지냈다. 유고집으로『장태악집』(張太岳集)이 있다.

8) 일종의 관직명. 고대에는 태사(太師)·태부(太傅)·태보(太保)·소사(少師)·소부(少傅)·소보(少保) 등이 있었는데, 통칭하여 사부(師傅)·사보(師保)·보부(保傅)라고 하였다.

이른바 신하라고 하는 것에 목적을 두었기 때문이다. 또한 어찌 신하와 군주가 이름만 다르고 실제는 같다는 사실을 알았겠는가!

어떤 사람은, 신하는 자식과 함께 칭하여 신자(臣子)라고 하지 않는가?라고 한다. 그렇지 않다. 아버지와 자식은 기(氣)가 통하며, 자식은 아버지의 몸을 나누어 (자신의) 몸을 이룬 것이다. 그러므로 효자는 비록 몸은 떨어져 있어도 날마다 그 기를 가까이해서 오래되어도 통하지 않음이 없다. (그런데) 불효자는 몸이 나누어진 이후 날마다 멀어지고 소원해져서 오래되면 기가 서로 같지 않게 된다.

군주와 신하의 명분은 천하 국가라는 입장에서 생긴 것이다. 나에게 천하의 책임이 없다면 나는 군주와는 관계없는 사람이다. 나가서 군주를 섬길 때 천하 백성을 위한 것으로 일을 삼지 않으면 군주의 노비가 된 것이고, 천하를 위한 것으로 일을 삼으면 군주의 사우(師友)인 것이다. 그런즉 신하라고 하여도 그 이름은 여러 차례 변하였다. (그러나) 아버지와 자식은 진실로 변할 수 없는 것이다.

「原臣」

有人焉, 視於無形, 聽於無聲, 以事其君, 可謂之臣乎? 曰: 否! 殺其身以事其君, 可謂之臣乎? 曰: 否! 夫視於無形, 聽於無聲, 資於事父也 ; 殺其身者, 無私之極則也. 而猶不足以當之, 則臣道如何而後可? 曰: 緣夫天下之大, 非一人之所能治, 而分治之以群工. 故我之出而仕也, 爲天下, 非爲君也 ; 爲萬民，非爲一姓也．吾以天下萬民起見，非其道，卽君以形聲强我，未之敢從也．況於無形無聲乎！非其道，卽立身於其朝，未之敢許也．況於殺其身乎！不然，而以君之一身一姓起見，君有無形無聲之嗜慾，吾從而視之聽之，此宦官宮妾之心也；君爲己死而爲己亡，吾從而死之亡之，此其私暱者之事也．是乃臣不臣之辨也．

世之爲臣者昧於此義，以謂臣爲君而設者也．君分吾以天下而後治之，君授吾以人民而後牧之，視天下人民爲人君橐中之私物．今以四方之勞擾，民生之憔悴，足以危吾君也，不得不講治之牧之之術．苟無係於社稷之存亡，則四方之勞擾，民生之憔悴，雖有誠臣，亦以爲纖芥之疾也．夫古之爲臣者，於此乎，於彼乎？

蓋天下之治亂，不在一姓之興亡，而在萬民之憂樂．是故桀紂之亡，乃所以爲治也；秦政蒙古之興，內所以爲亂也；晉宋齊梁之興亡，無與於治亂者也．爲臣者輕視斯民之水火，卽能輔君而興，從君而亡，其於臣道固未嘗不背也．夫治天下猶曳大木然，前者唱邪，後者唱許．君與臣，共曳木之人也，若手不執紼，足不履地，曳木者唯娛笑於曳木者之前，從曳木者以爲良，而曳木之職荒矣．

嗟乎！後世驕君自恣，不以天下萬民爲事．其所求乎草野者，不過欲得奔走服役之人．乃使草野之應於上者，亦不出夫奔走服役，一時免於寒餓，遂感在上之知遇，不復計其禮之備與不備，躋之僕妾之間而以爲當然．萬曆初，神宗之待張居正，其禮稍優，此於古之師傅未能百一．當時論者駭然居正之受無人臣禮．

夫居正之罪，正坐不能以師傅自待，聽指使於僕妾，而責之反是，何也？是則耳目浸淫於流俗之所謂臣者以爲鵠矣！又豈知臣之與君，名異而實同耶？

或曰：臣不與子並稱乎？曰：非也．父子一氣，子分父之身而爲身．故孝子雖異身，而能日近其氣，久之無不通矣；不孝之子，分身而後，日遠日疏，久之而氣不相似矣．君臣之名，從天下而有之者也．吾無天下之責，則吾在君爲路人．出而仕於君也，不以天下爲事，則君之僕妾也；以天下爲事，則君之師友也．夫然，謂之臣，其名累變．夫父子固不可變者也．

3
법제론

삼대[1] 이전에는 법이 있었지만 삼대 이후에는 법이 없다. 무엇으로 이렇게 말하는가? 이제삼왕(二帝三王)[2]은 천하의 사람을 길러야 함을 알고 그들을 위해 농토를 주어 경작케 하였고, 천하의 사람들이 의복이 있어야 함을 알고 그들을 위해 땅을 주어 뽕나무와 삼을 심게 하였으며, 천하의 사람을 교육해야 함을 알고 그들을 위해 학교를 세웠고, 혼인의 예로 음란을 막았으며, 병역제도로 혼란을 방지하였다. 이것이 삼대 이전의 법이었는데, 진실로 자기 한 사람을 위해서 법을 세우지 않았다.

---

1) 하(夏)·은(殷)·주(周)를 말한다. 황종희는 『명이대방록』 곳곳에서 삼대를 이상사회로 묘사한다. 어떤 부분에서는 '석자'(昔者)·'고자' (古者)라는 표현을 동원하고 있는데, 이것은 모두 옛것에 의지해서 현실을 개혁하려는 '탁고개제'(托古改制)의 한 방법이다.
2) 이제(二帝)는 요·순을, 삼왕(三王)은 하우(夏禹)·은탕(殷湯)·주문왕(周文王)을 말한다.

(그런데) 후대의 군주는 이미 천하를 얻었으면서도 다만 그 왕조의 명이 오래가지 못할까, 그 자손들이 보존하지 못하지나 않을까를 두려워하며 어떤 일이 아직 일어나지도 않았는데 미리 근심하며 법을 만든다. 그렇기 때문에 여기서 법이란 왕가 한 집안의 법이지 천하의 법이 아니다.

진(秦)나라가 봉건제도를 바꾸어 군현제도로 만든 것은 군현제도가 자기에게 사사로운 도움이 되기 때문이다.[3] 한(漢)나라 때는 자식들을 제후로 봉함으로써[4] 왕 자신의 울타리가 되어주기를 기대하였다. 송(宋)나라가 방진(方鎭)의 군사[5]를 해체한 것은 방진이 왕 자신에게 불리하였기 때문이다. 그럼에도 그 법이 조금이라도 무슨 천하를 위하는 마음이 있다고

---

3) 봉건이란 고대 제왕이 작위와 토지를 제후에게 나누어주고 대리통치하게 하는 제도이다. 전하는 바에 의하면 황제(黃帝)가 만국을 세우고 봉건을 처음 실시하였다고 한다. 이런 봉건제도는 주나라에 이르러 완비되었는데, 작위는 공(公)·후(侯)·백(伯)·자(子)·남(男)의 다섯 등급으로 나뉘었다. 후는 땅을 100리, 백은 70리, 자와 남은 10리를 받았다. 그런데 진나라가 육국을 통일한 이후 봉건제도는 폐지되고 군현제도가 실시되었다. 한대 이후 봉건제 유형의 형태가 다시 정립되지만 이때의 봉건제도는 중앙집권의 일환으로 실시된 것이기 때문에 처음 실시되었던 봉건제도의 유형과는 다르다.

4) 한대 전기 일찍이 연(燕)·대(代)·제(齊)·조(趙)·양(梁)·초(楚)·형(荊)·오(吳)·회남(淮南)의 구국을 동성(同姓)의 제후로 봉했는데, 이것은 친족관계를 이용, 중앙집권을 강화하고자 한 것이다. 원래 '서얼'(庶孼)은 첩의 자식이나 여기서는 친족 개념으로 사용되었다.

5) 당나라 말, 각 지방의 세력가들이 군사를 동원하여 발호하였는데, 송나라 태조가 중국을 통일한 이후 이들을 해산시키고 병권을 잡았다. 동시에 지방정부를 중앙에 귀속시켰다. 여기서 방진은 군대 장관을 가리킨다. 자세한 내용은 이 책 「국경수비」를 참조.

할 수 있겠는가! 또한 가히 법이라고 할 수 있겠는가?

삼대의 법은 천하의 재부(財富)를 천하 인민의 수중에 두는 것이었다. 국토에서 나오는 이익을 반드시 다 취하지 않았고, 상주고 벌주는 권한이 다른 사람에게 넘어가는 것을 걱정하지 않았다. 고귀한 것이라고 다 조정에 있는 것이 아니었고, 비천한 것이라고 다 조정 밖에 있는 것이 아니었다. 후세에 바야흐로 그 법을 소략하게 해야 함을 의논하였으나, 천하의 사람들이 높은 지위에 있는 것을 선망할 것도 아니며, 아랫사람의 지위를 싫어할 것도 아니라고 보았는데, 법을 소략하게 하면 할수록 혼란은 더욱 일어나지 않았다. 이것이 이른바 무법(無法)의 법이다.

후세의 법은 천하의 재부를 자기의 광주리에 담아두는 것이다. 이익이 아랫사람에게 남는 것을 좋아하지 않고, 복은 반드시 군주가 거두기를 바란다. 한 사람을 쓰면 그 사람이 사사로이 이익을 취할 것을 의심하고, 또 한 사람을 채용하면 그가 사사로운 이익을 취하는 것을 억제한다. 한 가지 일을 하면 속지 않을까를 염려하고, 또 한 가지 일을 만들어서 속는 것을 방지한다. 천하의 사람들이 모두 광주리가 어디에 있는가를 알고 있으니, 군주 자신도 또한 무서워 벌벌 떨며 날마다 오로지 광주리만을 걱정하기 때문에 그 법은 정밀하지 않을 수 없다. 법이 정밀하면 정밀할수록 천하의 혼란은 법 속에서 생기게 된다. 이것이 이른바 비법(非法)의 법이다.

논자가 말하기를, 일대(一代)에는 일대의 법이 있어서, 자손이 조상을 본받는 것을 효(孝)라고 생각하였다. 대저 비법의 법은 전대의 왕이 사리사욕의 사사로움을 이기지 못하여 그것을 만들었다. 후대의 왕은 사리사욕의 사사로움을 이기지 못하여 그것을 파괴하였다. 파괴하는 자는 진실로 천하를 해치는 데 족하고, 만드는 자 또한 천하를 해치는 자가 아닐수 없다. 이에 반드시 이것과도 가깝고 저것과도 가깝게 왔다갔다 하며, 법을 지킨다는 좋은 명성을 넓히려고 하는데, 이것은 비속한 선비가 남의 주장을 표절하여 자기 것이라고 하는 것이다.

논자가 말하기를 천하의 다스려짐과 혼란은 법의 있고없음과 관계없다고 한다. 대저 고금의 변란은 진나라 때 한 번 극심하였고,[6] 원나라 때 또 한 번 극심하였다.[7] 이 두 번의 극심한 변란을 겪은 이후 옛 성왕이 측은한 마음으로 백성을 사랑하여 경영한 것들이 모두 없어졌다. 진실로 멀리 생각하고 깊게 보아 하나하나 완전히 변혁하여 다시 정전·봉건·학교·군사제도의 옛 모습을 찾지 않는다면, 비록 자질구레한 변혁을 한다 해도 백성들의 괴로움은 끝내 그치지 않을 것이다.

만일 논자가 다스리는 사람은 있어도 다스리는 법이 없다고 한다면, 나는 다스리는 법이 있고 난 뒤 다스리는 사람이 있어야 한다고 하겠다. 비법의 법이 천하 사람들의 손과 발을 묶어놓은 이후로는 비록 유능한 정치인이 있어도 마침내 이리저리 끌려다니며 의심이나 하고 눈치나 살피는 것을 이

---

6) 진시황이 봉건제를 대신해서 군현제를 실시한 것을 말한다.
7) 원나라는 전국을 통일한 이후 역대 왕조의 통치경험을 토대로 이전과는 다른 새로운 제도를 마련하였다.

기지 못하고, 실시하는 일이 있어도 또한 그 자신의 분수와 한계에 머물러 일을 대충대충 처리하는 데 안주하고, 한계를 벗어나서 공명을 세우지 못한다. 선왕의 법이 있다면 법 이외의 어떤 것[8]이 그 사이에 없을 수 없다. 그 사람(정치인)이 옳으면 좋은 일을 행하지 않을 이유가 없고, 그 사람이 그릇되면 또한 엄하고 각박하게 법망으로 몰아 천하 사람을 해롭게 하지는 않을 것이다. 그러므로 다스리는 법이 있은 이후에 다스리는 사람이 있다고 하겠다.

「原法」

三代以上有法, 三代以下無法. 何以言之? 二帝三王知天下之不可無養也, 爲之授田以耕之；知天下之不可無衣也, 爲之授地以桑麻之；知天下之不可無教也, 爲之學校以興之, 爲之婚姻之禮以防其淫, 爲之卒乘之賦以防其亂. 此三代以上之法也, 固未嘗爲一己而立也. 後之人主, 旣得天下, 唯恐其祚命之不長也, 子孫之不能保有也, 思患於未然以爲之法, 然則其所謂法者, 一家之法, 而非天下之法也. 是故秦變封建而爲郡縣, 以郡縣得私於我也；漢建庶孽, 以其可以藩屛於我也；宋解方鎭之兵, 以方鎭之不利於我也. 此其法何曾有一毫爲天下之心哉! 而亦可謂之法乎?

三代之法, 藏天下於天下者也. 山澤之利不必其盡取, 刑賞之權不疑其旁落, 貴不在朝廷也, 賤不在草莽也. 在後世方議其法

---

8) 법률이나 법규 이외의 마음, 곧 옛날 성왕이 측은한 마음으로 백성을 사랑하는 것과 같은 정신적인 것을 말한다.

之疏, 而天下之人不見上之可欲, 不見下之可惡, 法愈疏而亂愈不作, 所謂無法之法也.

後世之法, 藏天下於筐篋者也. 利不欲其遺於下, 福必欲其斂於上; 用一人焉則疑其自私, 而又用一人以制其私; 行一事焉則慮其可欺, 而又設一事以防其欺. 天下之人共知其筐篋之所在, 吾亦鰓鰓然日唯筐篋之是虞, 故其法不得不密. 法愈密而天下之亂即生於法之中, 所謂非法之法也.

論者謂一代有一代之法, 子孫以法祖爲孝. 夫非法之法, 前王不勝其利欲之私以創之, 後王或不勝其利欲之私以壞之. 壞之者固足以害天下, 其創之者亦未始非害天下者也. 乃必欲周旋於此膠彼漆之中, 以博憲章之餘名, 此俗儒之勦說也.

即論者謂天下之治亂不繫於法之存亡. 夫古今之變, 至秦而一盡, 至元而又一盡. 經此二盡之後, 古聖王之所惻隱愛人而經營者蕩然無具, 苟非爲之遠思深覽, 一一通變, 以復井田封建學校卒乘之舊, 雖小小更革, 生民之戚戚終無已時也.

即論者謂有治人無治法, 吾以謂有治法而後有治人. 自非法之法桎梏天下人之手足, 即有能治之人, 終不勝其牽挽嫌疑之顧盼, 有所設施, 亦就其分之所得, 安於苟簡, 而不能有度外之功名. 使先王之法而在, 莫不有法外之意存乎其間. 其人是也, 則可以無不行之意; 其人非也, 亦不至深刻羅網, 反害天下. 故曰有治法而後有治人.

$$4$$

재상론

　명대에 좋은 정치가 없었던 것은 고황제(高皇帝, 1368~98)가 승상을 폐지한 데서[1] 비롯되었다.

　본래 군주를 세운 까닭은 천하를 다스리기 위해서였다. 천하는 한 사람이 다스릴 수 없으므로 관(官)을 설치하고 다스리게 했다. 이 관이라고 하는 것은 군주의 분신이다.

　맹자는 말했다. "천자가 하나의 지위요, 공(公)이 하나의 지위요, 후(侯)가 하나의 지위요, 백(伯)이 하나의 지위요, 자(子)와 남(男)이 함께 하나의 지위로 모두 다섯 등급이다. 군주가 하나의 지위요, 경(卿)이 하나의 지위요, 대부(大夫)가 하나의 지위요, 상사(上士)가 하나의 지위요, 중사(中士)가 하나의 지위요, 하사(下士)가 하나의 지위로 모두 여섯 등급이

---

1) 명 태조 주원장이 1380년(홍무 13) 승상 호유용(胡惟庸)을 반란 혐의로 처형한 이후 중서성(中書省)을 폐지하고 다시 승상을 세우지 않으면서 군주 전제체제를 더욱 강화하였다.

다.”[2]

외적으로 말하자면 천자는 공과의 간격이 공·후·백·자·남의 순차적인 거리와 같다. 내적으로 말하자면 군은 경과의 간격이 경·대부·사의 순차적인 거리와 같다. 유독 천자에 이르러서만 마침내 칼로 베어낸 듯 등급이 없다. 옛날 이윤(伊尹)[3]이나 주공(周公)[4]이 섭정을 할 때, 재상의 자격으로 천자의 일을 한 것은 역시 대부가 경을 대신하고 사가 경을 대신하는 것과 같았을 뿐이다.

후대의 군주는 교만하고 신하는 아첨하여 천자의 지위가 비로소 경·대부·사의 사이에 나열되지 않았고, 어리석은 선비들이 드디어 섭정하는 일을 저 멀리 하늘의 별같이 생각하고, 군주가 죽으면 그 아들이 대를 이어, 곡읍(哭泣)하고 복상(服喪)하는 슬픔을 잊어버리고 예악(禮樂)·정벌(征伐)의 정치만을 토론하며, 군주와 신하 사이의 의가 아직 완전히 이루어지지 않았는데, 아버지와 자식의 은(恩)은 이미 먼저 끊어져버린다.[5] 불행히 나라에 군주[6]를 이을 자가 없으면 모후

2) 『맹자』「만장」하.

3) 은나라의 대신. 이(伊)는 이름이고 윤(尹)은 관직명이다.

4) 서주 초기의 정치가. 문왕의 아들이며 무왕의 아우. 성은 희(姬)이고 명은 단(旦)이다. 숙단(叔旦)이라고도 하였다. 무왕을 도와 주를 정벌했으며, 성왕(成王)을 도와 왕실의 기초를 세우고 제도와 예악을 정비하여 주나라 문화 발전에 커다란 공을 세웠다.

5) 『논어』「헌문」(憲問) : “군주가 죽으면 백관들은 자기의 직책을 총괄하여 총재(冢宰)에게 (명령을) 듣기를 3년 동안 하였다.”(君薨, 百官總己, 以聽於冢宰三年.) 이에 대한 주석에서는 “지위에는 귀천이 있으나 부모에게서 태어남은 다름이 없다. 그러므로 3년상은 천자로부터 (서인에) 이르기까지 공통되는 것이다”고 하였다.

(母后)에게 맡기고 재상이 된 자는 바야흐로 책임을 회피하며, 오히려[7] 결렬·파괴시키어 후대에 웃음거리가 되었다. 이것은 천자의 지위를 너무 높게 생각한 결과가 아니겠는가?

옛날에 군주가 신하를 대할 때, 신하가 예를 갖추면 군주는 반드시 예로써 답하였다. (그러나 이런 예는) 진·한대 이후 폐지되어 논의되지 않았으나, 그래도 승상이 나아가면 천자는 자리에서 일어서고 수레 위에서는 내려왔다. 재상제도가 이미 폐지된 후로 천자는 다시 함께 예를 할 만한 상대가 없어져버렸다. 마침내 (천자는) 백관을 설치하는 것은 자신을 섬기기 위한 것이고, 자신을 잘 섬기는 자를 현자(賢者)라고 여기며, 자신을 잘 섬기지 못하는 자를 현자가 아니라고 말하게 되었다. 관을 설치한 뜻이 이미 와전되었는데, 하물며 군주를 세운 뜻에 있어서랴?

옛날에는 (군주의 자리를) 자식에게 전하지 않고, 현명한 자에게 전하였다. 천자의 지위에 대해서 그 자리를 떠나든 남든 재상과 같다고 보았다. 그후 천자가 아들에게 (그 지위를) 전하였는데, 재상 (자리)은 아들에게 전하지 않았다. 천자의 아들이 모두 현명한 것은 아니다. 그래도 재상이 현명한 자에게 전해졌으므로 족히 서로 보충해줄 수 있었다. 천자 또한 재상을 현명한 사람에게 전한다는 뜻을 잃지 않았다.

---

6) 원래 '군장'(君長)으로 되어 있으나 『이주유저휘간』에는 '장군'(長君)으로 되어 있다. 의미는 모두 '국군'(國君, 나라의 군주)이란 뜻이다.

7) 원래는 '영'(寧)이 없었으나, 『이주유저휘간』에는 '영'을 덧붙이고 있는데, 이것이 더 정확한 의미를 전달한다.

(그러나) 재상제도가 이미 폐지되었으므로 천자의 아들이 한 번 현명하지 못하면 그 상대가 될 현자가 다시 없어지고 마는 것이다. 또한 아들에게 전한다는 뜻까지도 없어지는 것 아니겠는가?

어떤 사람은 말하기를, 후대에 내각[8]에 들어가 일을 맡는 사람은 재상의 이름은 없어도 재상의 실권은 있었다고 한다. (그러나) 그렇지 않다. 내각에 들어가 일을 맡는 자는 그 직무가 천자의 비답(批答)을 작성하는 데 있었으니, 일개 부서[開府][9]의 서기와도 같은 것이다. 그 일은 가볍고 비답을 작성하는 것도 반드시 안에서 (그 내용을) 지시한 이후에 만든 것이기 때문에 (과연) 실권이 있다고 할 수 있겠는가?

내가 생각하기에는 재상의 실권이 있다는 것은 지금의 환관의 실권 같은 것이다. (군주의) 대권은 (어디엔가) 의지하지 않을 수 없다. 저 환관들은 재상의 정치권력이 땅에 떨어져 수습할 수 없음을 알고, 그에 따라 법령을 만들고 자신들의 직책과 권한을 확대하고 마음대로 죽이고 살리며 상벌을 좌지우지하는 재상의 권한을 점차로 다 자기들에게 귀속시켰다.

명대 내각에 있던 자들 가운데 현명한 자는 (환관의) 남긴

---

8) 주원장이 재상을 폐지한 이후 1382년(홍무 15) 당송대의 제도를 본떠서 내각을 두고 황제를 보좌하게 하였지만 실제로는 유명무실하였다. 그러다가 성조(成祖, 1402~24) 때 내각의 대학사(大學士)들의 실권이 커졌다. 백관이 상서(上書)하면 천자가 비답(批答)을 내리는데, 내각은 그 비답의 원안을 작성하는 일을 맡아 했다.

9) 한대에는 삼공(三公)·대장군(大將軍)·장군(將軍)뿐이었으나 위진(魏晉) 이후 점점 증가하다가 명대에 폐지되었다. 여기서는 단지 일반적인 기구를 가리킨다.

찌꺼기[殘膏剩馥]를 얻어받고, 현명하지 못한 자는 (환관의) 노리개[喜笑怒罵]를 이어받았다. 일반 사람들이 그것을 전하여 역사에 기록하는데, 그것을 그들 재상으로서의 업적이라고 생각하였다. 그래서 환관으로 하여금 재상의 실권을 갖게 한 것은 승상제도를 폐지한 잘못 때문이다.

내각의 현명한 자가 그 능력과 직책을 다하려고 하면 조상을 본받은 것이라고 하는데, 또한 조상이 반드시 본받기에 충분해서 그런 것이 아니다. 그 직책과 지위가 이미 낮기 때문에 부득불 조상의 이름을 빌려서 후왕을 제압하고 환관을 막은 것이다. 조상들이 행한 것들이 반드시 다 마땅한 것은 아니다. 환관 중에 교활한 자는 또다시 그 허물과 잘못을 열거하며, 역시 말하기를 조상을 본받았다고 하며, 조상을 본받는다는 논의를 어지럽힌다. 재상이 폐지되지 않았다면 저절로 옛날의 성스럽고 명철한 왕의 행적으로 그 (후대의) 군주를 닦아, 그 군주 또한 두려워하는 것이 있어서 감히 따르지 않을 수 없을 것이다.

재상 한 사람과 정원이 정해져 있지 않은 참지정사(參知政事)가 매일 편전(便殿)에서 정치를 의논하는데, 천자는 남면(南面)하고 재상・육경(六卿)・간관(諫官)은 동면(東面)・서면(西面)하여 차례대로 자리한다. 집사(執事)는 모두 사인(士人)을 쓴다. 천자에게 올리는 문서는 육과급사중(六科給事中)[10]이

---

10) 관직명이다. 명초에 전대를 이어 계속 급사중(給事中)을 두었는데, 1408년(永樂 6)에 이(吏)・호(戶)・예(禮)・병(兵)・형(刑)・공(工) 등 여섯 과를 각기 급사중에 두고 황제에게 올리는 문서를 처리하

그것을 주관하는데, 급사중은 재상에게 보고하고, 재상이 천자에게 보고하여 가부를 의논한다. 천자는 붉은 글씨로 결재한다. 천자가 모두 할 수 없으면 재상이 그것을 결재하고, 육부(六部)[11]로 내려보내 시행케 하여 다시 천자에게 올리지 않았고, 내각에 보내어 결재의 원안을 만들게 하였다. 만일 내각에서 또다시 천자에게 보내는 등 이리저리 얽힌 다음에 해당되는 관청으로 내려보내면, 마치 (이것은) 옛날처럼 내왕이 계속되는 것과 같아 대권이 환관에게서 나오는 것과 같다.

재상은 정사당(政事堂)[12]을 설치하고 신진 사대부에게 그것을 주관케 하거나 혹은 대조자(待詔者)[13]를 둔다. 당나라 장열(張說, 667~730)[14]은 재상이 되어 오방(五房)을 정사당의 뒤에 설치하였다. 그것은 이방(吏房)·추기방(樞機房)·병방(兵房)·호방(戶房)·형예방(刑禮房)으로 관청의 업무를 나누어 모든 임무를 주관하게 한 것인데, 이것이 그 예이다. 사방에서 글을 올려 이익과 폐단을 논하는 자와 대조인(待詔人)이 모두 여기에 모여서 어떤 일이든 (천자에게) 상달되지 않는

는 데 보조하게 하였다.

11) 수당 이후의 중앙행정기구로 이·호·예·병·형·공의 총칭이다.
12) 당송대 재상이 업무를 관장하던 곳. 당초에 설치되었고 처음에는 문하성(門下省)에 두었으나 뒤에 중서성으로 옮겼다.
13) 학술과 재능에 뛰어난 사람을 천자의 명령으로 궁전의 외문에 있는 관청에 대기시켰다가, 천자의 자문에 답하게 하였는데, 이것이 바로 대조자(待詔者)이다.
14) 당나라 때의 대신. 자는 도제(道濟)이며 낙양인(洛陽人)이다. 무측천(武則天) 때 태자교서(太子校書)를 제수받았다. 예종(睿宗) 때 중서문하평장사(中書門下平章事), 현종(玄宗) 때는 중서령(中書令)을 맡았다.

것이 없었다.

「置相」

有明之無善治, 自高皇帝罷丞相始也.

原夫作君之意, 所以治天下也. 天下不能一人而治, 則設官以治之; 是官者, 分身之君也. 孟子曰 : "天子一位, 公一位, 侯一位, 伯一位, 子男同一位, 凡五等. 君一位, 卿一位, 大夫一位, 上士一位, 中士一位, 下士一位, 凡六等."

蓋自外而言之, 天子之去公, 猶公侯伯子男之遞相去 ; 自內而言之, 君之去卿, 猶卿大夫士之遞相去. 非獨至於天子遂截然無等級也. 昔者伊尹周公之攝政, 以宰相而攝天子, 亦不殊於大夫之攝卿, 士之攝大夫耳. 後世君驕臣諂, 天子之位始不列於卿大夫士之間, 而小儒遂河漢其攝位之事, 以至君崩子立, 忘哭泣衰絰之哀, 講禮樂征伐之治, 君臣之義未必全, 父子之恩已先絕矣. 不幸國無長君, 委之母后, 爲宰相者方避嫌而處, 寧使其決裂敗壞, 貽笑千古. 無乃視天子之位過高所致乎?

古者君之待臣也, 臣拜, 君必答拜. 秦漢以後, 廢而不講, 然丞相進, 天子御座爲起, 在輿爲下. 宰相旣罷, 天子更無與爲禮者矣. 遂謂百官之設, 所以事我, 能事我者我賢之, 不能事我者我否之. 設官之意旣訛, 尙能得作君之意乎? 古者不傳子而傳賢, 其視天子之位, 去留猶夫宰相也. 其後天子傳子, 宰相不傳子. 天子之子不皆賢, 尙賴宰相傳賢足相補救, 則天子亦不失傳賢之意. 宰相旣罷, 天子之子一不賢, 更無與爲賢者矣, 不亦幷傳子之意而失者乎?

或謂後之入閣辦事，無宰相之名，有宰相之實也．曰：不然．入閣辦事者，職在批答，猶開府之書記也．其事既輕，而批答之意，又必自內授之而後擬之，可謂有其實乎？吾以謂有宰相之實者，今之宮奴也．蓋大權不能無所寄，彼宮奴者，見宰相之政事墜地不收，從而設爲科條，增其職掌，生殺予奪出自宰相者，次第而盡歸焉．有明之閣下，賢者貸其殘膏剩馥，不賢者假其喜笑怒罵．道路傳之，國史書之，則以爲其人之相業矣．故使宮奴有宰相之實者，則罷丞相之過也．

閣下之賢者，盡其能事則曰法祖，亦非爲祖宗之必足法也．其事位既輕，不得不假祖宗以壓後王，以塞宮奴．祖宗之所行未必皆當，宮奴之黠者又復條舉其疵行，亦曰法祖，而法祖之論荒矣．使宰相不罷，自得以古聖哲王之行摩切其主，其主亦有所畏而不敢不從也．

宰相一人，參知政事無常員．每日便殿議政，天子南面，宰相六卿諫官東西面以次坐．其執事皆用士人．凡章奏進呈，六科給事中主之，給事中以白宰相，宰相以白天子，同議可否．天子批紅．天子不能盡，則宰相批之，下六部施行．更不用呈之御前，轉發閣中要擬，閣中又繳之御前，而後下該衙門，如故事往返，使大權自宮奴出也．

宰相設政事堂，使新進士主之，或用待詔者．唐張說爲相，列五房於政事堂之後：一曰吏房，二曰樞機房，三曰兵房，四曰戶房，五曰刑禮房，分曹以主衆務，此其例也．四方上書言利弊者及待詔之人皆集焉，凡事無不得達．

5
학교

학교는 선비를 양성하는 곳이다. 그러나 옛날의 성왕이 다스리던 시절에는 그 의미가 이것뿐만이 아니었다. 반드시 천하를 다스리는 방법이 모두 학교에서 나오게 한 이후에야 비로소 학교를 세운 의미가 갖추어지게 했다.

조정의식[班朝], 법령공포[布令], 노인부양[養老], 고아구휼[恤孤], 승전보고[訊馘], 대군이 출정할 때 병사의 소집, 큰 재판에서 관리와 백성의 호출, 큰 제사로 시조에 제사지내는 것 등을 학교[辟雍][1]에서 행하는 것이라고 말한 것은 아니다. (학교는) 조정의 높은 지위에 있는 사람과 민간의 일반인들이 점점 나쁜 물이 들고 그것에 젖어서 『시경』과 『서경』에 있는 관대한 기풍이 사라지지 않도록 하는 것이다.

천자가 옳다고 하는 것이 반드시 옳은 것은 아니다. 천자

---

1) 벽옹은 주나라 왕조가 귀족 자제들을 위해 세운 고등학부이다.

가 그릇되다고 하는 것이 반드시 그릇된 것도 아니다. 천자 또한 감히 스스로 옳은지 그른지를 판단하지 않고 학교에서 시비(是非)를 공론하였다. 그러므로 선비를 양성하는 것이 학교의 한 가지 임무이기는 하지만, 학교가 다만 선비 양성만을 위해 세워진 것은 아니다.

삼대 이후에는 천하의 옳고 그름이 하나같이 조정에서 나왔다. 천자가 칭찬하면 모두 좇아서 옳다 하고, 천자가 나무라면 사람들이 그것을 그르다고 하였다. 관공서의 문서[簿書], 일년간의 회계[期會], 재정과 관련된 사무[錢穀], 군사와 재판에 관한 일[戎獄]은 모두 세속의 관리에게 맡겼다. 시대 풍조와 일반의 추세를 초월하여 조금이라도 사람이 나타나면 학교에는 완급을 조절하는 몸에 밴 기풍이 없다고 생각하였다.

이른바 학교란 과거에 합격하기 위해 떠들썩하게 다투고, 부귀를 얻기 위해 애를 태우며, 마침내 조정의 권세와 이권으로 인하여 그 본질이 변하게 되었다. 재능과 학술을 겸비한 선비는 왕왕 재야에서 선발되어 학교와는 처음부터 관계가 없어서, 결국 선비를 양성한다는 한 가지 목적도 상실하였다.

이에 학교가 변하여 서원(書院)[2]이 되었다. (서원에서) 그

---

2) 서원이란 이름은 당대에서 비롯되었다. 서원은 중서성 수서(修書) 혹은 시강(侍講)의 기구였다. 당대 정원(貞元, 785~805)년간에 이발(李勃)이 여산(廬山) 백록동(白鹿洞)에 은거해서 독서하였는데, 남당(南唐) 시기에 그 유적지에 학관을 세웠다. 송대에 이를 백록동서원이라 개칭하였고, 이같은 서원은 송대 이후 청대에 이르기까지 흥성하여 개인적으로 혹은 관청에서 강학의 장소로 세워져 학술사상

르다고 하는 것이 있으면 조정은 반드시 옳다고 하며 칭찬하고, 옳다고 하는 것이 있으면 조정은 반드시 그르다고 하며 꾸짖는다.

위학(僞學)의 금지,[3] 서원의 훼손[4] 등은 반드시 조정의 권력에 의하여 그들과 싸워서 이기려고 하였다. 벼슬하지 못한 자는 형벌을 주며 말하기를, "이들은 천하의 사대부를 이끌고 조정을 배반하는 자"라고 하였다. 처음에는 학교가 조정과 관계없다가, 이후에는 조정이 학교와 서로 반대가 되었다. (학교가) 선비를 양성하지 못할 뿐만 아니라 선비를 해치는 데 이르렀는데도, 오히려 그 명분을 따라서 계속 세워두는 것은 어찌된 일인가?

동한(東漢) 시대에 태학(太學)[5]의 3만 명의 학생은 위험을 두려워하지 않으면서 솔직하고 엄정한 논의를 설파하였고, 권력있는 자들을 꺼리지 않고 비판함으로써 공경대신들도 그

발전에 일정한 영향을 미쳤다.
3) 남송 영종(寧宗, 1195~1224) 때, 한탁주(韓侂胄)가 정권을 장악하자 주희(朱熹, 1130~1200)가 그의 잘못을 탄핵 상소하였는데, 한탁주는 오히려 주희의 학문을 위학(僞學)이라고 하며 금지시키고, 주희를 파면하였다.
4) 명대 희종(熹宗, 1621~27) 때, 환관 위충현(魏忠賢)이 극심한 횡포를 부리며, 군주에게 서원철폐를 상소하자, 희종이 "도성의 서원은 충신사(忠臣祠)로 이름을 바꾸고, 동림(東林)·관중(關中)·강우(江右)·휘주(徽州) 등의 모든 서원을 철폐하라……"고 명령하였다.
5) 태학은 중국 고대의 최고학부이다. 한무제(기원전 124년) 때 오경박사를 두었는데 이것이 태학의 시초이다. 위진으로부터 명청대에 이르기까지 태학은 혹 국자학(國子學)·국자감(國子監)이라고도 하였다. 이들 기관은 명칭은 달랐어도 역할과 기능은 같았으며, 유가경전을 전수하는 것을 주로 하였다.

들의 비판과 논의를 피하였다.[6] 송대(宋代)의 학생들은 궁궐
문 앞에 엎드려 북을 치며 이강(李綱, 1103~40)을 기용할 것
을 청하였다.[7] 삼대의 유풍에는 오직 이런 것들만이 서로 가
깝다고 할 수 있다. 만일 당시 조정에 있는 자들이 (앞에서
말한) 옳고 그름으로써 시비를 가렸다면, 도적과 간사한 무리
들이 매서운 서릿발과 눈보라와도 같은 정기(正氣)에 무서워
떨었을 것이며, 군주는 편안하게 나라를 보전할 수 있었을
것이다.

　그런데 논자는 그것을 지목하여 쇠퇴해가는 세상의 일이라
고 하면서, (나라가) 망한 까닭은 당인(黨人)을 체포하고 진동
(陳東)과 구양철(歐陽澈)[8]을 귀양보냈기[9] 때문이며, 바로 학교

---

6) 동한(東漢) 환제(桓帝, 147~167) 때 명사 출신의 경직파(鯁直派) 대
　신 주목(朱穆, 100~163, 자는 公叔. 당시 문인들은 그를 文忠 선생
　이라 부름)이 환관의 모함으로 하옥(下獄)되었다. 이 때 유도(劉陶,
　?~185, 자는 子奇)가 중심이 되어 태학생 수천 명이 궁궐문 앞에서
　상서소원(上書訴冤)하였는데, 그후 이것이 발전하여 곽태(郭泰, 128~
　169)와 가표(賈彪)가 앞장서고 태학생 3만여 명과 경직파 대신 진번
　(陳蕃)과 이응(李膺, 110~169) 등이 연합 가세하여 조정을 평론하
　고 인물을 포폄(褒貶)하였다. 태학생들과 지방 주군(州郡)의 관학생
　(官學生)들이 서로 호흡을 같이하며 전국적인 정치단체를 형성하고
　맹렬히 환관 및 조정과 지방의 당도(黨徒)를 공격하였다.
7) 북송 정강(靖康) 원년(1126년) 금(金)이 변경(汴京) 가까이 침입해
　들어오자 병부시랑(兵部侍郎) 이강은 화의(和議)를 반대하고 대항
　해 싸울 것을 주장하였다. 이로 인해 그는 파직당하였다. 태학생 진
　동은 태학생과 변경 거주민 10만 명을 이끌고 궁궐 문앞에 엎드려
　상서(上書)하며, 주화파(主和派) 황잠선(黃潛善)과 왕백언(汪伯彦)
　을 질책하고 이강의 중용을 청구하였다. 이강은 자가 백기(伯紀)이
　며, 소무(邵武, 지금의 복건) 사람이다. 남송 때 고종이 재상으로 임
　명하였지만 오래가지 않아 면직되었다.

를 파괴한 결과라는 것은 모르고 있다. 그러면서 오히려 학
교의 사람들을 비난하고 있도다!

아아! 하늘이 백성을 낳았을 때, 교화와 양육을 군주에게
맡겼다. (그런데) 수전(授田)의 법[10]이 폐지되었다. 백성들이
논밭을 사서 스스로 자기 자신을 부양하는데, 오히려 세금을
부과하면서 그들을 어지럽히고 있다. 학교의 법이 폐지되어
백성들이 어리석은데도 교화할 수 없으며, 오히려 권세와 이
권으로 그들을 유혹한다. 이것은 또한 어질지 못함이 심한
것이다. 공허한 소리로 그(군주)를 추켜세우며 "군부(君父),
군부"라고 한다면, 내가 누구를 속이는 것일까!

군현(郡縣)의 학관(學官)[11]은 마음대로 선택해서는 안 된다.
군현의 공론으로 고명한 선비에게 청하여 그것을 맡게 한다.
벼슬하지 못한 사람으로부터 재상에서 물러난 자에 이르기까
지 모두가 그 임무를 맡을 수 있으며, 벼슬을 했건 못했건 구
애되지 않는다. 그 사람이 조금이라도 공정한 의론에 저촉되
면 학생들은 모두 궐기하여 그를 바꾸면서 "이 사람은 우리
의 선생님이 될 수 없다"고 말한다. 그(학관) 아래 오경(五經)
선생님이 있고, 병법·역산(曆算)·의(醫)·사(射)에도 각기

---

8) 남송시대의 태학생 진동과 진사 구양철을 말한다.
9) 편관(編管)이란 송대 형벌의 하나로 입묵(入墨)시켜 귀양보내는 것
   을 말한다.
10) 이 책 「법제론」 앞부분에 "二帝三王知天下之不可無養也, 爲之授田
    以耕之."라고 한 곳을 참조.
11) 학관은 혹 교관(敎官)이라고도 하는데, 학무를 관장하는 관원과 관
    학의 교사를 말한다.

선생님을 두는데, 모두 학관에 따라서 스스로 선택한다.

각 읍(邑)의 학생들은 모두 먹을 양식을 싸가지고 다니며 공부하고, 도시에서 떨어져 있는 농촌에 배우고자 하는 학생이 많으면 역시 경학 선생님[經師]을 둔다. 민간에 어린이 열 명 이상이면 늙어서 벼슬하지 못하는 학생을 어린이를 계몽시키는 선생님[蒙師]으로 충당한다.

그러므로 군읍마다 선생님이 없는 학생들이 없고, 학문과 행동으로 바르게 이룬 학생은 육조(六曹)의 임무를 주관하지 않으면 가르치는 일을 나눠 맡아서 또한 기용되지 않는 사람이 없게 될 것이다.

학교 이외의 도시나 농촌의 불교 사찰과 도교 도관, 그리고 암자나 사당 가운데 큰 것은 서원으로 고쳐 경학 선생님이 주관하게 하고, 작은 것은 소학으로 고쳐 어린이를 계몽하는 선생님이 맡게 하고, 학생들을 나누어 소속시켜 수업을 받게 한다. 사찰의 재산은 학교에 예속시켜 가난한 학생들을 보조한다. 불교와 도교의 무리[二氏之徒]는 학업과 품행이 뛰어난 자를 가려서 학교로 돌려보내고, 그 나머지는 각기 본래의 직업으로 돌아가게 한다.

태학의 학장[祭酒]¹²⁾은 당대 최고의 학자를 추천하여 선택한다. 그 비중은 재상과 같으며, 혹 재상이 물러나 이것을 맡게 해도 좋다. 매월 초하루 천자가 태학을 방문[臨幸]할 때에

---

12) 한대에 박사좨주(博士祭酒)가 있었는데, 박사의 우두머리이다. 서진(西晉)시대에 국자좨주(國子祭酒)로 고쳐졌다가 수당 이후 국자감좨주(國子監祭酒)라 칭하여 국자감을 주관하는 관직이 되었다.

는 재상·육경(六卿)·간의(諫議)가 모두 수행한다. 학장은 남쪽을 향해[南面] 학문을 강의하며, 천자 또한 제자의 열에 끼인다. 정치에 결함이 있으면 학장은 직언을 꺼리지 않는다.

천자의 아들은 나이 15세가 되면 대신의 자제들과 함께 태학에서 공부하게 한다. (그렇게 함으로써) 백성들의 실정을 알게 하고 또 힘들고 수고로운 것에 점점 익숙해지게 함으로써, 궁중에 갇혀 있으면서 보고 듣는 것이 환관과 궁녀의 범위를 넘지 못하고 망령되이 자기 스스로를 크게 존숭하는 일이 없도록 한다.

군현에서는 초하루와 보름에 읍내의 진신(縉紳, 관리)과 학생들의 큰 모임이 있다. 학관이 학문을 강의하면 군현의 관리는 제자의 열에 끼여 북쪽을 향해[北面][13] 재배(再拜)한다. 선생님과 제자가 각각 의심나는 것을 가지고 서로 질문하고 논란한다.

관청의 일이나 회무처리 관계로 출석하지 않은 자는 처벌한다. 군현의 관리가 정사를 처리하는 데 결격사유가 있으면 작은 것은 바로잡고 큰 것은 북을 치며 백성들에게 폭로한다. 혹시 벽지의 군현에서 유명한 학관을 얻기 어렵고, 군현 관리의 학행이 뛰어나면 초하루와 보름의 집회에 군현의 관리가 남면하여 학문을 강의하여도 괜찮다. 만일 군현의 관리가 어리고 실질적인 학문이 없는데도 망령되이 스스로 나이든 선비들을 누르고 위로 올라가는 자가 있으면 학자들이 꿜기

---

13) 신하가 군주를 만날 때 북쪽을 향하고 있는 것을 가리킨 것으로 신하를 말한다. 한편 학생이 스승을 존경하는 예로도 이 말을 쓴다.

해서 물리친다.

명망있는 선비를 택하여 학교 행정 감독관[提督學政][14]으로 삼는다. 그러나 학관은 학교 감독관[提學][15]에게 예속되지 않으며, 그 학문·품행·명성·연배에 따라서 서로 선생님과 친구 사이가 된다. 3년마다 학관은 뛰어난 학생을 제학에게 보내 시험을 거쳐 박사제자[16]로 임명한다. 박사제자를 제학에게 보내 시험을 거쳐 예부(禮部)에 보내고 다시 고시관을 파견하지 않는다.

학생들의 시험성적은 방을 붙여 발표하고 평소에 학문과 품행이 우수한 자가 있으면 학관은 제학에게 자문해서 그것(박사제자)에 임명하여 받아들인다. 박사제자의 제명은 학관이 평상시 결정하고 제학은 간여하지 않는다.

역학(曆學)을 배우는 자가 24절기를 산정할 수 있으면 박사제자로 임명한다. 그것에 정밀한 자는 일정 정도 정원 내에서 함께 예부로 보내 시험하고 흠천감(欽天監)[17]에서 관직을 준다. 의술을 배우는 자는 제학에게 보내 시험하여 박사제자

---

14) 학교의 교육행정을 감독하는 사람으로 송대에는 태학의 교관도 학정이라 했다. 독학사자(督學使者)·학정사(學政使)라고도 하며, 속칭 학태(學台)·대종사(大宗師)라고도 한다.

15) 송대에는 제거학사사(提擧學事司)를 두고 주현의 학사행정을 관장하며, 매년 소속된 구역의 사생(師生)들의 우열을 관찰하고 시험하였다. 명대에는 제학을 두고 각 성을 돌며 학사행정을 감독하였고, 청대에 들어와 제독학정이라 고치고 모든 성에 있는 학교행정과 시험을 주관하였다.

16) 한무제 때 박사관을 설치하여 제자 50명을 두었다. 당대 이후에도 생원이라 부르는 이들이 박사제자이다.

17) 천문·기상을 관찰하고, 절기와 역법을 추산하는 관청.

로 임명한 이후에야 비로소 의술을 행하게 한다. 연말에 (치료받은 이들의) 생사와 치료 효과를 헤아려 책에 기록하고 세 등급으로 나누어 가장 처지는 이는 물러나게 하고, 중간은 전처럼 의술을 행하게 하고, 가장 등급이 높은 자는 예부로 보내 시험한 후 태의원(太醫院)[18]의 관직을 준다.

향음주(鄕飮酒)[19]의 의식에는 한 군과 한 현의 관리와 학생들이 모인다. 사인(士人)으로 나이 70세 이상이며 평상시 흠 없고 깨끗한 자와 서민으로 나이 80세 이상이며 큰 허물이 없던 자는 모두 연령에 따라 남면하고, 학관과 군현의 관리는 모두 북면하여 가르침을 구하고 본받는다.

향촌의 현자와 유명한 관리의 사당을 세우는 데에는[20] 그 권세나 지위, 그리고 자제(子弟)의 힘이 작용해서는 안 된다. 공적과 기풍, 그리고 절조는 국사(國史)에 따라서 살피고, 문장은 세상에 전하는 것을 헤아리고, 이학(理學)은 언행에 따라서 결정한다. 이 외에 향촌의 작은 명예가 있고, 시문(時文)[21]에 명성이 있고, 문장을 강의할 만한 경학 지식이 있고,[22]

---

18) 관청의 명칭으로 수당대에는 태의서(太醫署), 송대에는 의관원(醫官院), 금대에는 태의원(太醫院)이라고 했다.

19) 주대에 향교의 우등생을 중앙정부에 천거할 때 향대부(鄕大夫)가 주인이 되어 송별연을 베풀던 일.

20) 원래는 "향현명환"(鄕賢名宦)으로 되어 있으나 『이주유저휘간』본에는 '범'(凡)과 '사'(祠) 두 글자를 첨부하였다.

21) 그때 그때 유행하는 문체. 예컨대 당송대의 율부(律賦)나 명청대의 팔고문(八股文) 같은 것이다.

22) 유가경전이나 권위있는 저작을 강의하는 것이 아니라, 극히 일반적이고 상식적인 내용을 강의하는 자를 말한다.

(남과) 더불어 이룬 공이 있어서 이미 사당에 기록된 것은 모두 폐지한다.

군읍(郡邑)의 서적은 세상에 돌아다니는 것이나 개인이 소장하고 있는 것이나를 막론하고 널리 찾아 비싼 값으로라도 구입한다. 모든 책마다 세 권을 필사하거나 인쇄하여 한 권은 궁중의 서고에 바치고, 한 권은 태학으로 보내고, 한 권은 본래의 학교에 보존한다. 그 시대 사람의 문집으로 고문(古文)[23]이 스승을 본받지 못한 것이거나, 어록이 마음으로 터득한 것이 아니거나, 주의(奏議)[24]가 실용에 도움이 없거나, 서사(序事)[25]가 역사에 도움이 되지 못하는 것은 간행을 허락하지 않는다. 그들의 시문·소설·사곡(詞曲)·편지 등 이미 간행된 것은 판본을 찾아 불태워버린다.

학자가 과거의 시문[場屋之文][26] 및 사적인 시험[私試義策][27]을 만들어 시정의 사람들을 현혹시키는 자가 있다면 그 제자는 퇴학시키고, 현임관(現任官)은 면직시키고, 관직에서 물러난 자는 관직에 임명될 때 받은 임명장을 빼앗는다.

민간의 길흉은 『주자가례』(朱子家禮)[28]에 의해서 행사한다.

---

23) 문체의 종류. 당대 한유(韓愈, 768~824)는 위진대 이래의 병려문풍(駢麗文風)을 반대하고 선진시대와 한대에 사용된 산체문(散體文)을 제창하였는데, 이 산체문이 곧 고문(古文)이다.
24) 신하가 군주에게 진언한 문서.
25) 작자 스스로 쓴 전기이며 서전(序傳)·서전(敍傳)이라고도 함.
26) '장옥지문'의 장옥은 과거를 보는 장소로서 과장(科場)이라고도 한다. 문은 시문으로 여기서는 일종의 모범답안.
27) '사시'(私試)는 관이 아닌 데서 보는 일종의 시험이며, '의책'(義策)은 경의(經義)와 책문(策問)을 말함.

서민이 반드시 암송하고 있는 것은 아니므로 상복 제도·위패(位牌)의 크기·의관의 양식·가옥 제도는 시장의 상점과 직공에게 학관이 결정해서 넘겨주고, 도시에서 떨어진 농촌에서는 몽사(蒙師)가 그 예를 보고서 습속을 바로 고친다.

한 읍의 명승고적 및 선현들의 능묘와 사당은 수리하고 널리 드러내어 알려야 하는데, (이것은) 모두 학관의 일이다. 부정한 신을 제사지내는 사당은 없애버려야 하지만 토지의 신과 곡식의 신은 남겨서 제사를 지내게 한다.

그러므로 (지방의) 경계 안에 들어가서 예에 어긋나는 제사가 있고, 제도에 벗어나는 의복이 있고, 거리에 무익한 물건이 걸려 있고, 매장하지 않은 관이 땅위에 있고, 귀에 거슬리는 노랫소리가 있고, 비속한 언어가 길거리에 가득 차 있으면, 학관이 직무를 잘 이행하지 않은 것이다.

「學校」

學校, 所以養士也. 然古之聖王, 其意不僅此也. 必使治天下之具皆出於學校, 而後設學校之意始備. 非謂班朝, 布令, 養老, 恤孤, 訊馘, 大師旅則會將士, 大獄訟則期吏民, 大祭祀則享始祖, 行之自辟雍也. 蓋使朝廷之上, 閭閻之細, 漸摩濡染, 莫不有詩書寬大之氣. 天子之所是未必是, 天子之所非未必非, 天子

---

28) 송대 주희가 편찬한 것으로 관혼상제의 의례를 설명한 책이다. 청대 왕무횡(王懋竑, 1668~1741)은 『백전잡저』(白田雜著)에서 다른 사람이 주희의 이름을 빌려 지은 것이라고 하였고, 『사고전서제요』(四庫全書提要)에도 주희의 만년(晚年)이론과 부합하지 않는다고 하며 주희가 찬한 것이 아니라고 하였다.

亦遂不敢自爲非是，而公其非是於學校．是故養士爲學校之一事，而學校不僅爲養士而設也．

三代以下，天下之是非一出於朝廷．天子榮之，則群趨以爲是；天下辱之，則群擿以爲非．簿書期會錢穀戎獄，一切委之俗吏．時風衆勢之外，稍有人焉，便以爲學校中無當於緩急之習氣．而其所謂學校者，科舉囂爭，富貴熏心，亦遂以朝廷之勢利一變其本領，而士之有才能學術者，且往往自拔於草野之間，於學校初無與也，究竟養士一事亦失之矣．

於是學校變而爲書院．有所非也，則朝廷必以爲是而榮之；有所是也，則朝廷必以爲非而辱之．僞學之禁，書院之毀，必欲以朝廷之權與之爭勝．其不仕者有刑，曰："此率天下士大夫而背朝廷者也."其始也，學校與朝廷無與；其繼也，朝廷與學校相反．不特不能養士，且至於害士，猶然循其名而立之何與？

東漢太學三萬人，危言深論，不隱豪強，公卿避其貶議．宋諸生伏闕搥鼓，請起李綱．三代遺風，惟此猶爲相近．使當日之在朝廷者，以其所非是爲非是，將見盜賊奸邪懾心於正氣霜雪之下！君安而國可保也．乃論者目之爲衰世之事，不知其所以亡者，收捕黨人，編管陳歐，正坐破壞學校所致，而反咎學校之人乎！

嗟乎！天之生斯民也，以教養託之於君．授田之法廢，民買田而自養，猶賦稅以擾之；學校之法廢，民蚩蚩而失教，猶勢利以誘之．是亦不仁之甚，而以其空名躋之曰"君父，君父"，則吾誰欺！

郡縣學官，毋得出自選除．郡縣公議，請名儒主之．自布衣以至宰相之謝事者，皆可當其任，不拘已仕未仕也．其人稍有干於清議，則諸生得共起而易之，曰："是不可以爲吾師也."其下有五

經師，兵法曆算醫射各有師，皆聽學官自擇．凡邑之生童皆裏糧
從學．離城烟火聚落之處士人衆多者，亦置經師．民間童子十人
以上，則以諸生之老而不仕者充爲蒙師．故郡邑無無師之士，而
士之學行成者，非主六曹之事，則主分敎之務，亦無不用之人．

學宮以外，凡在城在野寺觀庵堂，大者改爲書院，經師領之，
小者改爲小學，蒙師領之，以分處諸生受業．其寺產卽隷於學，
以瞻諸生之貧者．二氏之徒，分別其有學行者，歸之學宮，其餘
則各還其業．

太學祭酒，推擇當世大儒，其重與宰相等，或宰相退處爲之．
每朔日，天子臨幸太學，宰相六卿諫議皆從之．祭酒南面講學，
天子亦就弟子之列．政有缺失，祭酒直言無諱．

天子之子年至十五，則與大臣之子就學於太學，使知民之情
僞，且使之稍習於勞苦，毋得閉置宮中，其所聞見不出宦官宮妾
之外，妄自崇大也．

郡縣朔望，大會一邑之縉紳士子．學官講學，郡縣官就弟子
列，北面再拜．師弟子各以疑義相質難．其以簿書期會，不至者
罰之．郡縣官政事缺失，小則糾繩，大則伐鼓號於衆．其或僻郡
下縣，學官不能驟得名儒，而郡縣官之學行過之者，則朔望之
會，郡縣官南面講學可也．若郡縣官少年無實學，妄自壓老儒而
上之者，則士子講而退之．

擇名儒以提督學政，然學官不隷屬於提學，以其學行名輩相
師友也．每三年，學官送其俊秀於提學而考之，補博士弟子；送
博士弟子於提學而考之，以解禮部，更不別遣考試官．發榜所遺
之士，有平日優於學行者，學官呈於提學補入之．其弟子之罷

黜，學官以生平定之，而提學不與焉.

學曆者能算氣朔，卽補博士弟子. 其精者同入解額，使禮部考之，官於欽天監. 學醫者送提學考之，補博士弟子，方許行術. 歲終，稽其生死效否之數，書之於册，分爲三等：下等黜之；中等行術如故；上等解試禮部，入太醫院而官之.

凡鄉飲酒，合一郡一縣之縉紳士子. 士人年七十以上，生平無玷清議者，庶民年八十以上，無過犯者，皆以齒南面，學官郡縣官皆北面，憲老乞言.

凡鄉賢名宦祠，毋得以勢位及子弟爲進退. 功業氣節則考之國史，文章則稽之傳世，理學則定之言行. 此外鄉曲之小譽，時文之聲名，講章之經學，依附之事功，已經入祠者皆罷之.

凡郡邑書籍，不論行世藏家，博搜重購. 每書鈔印三册，一册上祕府，一册送太學，一册存本學. 時人文集，古文非有師法，語錄非有心得，奏議無裨實用，序事無補史學者，不許傳刻. 其時文小說詞曲應酬代筆，已刻者皆追板燒之. 士子選場屋之文及私試義策，蠱惑坊市者，弟子員黜革，見任官落職，致仕官奪告身.

民間吉凶，一依朱子家禮行事. 庶民未必通諳其喪服之制度，木主之尺寸，衣冠之式，宮室之制，在市肆工藝者，學官定而付之；離城聚落，蒙師相其禮以革習俗.

凡一邑之名蹟及先賢陵墓祠宇，其修飾表章，皆學官之事. 淫祠通行折毀，但留土穀，設主祀之. 故入其境，有違禮之祀，有非法之服，市懸無益之物，土留未掩之喪，優歌在耳，鄙語滿街，則學官之職不修也.

6

관리선발

【상】

　　관리선발의 폐단은 오늘날 특별 선발의 방법인 과거제도 [制科][1]에 이르러 극에 달했다. 그래서 명대 의종(毅宗, 1628~ 44)은 일찍이 이것을 걱정하여 발공(拔貢)[2]·보거(保擧)[3]·준 공(准貢)·특수(特授)[4]·적분(積分)[5]·환수(換授)[6]를 설치하여 과

---

1) 관리선발 방법은 크게 세 가지이다. ① 중앙의 각 학교와 주현의 학 교 출신으로 이들을 생도라 하였다. ② 생도가 아니면서 주현의 인 정을 받은 자를 향공(鄕貢)이라고 하였는데, 이들이 과거를 통해 관 리가 될 수 있다. ③ 천자가 특별한 재능이 있는 자를 특별 임용하 는 제도로 시대에 따라서 제과(制科) 혹은 천거(薦擧)라고 하였다.
2) 관리선발의 한 가지 방법으로 명대에는 선공(選貢)이라 했고, 청대 에는 발공이라 했다. 12년마다 각 성에서 우수한 학생을 선발하여 정시(廷試)를 거친 후 성적이 우수한 자는 소경관(小京官)이나 지현 (知縣) 등으로 임명하였다.
3) 대신들의 추천으로 조정에서 임용하는 제도.
4) 상규(常規)를 초월할 수 있는 특수한 관직이다.

거제도 이외의 방법으로 관리를 선발하려고 하였다.

발공의 시험은 여전히 경전해석의 방법을 썼으며, 시험관리는 관리를 파견하지 않고 제학(提學)에게 맡겼기 때문에 향시[7]보다 쉬웠다.

보거의 제도는 비록 명성에 따라서 선발하는 것이기는 하나, 지금 명성이라고 하는 것이 무엇에 근거하는지 알 수 없으므로 그 추세에 뇌물과 청탁이 섞이지 않을 수 없다. 위임장[捧檄]을 갖고 오면 이부(吏部)는 간단한 유가 경전의 대의와 해석[一義一論][8]으로 시험을 보았기 때문에 향시보다 더욱 쉽다.

준공은 향시의 부방(副榜)[9]이고, 특수는 회시(會試)[10]의 부

---

5) 명대 국자감(國子監)의 우수한 학생의 시험결과를 1분(分)·반분(半分)의 평점으로 환산하였는데, 이들 중 1년에 8분이 되는 학생을 임용하는 제도이다.

6) 그 재능을 헤아려 관직에 임명하는 것.

7) 해시(解試)는 지방에서 거행된 과거 초시(初試)로서 곧 향시라고 하였다. 송대 이후 과거는 세 단계로 나뉘어진다. 제1차는 각 주에서의 향시인데, 합격자는 거인(擧人)이라 하였다. 제2차는 상서성 예부가 시행하는 성시(省試), 제3차는 천자가 친시(親試)하는 전시(殿試)였으며, 정시 혹은 어시(御試)라고도 하였다. 명대도 마찬가지로 세 단계로 시행하였으나 향시를 성시라 하고 본래의 성시는 회시(會試)라고 하였다. 청대에도 역시 3단계를 거쳐 관리를 선발하였는데, 각 성의 생원들이 보는 향시(1단계), 향시에 합격한 이들을 거인 또는 공사(貢士)라고 하는데, 이들이 보는 회시(2단계), 다시 천자가 시행하는 전시(3단계)가 있었고, 최종 전시에 합격한 이들을 진사라 하여 이들이 고등문관이 될 수 있는 자격을 갖게 되었다.

8) '일의일론'(一義一論)의 의는 유가 경전의 대의(大義), 즉 유가 경전의 이해 정도를 시험하는 것을 말한다. 논(論)은 의론(議論)으로 경의(經義)의 수준을 표현 능력으로 시험하는 것이다.

9) 보결로 합격한 자들.

방을 임용하는 것이다. 부방은 시험에 탈락한 사람들이다. 그 탈락자가 이처럼 중요하다면 앞으로 어떻게 합격한 사람들을 대접할 것인가?

적분은 자랑(貲郎)[11]을 제거하지 않으면 그 근원을 맑게 할 수 없다. 환수는 종실을 우대하는 것으로 그 교육을 미리 하지 않아도 된다는 것인가!

이 여섯 가지는 모두 경의(經義)를 벗어나지 않기 때문에 이 제도는 과목[12]에서 승부를 내려고 하는 사람보다 (나은 사람을 얻으려고 해도) 도리어 과목을 상세히 하는 것만 못하다. 따라서 쓸데없이 분란만 일으키고 시국에 도움을 주지 못한다.

당나라는 진사시(進士試)에 시(詩)와 부(賦)를, 명경시(明經試)에 묵의(墨義)[13]를 시험하였다. 이른바 묵의라는 것은 각각의 경(經)마다 뜻을 묻는 것으로 열 문제를 제시하였는데, 다섯 문제는 소(疏)를 완전하게 베끼는 일이고, (나머지) 다섯 문제는 주(注)를 완전하게 베끼는 일이었다.[14]

─────────────

10) 각 성의 향시에 합격한 사람들이 중앙에 모여 다시 보는 시험으로 여기에 합격하면 진사가 된다.

11) 돈으로 관직을 산 사람.

12) 과거시험의 과목으로 당대에는 수재(秀才)・명경(明經)・진사(進士)・명법(明法)・명산(明算)・삼사(三史) 등이 있었으며, 다시 명경에는 오경(五經)・삼경(三經)・학구(學究)・삼례(三禮) 등이 있었다. 명대에는 진사과라고 하였다.

13) 과거시험 중 유가 경전을 시험볼 때 구의(口義)와 묵의(墨義) 두 가지 방법이 있다. 묵의는 일종의 필기시험으로 유가 경전의 일부 내용을 제시하고 그 주소(注疏)를 요구하거나 그 전후의 경전 내용의 기재를 요구하는 방식이다.

송나라 초기 관리선발 시험은 시(詩)·부(賦)·논(論)이 각한 수(首), 책(策)[15]은 다섯 문제, 첩(帖)[16]은 『논어』에서 열 문제이고, 첩대(帖對)는 『춘추』 혹은 『예기』에서 묵의 열 문제이고, 그 구경(九經)[17]·오경(『시』『서』『예』『역』『춘추』)·삼례(三禮 : 『周禮』『儀禮』『예기』)·삼전(三傳 : 『公羊傳』『穀梁傳』『左傳』)·학구(學究)[18] 등도 과거 과목 설치는 비록 다르지만 그 묵의는 같았다.

왕안석(王安石, 1021~86)은 법을 개혁하여[19] 시·부·첩경(帖經)[20]·묵의를 없애고 중서성(中書省)에서 (경서에 관한)「대의식」(大義式)[21]을 편찬하여 반포하였고, 반드시 경서에 통달

---

14) 주(注)는 한대 이후 위진대(魏晉代)에 걸쳐 경전에 붙인 주석을 말한다. 소(疏)는 당대(唐代)에 이 고주(古注)에 다시 주석을 붙인 것을 말하며, 송원대에 다시 주를 붙인 것은 신주(新注)라고 하였다.

15) 과거시험에서 시무에 대하여 시험하는 것.

16) 경서의 본문 또는 주의 한 부분을 가리고 그 부분을 구술케 하는 시험. 그 구술한 것을 필사하여 제출하게 하였다.

17) 당대 육덕명(陸德明, 556~627)의 『경전석문서록』(經典釋文序錄)에 따르면 『역』『서』『시』『주례』『의례』『예기』『춘추』『효경』『논어』를 의미하나, 일반적으로는 『역』『서』『시』『주례』『의례』『예기』『좌씨전』『공양전』『곡양전』이라 하는 것이 통설이다.

18) 과거시험 과목의 하나다. 당대 취사(取士)하는데 명경일과(明經一科)에 학구일경(學究一經)이 있었고, 송대에는 학구가 예부공거십과(禮部貢擧十科)의 하나였다.

19) 북송의 정치가. 자는 개보(介甫). 강서 임천인(臨川人). 왕안석은 인종 가우(嘉祐) 3년(1058) 개혁에 관한 내용을 상서하였다. 신종 희령(熙寧) 2년(1069) 참지정사(參知政事)에 임명되고 다음해 다시 재상이 되어 신법(新法)──균수법(均輸法)·청묘법(靑苗法)·모역법(募役法)·보갑법(保甲法)·방전균세법(方田均稅法)──을 추진하였는데, 그 안에 과거제도에 관한 내용도 포함되었다.

20) 당대 시행된 과거시험의 한 방법이다.

하고 문장이 뛰어나야 합격시켰기 때문에 명경·묵의·조해 장구(粗解章句)와는 같지 않았다.

그러나 (이것은) 왕안석이 처음 시작한 것은 아니며, 당의 류면(柳冕)[22]이 "육경(六經)의 뜻에 밝고, 선왕의 도에 부합하는 자는 상등(上等)으로 하고, 주석에 정통한 자는 하등(下等)으로 한다"고 하는 의논이 있었다. 권덕여(權德輿, 756~818)[23]가 반박하며, "주소(注疏)는 오히려 실질적인 것으로서 시험할 수 있고, 그렇지 않으면 담당자가 정실에 따라 위 아래로 손을 쓰게 되면 그 결과가 어그러질 뿐만 아니라 그 근본도 얻을 수 없으니, 곧 허무해지고 만다"고 하였다.

그 이후 송기(宋祁, 998~1061)[24]와 왕규(王珪, 1019~85)[25]가

21) 「대의식」(大義式)은 중서성이 제정 반포한 경의(經義)로 관리를 선발하는 구체적인 규칙 조례.

22) 포주(蒲州) 하동(河東, 지금의 산서 永濟西) 사람이다. 자는 경숙(敬叔). 그는 박학하고 글을 잘 지어 여러 대에 걸쳐 사관을 지냈다. 그는 문장은 반드시 육경의 도를 드러내야 한다고 주장하여, 한유 문론(文論)의 선구가 되었다. 황종희가 인용한 류면의 말은 『문원영화』(文苑英華) 권689, 「여권시랑서」(與權侍郎書)에 보인다.

23) 감숙성 진안동북(秦安東北) 사람이다. 자는 재자(載子). 문장이 뛰어나 벼슬하였고, 간관(諫官)에서 시작한 벼슬은 예부상서동평장사(禮部尙書同平章事)에 이르러 조정에 참여하였다. 저서로 『권문공집』(權文公集)이 있으며, 여기 인용된 문장은 『문원영화』(文苑英華) 「답류복주서」(答柳福州書) 5책 3548쪽에 있다.

24) 북송 문학자이자 사학자이다. 자는 자경(子京). 지금의 호북성 안륙(安陸) 사람으로 후에 개봉(開封) 옹구(雍丘, 지금의 하남 杞縣)로 이사한 후 한림학사, 사관편수(史館編修)를 지냈다. 구양수(歐陽修, 1007~72) 등과 함께 『신당서』(新唐書)를 편찬하였다.

25) 북송 화양(華陽, 지금의 사천 雙流) 사람이다. 후에 안휘성 여강(廬江)으로 이사하였다. 자는 우옥(禹玉). 관직은 대리평사(大理評事),

여러 번 "다만 대의(大義)만 묻고, 암송하는 것을 요구하지 말라"는 상주를 하였지만, 시행되지 않았고, 왕안석에 이르러 비로소 결행되었다.

그러므로 시문(時文)[26]이라고 하는 것은 첩경·묵의의 유폐이다. 지금의 폐단은 당시 권덕여가 이미 다 말하였다. 만일 그대로 답습하면서 고치지 않으면 서로 본받아 날로 경박해지고, 인재는 마침내 진작해서 일어날 때가 없을 것이다. 만약 경의(經義)를 폐지하면 마침내 경전을 버리고 배우지 않는 학생도 있어서 선왕의 도는 더욱 더 우원해지고 쓸모없는 것이라 생각할 것이다.

내가 생각하기에는 마땅히 묵의의 옛 법을 부흥시켜야 하며, 경의를 하는 자로 하여금 주소(注疏)·대전(大全)[27]과 한(漢)·송(宋)의 여러 학자들의 설을 완전히 베껴서 하나하나 조목을 앞에 열거한 뒤에 자기의 의견을 말하며, 또한 반드시 한 선생님의 말을 묵수할 필요가 없다. 전자에 의하면 공소한 것은 없애고, 후자에 의하면 우매한 것은 물리쳐 또한 경박한 것을 변화시키는 하나의 방법이 된다.

어떤 사람은 "암송하는 것이 정확한가 그렇지 않은가에 따

한림학사, 개봉지부(開封知府) 겸 시독학사(侍讀學士). 신종 때 상서좌부사(尙書左仆射), 문하시랑(門下侍郎)에 이르렀고, 저서로 『화양집』(華陽集)이 있다.

26) 팔고문을 가리키며, 또한 제의(制義)·제절(制節)을 말한다.

27) 여기서는 『오경대전』을 가리킨다. 『오경대전』은 명대 반포한 관서(官書)로 호광(胡廣, 1370~1418) 등이 성조(成祖, 1403~24)의 명으로 편찬했으며, 이것은 당시 과거로 관리를 선발하는 시험에 표준이 된 책이다.

라서 합격·불합격이 결정되므로 당나라 시절에는 명경(明經)을 천하게 여겼는데, 어찌 다시 그 천한 것을 귀하다고 하겠는가?"라고 말한다.

(그 이유는 다음과 같다.) "오늘날의 시문은 시문을 암송하지 않는 것으로 얻을 수 있는가? 모두 하나같이 암송하는 것이다. 선유(先儒)의 대의의 학문은 남의 말이나 옛날의 글자와 표현을 부질없이 그대로 답습하여 늘어놓는 것보다 낫다는 것 또한 알 수 있다. 이것을 따르면 천하의 선비를 충분히 얻을 수 있다는 것은 아니지만, 천하의 선비가 공평하고 실질적인 데로 나아가게 되고, 경학에 통하고 옛 것을 배우는 사람이 나온다는 것이다. 옛날의 시(詩)·부(賦)도 어찌 선비를 얻는 데 충분하다고 하겠는가! 그러나 반드시 연구하고 사색하면서 소리를 지나치게 다듬었기 때문에 시문과 같이 공소하여 배우지 못한 사람들도 모두 그것을 할 수 있다는 것과는 같지 않다."

「取士 上」

取士之弊, 至今日制科而極矣. 故毅宗嘗患之也, 爲拔貢保擧准貢特授積分換授, 思以得度外之士. 乃拔貢之試, 猶然經義也, 考官不遣詞臣, 屬之提學, 旣已輕於解試矣. 保擧之法, 雖曰以名取人, 不知今之所謂名者何憑也, 勢不得不雜以賄賂請託. 及其捧檄而至, 吏部以一義一論試之, 視解試爲尤輕矣. 准貢者用解試之副榜, 特授者用會試之副榜. 夫副榜, 黜落之餘也. 其黜落者如此之重, 將何以待中式者乎? 積分不去貲郞, 其源不能清也；換授以優宗室，其教可不豫乎！凡此六者，皆不離經義，欲得勝於科目之人，其法反不如科目之詳。所以徒為紛亂而無益於時也。

唐進士試詩賦。明經試墨義。所謂墨義者，每經問義十道，五道全寫疏，五道全寫注。宋初試士，詩賦論各一首，策五道，帖論語十，帖對春秋或禮記墨義十條，其九經五經三禮三傳學究等，設科雖異，其墨義同也。王安石改法，罷詩賦帖經墨義，中書撰「大義式」頒行，須通經有文采，乃為中格，不但如明經墨義粗解章句而已。然非創自安石也。唐柳冕即有"明六經之義，合先王之道者以為上等，其精於傳注與下等"之議。權德輿駁曰："注疏猶可以質驗，不者有司率情上下其手，既失其末，又不得其本，則蕩然矣。"其後宋祁王珪累有"止問大義，不責記誦"之奏，而不果行，至安石始決之。

故時文者帖書墨義之流也。今日之弊，在當時權德輿已盡之。向若因循不改，則轉相模勒，日趨浮薄，人才終無振起之時。若罷經義，遂恐有棄經不學之士，而先王之道益視為迂闊無用之具。余謂當復墨義古法，使為經義者全寫注疏大全漢宋諸儒之說，一一條具於前，而後申之以己意，亦不必墨守一先生之言。由前則空疏者絀，由後則愚蔽者絀，亦變浮薄之一術也。

或曰："以誦數精粗為中否，唐之所以賤明經也，寧復貴其所賤乎？"曰："今日之時文，有非誦數時文所得者乎？同一誦數也。先儒之義學，其愈於餖飣之剿說亦可知矣。非謂守此足以得天下之士也，趨天下之士於平實，而通經學古之人出焉。昔之詩賦亦何足以得士！然必費考索，推聲病，未有若時文空疏不學之人皆可爲之也."

【하】

옛날의 관리선발은 관대하였으나, 그 임용은 엄격하였다.
(그러나) 오늘날의 관리선발은 엄격하지만 그 임용은 관대하
다. 옛날에는 향리(鄕里)에서 선발하였기 때문에 어질고 능력
있는 선비를 몰라보는 걱정을 하지 않았다. 시대가 흘러 당
송시대에는 그 과목이 하나가 아니어서 선비가 여기에 참여
할 수 없으면 뜻을 바꾸어 저기에 종사하였다. 이것이 관리
선발의 관대함이다.

『예기』「왕제」(王制) 편에서는 "수사(秀士, 덕과 재능이 남
다른 선비)를 논정하여 그를 사도(司徒)로 추천하는데, 이것
을 선사(選士, 선발된 선비)라고 한다. 사도는 선사하면서 뛰
어난 선비를 논정하여 국학에 추천하는데, 이것을 준사(俊士,
준수한 선비)라고 한다."[28] "대악정(大樂正)[29]이 조사(造士, 선
사・준사) 가운데 우수한 자를 논정하여 사마(司馬)[30]에 추천
하는데, 이를 진사(進士)라고 한다. 사마가 진사 가운데 현명
한 자를 논정하여 왕에게 고하고 논의를 결정한다. 논의가

---

28) 『예기』「왕제」: "(命鄕)論秀士, 升之司徒, 曰選士. 司徒論選士之秀
   者, 而升之學曰俊士." 『명이대방록』에는 명향(命鄕)이 생략되어
   있다.
29) 악관(樂官)의 장으로서 국학에서 교육을 맡아보는 사람.
30) 작록을 맡아보는 벼슬.

결정된 후 관직을 주고 관직에 임명한 후 작위를 주고 작위가 결정된 후 녹을 준다."[31] 한 사람이 관직에 오르기 전에 네 번 관문을 경유하며, 관직에 오른 후에는 세 번 관문을 경유하니, 모두 일곱 번 관문을 경유해야만 비로소 녹을 주었다.

당나라의 선비들은 과거에 급제한 자라도 곧바로 평복을 벗고 관복을 입는 것이 아니고, 이부(吏部)에 들어가 또다시 시험을 보았다.[32] 한퇴지(韓退之, 768~824)[33]는 세 번씩이나 이부에서 시험을 보았으나 성공하지 못하고 10년 동안 벼슬 없이 지냈다. 송대에는 비록 급제해서 관리로 임명되었어도 부(簿)·위(尉)·영(令)·록(錄)[34]의 지위가 낮은 관직에 머물렀고, 과거시험에서 1등을 한 자가 겨우 승(丞)·판(判)[35]에

---

31) 『예기』「왕제」 : "大樂正, 論造士之秀者, (以告于王), 而升諸司馬曰進士. 司馬(辨論官材), 論進士之賢者, 以告于王而定其論. 論定然後官之, 任官然後爵之, 位定然後祿之." 『명이대방록』에는 윗 문장의 ( )부분이 생략되어 있다.

32) 당대의 과거시험은 일종의 자격시험이다. 관직을 맡기는 것은 이부 소관이다. 이부에서는 과거에 합격한 이들을 다시 신(身 : 용모와 체격)·언(言 : 언사와 언변)·서(書 : 筆書의 재능)·판(判 : 판단력)으로 관리선발의 기준을 삼는다.

33) 당대 문학가 한유를 말한다. 퇴지(退之)는 자(字). 그는 19세부터 장안에서 진사고시를 보았지만 연속해서 네 차례나 합격하지 못하다가 25세에 진사가 되었다. 그러나 진사가 된 후에도 관직을 10년 동안 임명받지 못하고 35세에야 비로소 임관되었다.

34) 지방행정구역인 현의 장이 영(令)이고, 그 아래 서무를 맡아보는 자가 주부(主簿), 그 아래 형옥(刑獄)을 담당하는 자가 위(尉)이다. 그리고 현보다 상급인 주(州)에서 서무를 총괄하는 관직이 녹(錄), 즉 녹사참군(錄事參軍)이다.

35) 승(丞)은 승사(丞史)로, 진한대 중앙 및 지방관의 보좌관이다. 태수(太守) 아래 내사(內史)·사(史)·졸(卒)·사서좌(史書佐) 등도 모

올랐는데, 이것이 임용하는 것이 엄격했다는 것이다. 선발하는 데 관대하면 재능을 발휘하지 못하는 자가 없고, 임용하는 데 엄격하면 요행으로 관직에 나아가는 자가 적다.

오늘날은 그렇지가 않다. 선비들의 수준을 측정하는 것은 다만 과거시험 한 가지뿐이어서 비록 옛날의 굴원(屈原, 기원전 340~278)[36] · 사마천(司馬遷, 기원전 145? 혹은 135~86?)[37] · 사마상여(司馬相如)[38] · 동중서(董仲舒, 기원전 179~104)[39] · 양웅

두 승사라고 하였다. 판(判)은 주판(州判)과 통판(通判)이 있다. 보통 판관(判官)이라고도 하였으며, 당에서는 절도사(節度使)의 막료(幕僚), 송 이후에는 주(州) · 부(府) 등의 보좌관이었고, 명에서는 주(州)에 설치되어 직위가 점점 가벼워졌다.

36) 전국시대 초(楚)의 대부이며 문학가. 자는 평(平). 회왕(懷王)의 신임이 두터웠지만 참소를 당하였다. 이때 「이소」(離騷) 「구장」(九章)을 지어 충간(忠諫)하였으나 용납되지 않자 골라수(汨羅水)에 투신하여 죽었다.

37) 전한시대의 사가(史家)로 자는 자장(子長). 태사령(太史令) 사마담(司馬談, ?~기원전 110)의 아들. 무제 때 흉노(匈奴)에게 항복한 이릉(李陵)의 일족을 멸살하려는 논의가 있자, 그의 충신(忠信)과 용전(勇戰)을 변호하다가 궁형(宮刑)을 당하고, 그후에 중서령(中書令)이 되었다. 부친 사마담이 끝내지 못한 수사(修史)의 업을 계승하여 태사령으로 있으면서 궁정의 비장(秘藏)한 도서를 자유롭게 읽었고, 궁형을 당한 이후로는 더욱 발분하여 130편이나 되는 『사기』를 지었다.

38) 전한 사람으로 자는 장경(長卿). 무제 때 낭(郞)으로 서남이(西南夷)와의 외교에 공을 세웠다. 사부(辭賦)에 능하여 한위육조(漢魏六朝) 문인들의 모범이 되었다.

39) 전한 무제 때의 철학자, 금문경학의 대가로 광천(廣川, 지금의 하북성 조강(棗强) 동쪽) 사람이다. 『춘추공양전』을 주로 연구하였다. 특히 그는 무제 때 유교를 국교로 정하게 한 것으로 유명하다. 저서에 『춘추번로』(春秋繁露) · 『동자문집』(董子文集)이 있다.

(揚雄, 기원전 53~기원후 18)[40]과 같은 호탕하고 걸출한 선비도 이런 방법이 아니면 관직에 나갈 수 없었으니 (선발이) 엄격하다고 할 수 있지 않았겠는가!

하루아침에 진실로 급제하면 위로는 시종(侍從)[41]의 반열에 들고, 낮아도 군현의 관직에 임명되었다. 떨어져서 향공(鄕貢)이 되어도 종신토록 해시(解試)를 거치지 않고 관직을 주었으니, 임용하는 것이 얼마나 관대하였던가! 선발하는 데 엄격하면 호탕하고 걸출한 사람이 산간벽지에서 늙어 죽는 자가 많다. 임용에 관대하면 이것은 지위에 있는 자가 그 인재를 얻지 못함이 많다는 것이다.

세속의 사람들은 한갓 200년 이래 공명(功名)·기절(氣節) 있는 사람이 그 가운데 한두 명 나왔다는 것만을 보고, 마침내 과거제도는 이미 좋은 것이기 때문에 다른 방도를 구할 필요가 없다고 생각한다. 과거제도 속에 이렇게 수많은 사람들을 모아놓았으니, 공명·기절의 선비가 유독 들어갈 수 없는 것이 아니란 사실을 모르고 있다.

곧 이것은 공명·기절의 선비가 과거시험에 합격한 것이지, 과거시험이 공명·기절의 선비를 뽑은 것은 아니다. 가령

---

40) 전한의 철학자·문학자·언어학자로 자는 자운(子雲)이다. 사천 성도(成都) 사람이다. 성제(成帝) 때 급사황문랑(給事黃門郞)이 되었다. 원래 말을 더듬고 언변이 좋지 않아 글로 이름을 날렸다. 저서에 『법언』(法言)·『태현』(太玄)·『방언』(方言) 등이 있다.

41) 종관(從官)이라고도 한다. 송대에는 군주 좌우에서 고문 역을 맡아하였기 때문에 시종관(侍從官)이라고 하였으며, 그후 중앙관직의 육부상서(六部尚書)·시랑(侍郞)으로부터 학사(學士)에 이르기까지를 모두 시종이라고 통칭하였다.

선비들이 제비를 뽑게 하여 그 장단(長短)를 가려 선발하여도 이를 수백년 동안 하면 공명·기절의 선비도 저절로 그 제비 뽑는 속에서 나오는 것이니, 어찌 제비뽑기를 관리선발의 좋은 제도라고 할 수 있겠는가? 마침내 공명·기절의 인물은 한당대에 멀리 미치지 못하며, 한갓 용렬하고 망령된 무리들로 하여금 천하에 가득 차게 하였다. 어찌 하늘이 인재를 낳지 않았겠는가? 곧 그를 선발하는 방법이 잘못이다.

나는 그래서 관리선발을 너그럽게 하는 방법으로 과거(科擧)·천거(薦擧)·태학(太學)·임자(任子)[42]·군읍좌(郡邑佐)·벽소(辟召)[43]·절학(絶學)[44]·상서(上書)[45]가 있고, 관리를 임용하는 데 엄격해야 한다는 의견을 덧붙인 것이다.

과거제도의 법은 그 시험방법이 주자의 의견[46]을 본떠서 제1차 시험에서는 『역』·『시』·『서』를 한 과목으로 해서 자오년(子午年)에 시험보고, 삼례(『주례』·『의례』·『예기』)와 『대대』(大戴)[47]를 함께 한 과목으로 해서 묘년(卯年)에 시험보고, 삼전(『춘추좌씨전』·『공양전』·『곡양전』)을 한 과목으로 해

42) 부형의 공적으로 인해서 관직을 받은 사람.
43) 한대 고급관리를 임용하는 제도. 중앙 최고 행정장관인 삼공(三公), 지방관인 주목(州牧)·군수(郡守)가 모두 관료를 청빙하여 조정에 추천하는 제도. 벽제(辟除) 또는 징벽(徵辟)이라고도 한다.
44) 독특한 학술과 기예(技藝).
45) 글로써 군주나 상관에게 입장을 표현하거나 상황을 반영하는 것.
46) 주희가 과거에 대해 논한 「학교공거사의」(學校貢擧私議)를 말한다. 『회암선생주문공집』(晦庵先生朱文公集) 33권에 보인다.
47) 『대대예기』(大戴禮記)를 말한다. 간혹 『대대례』(大戴禮), 『대대기』(大戴記)라고도 한다.

서 유년(酉年)에 시험본다. 뜻을 묻는 문제는 각기 두 문제, 모든 경은 다 사서(四書)의 뜻을 묻는 것을 한 문제씩 포함시킨다. 뜻을 쓰는 자는 먼저 주소(注疏)와 후대 학자들의 설명을 조목별로 열거하고 그것을 갖추고 난 뒤에 '내가 생각하기에는[愚按]'으로 결론을 맺는다. 여러 가지 설명을 열거하지 않거나 혹은 열거했어도 제대로 갖추지 못하고 마침내 자기의 의견으로 들어간 자는 비록 (뜻이) 통해도 불합격이다. 시험 관리관은 (원전의) 장구(章句)에 의존하지 않고 문장을 옮기고 배합하여 문제를 명하는 자가 있거나, 상례(喪禮)와 복제(服制)를 기피하여 (이것으로) 문제를 삼지 않는 자가 있으면 모두 죄를 준다.

제2차 시험에서는 주렴계(周濂溪, 1017~73)[48]·이정(二程)[49]·장횡거(張橫渠, 1020~77)[50]·주희[51]·육상산(陸象山, 1139~93)[52]

---

48) 북송의 철학자 주돈이(周敦頤)로 자는 무숙(茂叔)이며, 호남성 도현(道縣) 사람이다. 저서에 『태극도설』(太極圖說)·『통서』(通書)가 있다.

49) 북송대 정명도(程明道, 1032~85)·정이천(程伊川, 1033~1107) 형제를 말한다. 낙양(洛陽) 출신이다. 이들은 주렴계에게서 공부하고 북송 이학(理學)의 기초를 제공하였다.

50) 북송대 철학자로 장재(張載)를 가리킴. 자는 자후(子厚)이고, 섬서성 미현(郿縣) 사람이다. 그가 관중(關中)에서 가르쳤기 때문에 그의 학파를 관학(關學)이라 하며 횡거 선생이라 불렸다. 저서에 『정몽』(正蒙)·『경학이굴』(經學理窟)·『역설』(易說) 등이 있다.

51) 남송의 철학자로 자는 원회(元晦)·중회(仲晦), 호는 회암(晦庵)이고 휘주(徽州) 무원(婺源, 지금의 강서성) 출신이다. 정치적으로 그는 금(金)에 대항할 것과 그 준비를 주장하였으며, 그의 학문은 경학(經學)·역사학·문학·음악에서부터 자연과학에 이르기까지 상당한 공헌을 하였고, 특히 철학적으로 이기설(理氣說)을 발전시

등 여섯 학자에 대한 것을 한 과목, 『손자병법』[53]·『오기』(吳起)[54]를 한 과목, 『순자』[55]·동중서·양웅·『문중자』(文中子)[56]를 한 과목, 『관자』[57]·『한비자』[58]·『노자』[59]·『장자』[60]를 한

켜 이학을 집대성하였는데, 한탁주(韓侂胄) 일파에 의해 위학(僞學)이라고 지목되기도 하였다. 저서에 『사서장구집주』(四書章句集注)·『주역본의』(周易本義)·『시집전』(詩集傳)·『초사집주』(楚辭集注)가 있다.

52) 남송의 철학자로 자는 자정(子靜), 호는 존재(存齋)였고, 무주(撫州) 금계(金溪, 지금의 강서성) 사람이다. 그는 태극과 무극에 대한 문제를 가지고 주희와 오랜 기간 논쟁하였는데, 그의 학설은 명대 왕양명(王陽明)에 의해 계승 발전되었다. 저서는 후대 『상산선생전집』(象山先生全集)으로 출간되었다.

53) 제(齊)나라 출신 손무(孫武)의 저술이다. 그는 춘추시대의 병가이며, 자는 장경(長卿)이다.

54) 오기(吳起, 기원전 ?~381)는 전국시대의 병가로 지금의 산동성 조현(曹縣) 출신이다. 『한서』「예문지」에 『오기』 48편이 기재되어 있으나, 이미 없어졌다. 지금 전하는 『오자』(吳子) 6편은 후인이 가탁해서 지은 것이다.

55) 전국시대 말기의 사상가 순자(기원전 313?~238)의 작품. 『순자』는 모두 32편이며, 「대략」(大略) 편과 「유좌」(宥坐) 편 등 마지막 여섯 편은 제자들의 기록으로 보인다.

56) 수(隋)의 왕통(王通, 584~617)의 저서로 『중설』(中說)이라고도 한다. 왕통의 자는 중엄(仲淹)이며 문인들이 문중자(文中子)라고 불렀는데, 진량(陳亮, 1143~94)에게 영향을 주었다.

57) 춘추시대 제(齊)나라 관중(管仲, 기원전 ?~645)이 찬한 것으로 전하나 실제로는 후대 사람들이 관중의 언행을 수집하여 편찬한 것이다. 내용은 도가·명가·법가사상 및 천문·역수(曆數)·지리·경제·농업 등에 관한 것을 망라하고 있다.

58) 한비자(韓非子, 기원전 280?~233)가 죽은 후 그의 법가사상과 학설을 수록한 책으로 법(法)·술(術)·세(勢)를 결합한 내용이다.

59) 춘추시대 도가의 대표자 노자의 작품이라고 전한다. 그러나 책의 내용과 체제상 전국시대 작품이라는 설도 있다.

60) 현재 전하는 33편 중 「내편」(內篇) 7편은 전국시대 장자(기원전

과목으로 하는데, 연도를 나누어 각기 한 문제를 시험한다.

　제3차 시험에서는 『좌전』[61]·『국어』[62]·삼사(『사기』·『한서』·『후한서』)를 한 과목으로, 『삼국지』[63]·『진서』[64]·『남북사』[65]를 한 과목으로, 『신구당서』[66]·『오대사』[67]를 한 과목으로, 『송사』[68]·『명실록』(明實錄)을 한 과목으로 하는데, 연도를 나누어 사론(史論)에서 각각 두 문제를 시험한다.

　답안을 작성하는 자는 또한 반드시 사실을 뽑아서 시비를

　　369~286)의 저작이고, 「외편」(外篇)·「잡편」(雜篇)은 장자의 문인
　　과 후대 도가의 작품이 섞여 있다.

61) 『춘추좌씨전』 혹은 『좌씨춘추』라고도 한다. 춘추시대 좌구명(左丘
　　明)의 저술이라고 전해왔으나, 청대 금문경학자들은 유흠(劉歆, 대
　　략 기원전 53~23)이 개작 편찬했다고 한다. 반면 최근 연구자들
　　은 『좌전』을 전국 초기의 인물이 각국의 사료를 바탕으로 편찬한
　　것으로 본다.

62) 좌구명이 찬했다고 전하며, 일명 『춘추외전』(春秋外傳)이라 한다.
　　『좌전』이 주로 노(魯)나라 역사를 기록하고 있는데 대해서, 이 책은
　　진초(晉初)를 비롯한 제후국 여덟 나라의 역사를 기록하고 있다.

63) 진(晉)나라 진수(陳壽, 233~297)가 편찬한 위(魏)·촉(蜀)·오(吳)
　　삼국의 역사책이다.

64) 당 태종이 방현령(房玄齡)·이연수(李延壽) 등에게 명하여 편찬케
　　한 서진(西晉) 및 동진(東晉)의 역사책이다.

65) 당대 이연수가 찬한 「남사」(南史)와 「북사」(北史)를 말한다. 「남사」
　　는 남조(南朝)의 송(宋)·제(齊)·양(梁)·진(陳)의 170년간을 「북
　　사」는 위(魏)·북제(北齊)·주(周)·수(隋)의 242년간을 기록하였다.

66) 오대(五代) 유구(劉昫)가 찬했다고 전해지는 『구당서』(舊唐書)와
　　송(宋) 설거정(薛居正)이 찬한 『신당서』(新唐書)를 말한다.

67) 양(梁)·당(唐)·진(晉)·한(漢)·주(周)의 오대 역사를 송(宋)의
　　설거정이 찬한 『구오대사』(舊五代史)와 송의 구양수가 『구오대사』
　　를 저본으로 찬한 『신오대사』(新五代史)를 말한다.

68) 『송사』(宋史)는 원(元)의 탁극탁(托克托)이 칙령을 받고 찬한 것으
　　로, 『요사』(遼史)·『금사』(金史)와 동시에 찬하였다.

판별해야 한다. 만약 사실이 상세하지 않거나 혹 다른 사실을 끌어들여 본래 사실을 오히려 소략하게 한 것은 모두 불합격 처리한다.

제4차 시험에서는 시무책(時務策) 세 문제를 시험한다. 박사제자원(博士弟子員)⁶⁹⁾은 4년 이후 중추(仲秋)를 당하면 행성(行省)⁷⁰⁾에 모여서 시험을 보는데 인원수의 제한을 두지 않았고 합격하면 모두 통과시켰다. 시험 관리관은 유명한 선비를 초청하는데, 재야학자든 지위가 있는 사람이든 상관없으며, 제학(提學)이 주관하게 한다.

다음해의 회시(會試)는 경학·제자(諸子)·사학 등의 과목을 시험보는데, 향위(鄕闈)⁷¹⁾에 따라 연도를 나누어 예부상서(禮部尙書)가 시험을 맡아서 주관한다.

과거 급제자는 재상의 판단에 맡기는데, 육부 각 부서[衙門]에 나눠 관리로 삼고, 실무[簿書]를 관장시킨다. 그 (가운데) 뛰어난 자를 선발하여 옛날 시중(侍中)⁷²⁾의 직책을 본떠서

---

69) 한대 박사가 교육한 학생. 전한 때는 박사가 고급 학술관이어서, 태상(太常)이 청년들을 선발하여 박사 수업을 받게 하였다. 그 가운데 우수한 사람은 중앙 및 지방의 관리로 등용하였고, 명청대에 와서도 이들은 생원의 별칭으로 사용하였다.

70) 원대에는 중앙의 최고 행정기관이 중서성이었고, 각로(各路)에 행중서성(行中書省), 곧 행성(行省)을 두었다. 이후 지방의 행정구역을 행성(行省)이라 하였고 결국에는 간략히 성(省)이라고 하였다.

71) 과거시험 가운데 하나인 향시.

72) 천자의 좌우에서 이모저모의 일을 상주(上奏)하는 관리. 한대에는 열후(列侯)·장군(將軍)·상서(尙書)·도위(都尉) 등에 가관(加官)하여 시중(侍中)이라 하였고, 당대에는 문하성의 장을 시중이라 하였다. 원대 초기에는 유학자들이 시중이 되었는데, 후에는 귀족

천자의 좌우에서 일하게 하며, 세 번의 시험[73]으로 다시 관리로서의 자격 여부를 심사[74]한 이후 군현의 관리로 내보낸다. 또 그 우수한 자를 선발해서 각 부의 주사(主事)[75]로 삼고, 낙제한 자는 물리쳐서 제자원(弟子員)으로 삼는데, 다시 해시(解試)를 통한 이후에 예위(禮闈)[76]에 들어올 수 있다.

천거의 법은 매년 각 군에서 한 사람을 천거하여 대조(待詔)[77]의 반열에 참여하게 하여 재상이 국가의 의심나는 일을 (그에게) 묻고 그 대답하는 것을 보고서 조정의 신하들로 하여금 반복해서 토론케 한다. 마치 한나라의 현량문학(賢良文學)[78]이 염철(鹽鐵)[79]을 문제로 제시한 것과 같은 것이다. 스스로 자기의 설에 조리를 붙일 수 있는 자는 재능을 헤아려 관직을 주고, 혹은 임시로 일을 맡기어 그 드러난 효과를 본 이

의 자제가 주로 이것을 맡았다.

73) '삼고'(三考)는 고대 관리의 시험제도이다. 3년에 한 번, 9년에 세 번 시험을 보고 승진 및 탈락 여부를 결정한다. 역대 왕조 모두가 이런 제도를 이용하였다.

74) '상조'(常調)는 이부가 정상적인 제도에 근거해서 관원의 직무를 조율하는 것을 말한다.

75) 육부의 속관으로 정6품에 해당된다. 명대의 지주(知州)는 종5품이고, 지현(知縣)은 정7품이었다.

76) 남북조시대부터 당대에 이르기까지 상서성을 예위(禮闈)라고 하였다. 그러나 당 이후에는 예부 혹은 예부에서 시행하는 진사시험의 장소를 가리킨다.

77) 한대 이후의 관직명이다. 경학과 문장에 뛰어난 선비가 천자의 하문(下問)에 응대하였다.

78) 한대 관리선발 과목의 하나이다. 현량문학 이외에 효제역전(孝悌力田)·효렴(孝廉)·수재(秀才) 등의 명목으로 뛰어난 인재를 천거하여 관직에 임명하였다.

79) 전한 환관(桓寬)이 편찬한 『염철론』(鹽鐵論)이다.

후 관직을 준다. 만약 어리석은 사람이 다른 것을 그대로 흉내내어 남을 속인다면 천거한 자는 죄를 주고, 그 사람에게 파면을 통보한다. 만일 도덕적 성품이 오여필(吳與弼, 1391~1469)[80]·진헌장(陳獻章, 1428~1500)[81]과 같다면 순서를 기다리지 않고 우대하며, 천거한 자는 높은 상을 준다.

태학의 법은 주와 현의 학교에서 매년 제자원에서 학문 성취가 있는 자를 그의 재능과 덕예(德藝)를 열거해서 올리는데 인원수에 제한을 받지 않으며, 사람이 없으면 그만이다. 태학은 (그들을) 받아서 시험하고 그 재능과 덕예가 올린 내용과 부합하지 않은 자는 본래의 학생에게 파면을 통보한다.

무릇 선비의 자식으로 태학에 재학하는 사람은 여러 세월 동안 누차 시험을 보고 세 등급으로 나눈다. 상등(上等)은 (과거) 급제자와 같고, 재상이 그를 분류해서 시중(侍中)의 관직을 주고, 중등(中等)은 해시(解試)를 통하지 않고 마침내 예위(禮闈)[82]에 들게 한다. 하등(下等)은 파면하여 귀향시킨다.

---

80) 오여필의 자는 자부(子傅), 호는 강재(江齋)이다. 무주(撫州) 숭인(崇仁, 지금의 강서성) 출신이다. 진헌장은 그의 문인이다. 일생 동안 집에서 공부하고 과거에 응시하지 않았으며 관직 추천을 받았을 때에도 응하지 않았다. 저서에 『강재문집』(江齋文集)·『일록』(日錄)이 있다.

81) 자는 공보(公甫), 신회(新會) 백사리(白沙里, 지금의 광동성) 출신이다. 오여필에게 수학하면서 과거에는 뜻을 두지 않았다. 일찍이 조정의 천거로 한림원 검토(檢討)를 제수받았지만 귀향하였고, 이후에도 여러 번 천거되었지만 나가지 않았다. 저서에 『백사집』(白沙集)이 있다.

82) 한대 상서성이다. 한편 예위는 다른 의미로 과거시험의 일종이었는데, 예부가 주관하기 때문에 예위라고 하였다.

임자(任子)의 법은 6품 이상의 관리 아들이 15세가 되면 모두 주현(州縣)의 학교에 입학하여 박사제자원에 보(補)하고, 만일 15년을 교육했는데도 성취한 것이 없으면 학교를 그만두게 한다. 3품 이상의 관리 아들이 15세가 되면 모두 태학에 입학시키는데, 만일 15년을 교육했는데도 성취한 것이 없으면 학교를 그만두게 한다.

오늘날에는 대부의 아들은 일반 서민의 아들과 함께 시험보는데, 제학(提學)이 그 청탁을 받으면 이것은 처음부터 바르게 나아간 것이 아니며, 그 청탁을 받지 않았어도 훌륭한 문중의 (자제를) 등제(等第)시키는 것은 옳지 않다.

공경(公卿) 아들일지라도 현명함 여부를 따지지 않고 관직을 주면 현명한 자를 정당한 도리에 의해 임관하는 것이 곤란해지고, 현명하지 못한 자로 하여금 백성들의 위에 있게 하는 것이니, 백성들에게 해가 될 뿐만 아니라 백성을 사랑하는 것도 아니다.

군현좌의 법은 군현이 각기 육조(六曹)를 설치하고 제학이 제자원의 우수한 자를 시험하여 그들을 분치(分置)시키는데, 예컨대 호조(戶曹)는 부세의 출납을 관장하고, 예조(禮曹)는 제사·향음주(鄕飮酒)·상하 길흉의 예를 주관하고, 병조(兵曹)는 백성들이 감당하는 병사·수성(守城)·치안을 맡고, 공조(工曹)는 군읍의 건설관련 사업을 주관하고, 형조(刑曹)는 재판 업무를 맡고, 이조(吏曹)는 각 조의 인사이동과 봉급 문제를 책임진다. 세 번의 시험이 끝나면 태학에 추천하고 그 재능이 현저히 우수한 자는 6부의 각 관청에 관리로 임명한다. 늠생(廩生)[83]은 모두 폐지한다.

벽소(辟召)의 법은 재상·육부(六部)·방진(方鎭) 및 각 성의 순무(巡撫)가 모두 자기 스스로 관리를 초빙해서[自辟] 직무를 주어 시험하는 것이 옛날의 섭관(攝官)[84]과 같다. 그 능력이 현저하게 드러난 뒤에 위로 황제[卽眞][85]에게 보고하여 정식으로 관직을 준다.

절학(絶學)은 역산(曆算)·악률(樂律)·측망(測望, 천문관측)·점후(占候)[86]·화기(火器)·수리(水利)와 같은 종류이다. 군현은 조정에 상신하고 정부는 그 사람이 과연 발명한 것이 있는가를 시험하고, 그를 대조(待詔)로 부린다. 적합하지 않으면 물러가게 한다.

상서에는 두 가지가 있는데, 하나는 국가에 큰 일이 있거나 간악한 일이 있을 때, 조정의 높은 자리에 있는 자가 감히 말하지 못하고 재야에 있는 자가 말하는 것으로, 마치 당나라의 유분(劉蕡)[87]과 송나라의 진량(陳亮, 1143~94)[88]과 같은

---

83) 명대 관에서 녹미(祿米)를 받던 생원.

84) 벼슬을 겸한다는 뜻으로 겸관(兼官)·대직(代職)이라고도 한다. 오늘날 임시직과도 같다.

85) 왕망(王莽, 기원전 45~23)이 漢을 찬탈하고 먼저 '섭황제'(攝皇帝 : 황제를 겸한다)·'가황제'(假皇帝 : 임시로 황제 일을 본다)라고 칭한 후 마지막에는 "卽眞天子位"라고 하며 정식으로 제위에 오른다. 이후로 '즉진'(卽眞)은 황제를 가리키게 되었다.

86) 천문기상의 변화를 관찰하여 길흉화복을 예측하는 것.

87) 자는 거화(去華), 하북 창평(昌平) 사람이다. 당 문종 때(828년) 현량대책(賢良對策)에 응하여 환관의 화를 극론하였는데, 시관(試官)이 환관을 두려워하여 그를 낙제시켰다.

88) 남송의 사상가이자 문학가이며, 자는 동보(同甫)이다. 학자들은 그

이가 이런 사람들이다.

　이런 경우 마땅히 간관의 직무를 주어야 한다. 만약 사람을 부추겨서 그로 인해 조정을 혼란하게 한 자는, 예컨대 동한(東漢)의 뇌수(牢修)[89]처럼 당인(黨人)을 고소·체포하게 한 일은 마땅히 극형에 처해야 한다. 다른 하나는 책을 저술한 것을 올려서 열람하게 하고 혹은 다른 사람이 대신 올려 그 책을 자세히 보고 족히 세상에 전할 것은 과거급제자와 같은 신분으로 대우한다.

　만일 (그 책이 새로운 것을) 발명하는 것이 없고 옛날 책의 내용을 모아서 편찬하고, 또 시비판단을 어지럽게 하는 것, 예컨대 오늘날 조환광(趙宦光)[90]의 『설문장전』(說文長箋)과 유진(劉振)[91]의 『지대편』(識大編)의 종류처럼 부질(部帙)이 비

―――――

　　　를 용천(龍川) 선생이라 불렀다. 금(金)의 침략으로 송(宋)이 남쪽으로 이동하고 금과 화의를 체결하자 이에 「중흥오론」(中興五論)을 상서하였으나 반응이 없었고, 후에 다시 상서하여 영토 회복을 주장하였다. 황제가 관직을 주려고 하였지만 그는 종신토록 포의 지사(布衣之士)로 있으면서 천하의 대사를 상소하였다. 저서에 『용천문집』(龍川文集)·『용천사』(龍川詞)가 있다.

89) 후한 말 환관의 횡포가 심할 때, 당시 사람들이 환관을 비판하자, 뇌수는 오히려 그들을 모함하여 당고(黨錮)의 난을 일으켰다. 『후한서』 「당고전」(黨錮傳) 권67에 상세한 내용이 실려 있다.

90) 조환광은 명말 절강 오현(吳縣) 사람이고, 자는 범부(凡夫)이다. 저서로 『설문장전』·『육서장전』(六書長箋)이 있다. 『설문장전』은 옛날 책의 내용을 모아 함부로 선후를 고쳤고 내용도 틀린 곳이 많다. 청초 고염무(顧炎武, 1613~82)는 『일지록』(日知錄)에서 잘못된 부분 10여 조를 지적하였다.

91) 『사고전서』(四庫全書) 「사부·별사류존목」(史部·別史類存目)에는 "『지대록』(識大錄)은 명대 유진이 찬했다. 진(振)의 자는 자성(自

록 많다고 하여도 그 책을 물리쳐 돌려보낸다.

「取士 下」

古之取士也寬, 其用士也嚴 ; 今之取士也嚴, 其用士也寬. 古者鄕擧里選, 士之有賢能者, 不患於不知. 降而唐宋, 其爲科目不一, 士不得與於此, 尙可轉而從事於彼, 是其取之之寬也. 「王制」論秀士, "升之司徒曰選士 ; 司徒論選士之秀者, 升之學曰俊士" ; "大樂正論造士之秀者, 升之司馬曰進士 ; 司馬論進士之賢者, 以告於王而定其論. 論定然後官之, 任官然後爵之, 位定然後祿之." 一人之身, 未入仕之先凡經四轉, 已入仕之後凡經三轉, 總七轉, 始與之以祿. 唐之士, 及第者未便解褐, 入仕吏部, 又復試之. 韓退之三試於吏部無成, 則十年猶布衣也. 宋雖登第入仕, 然亦止是簿尉令錄, 榜首纔得丞判, 是其用之之嚴也. 寬於取則無枉才, 嚴於用則少倖進.

今也不然. 其所以程士者, 止有科擧之一途, 雖使古豪傑之士若屈原司馬遷相如董仲舒揚雄之徒, 舍是亦無由而進取之, 不謂嚴乎哉! 一日苟得, 上之列於侍從, 下亦置之郡縣. 卽其黜落而爲鄕貢者, 終身不復取解, 授之以官, 用之又何其寬也! 嚴於取,

---

成), 선성(宣城) 사람이다"는 기록으로 보아 아마도 『지대편』(識大編)은 『지대록』인 것 같다. 한편 『사고전서』에는 이 책의 내용을 "군주와 신하의 사적을 기록하는데 각각의 사례(史例)를 모방하였다. 본기(本紀)를 고쳐서 제전(帝典)으로 삼았고, 실록(實錄)을 근본으로 하였다. …… 그러나 서술이 소략하고 의례(義例)가 잡다하여 스스로 이름하여 일가를 이루었다고 하기에는 부족하다"고 적고 있다.

則豪傑之老死丘壑者多矣；寬於用，此在位者多不得其人也．

　流俗之人，徒見夫二百年以來之功名氣節，一二出於其中，遂以爲科目已善，不必他求．不知科目之內，既聚此百千萬人，不應功名氣節之士獨不得入．則是功名氣節之士之得科目，非科目之能得功名氣節之士也．假使士子探籌，第其長短而取之，行之數百年，則功名氣節之士亦自有出於探籌之中者，寧可謂探籌爲取士之善法耶？究竟功名氣節人物，不及漢唐遠甚，徒使庸妄之輩充塞天下．豈天下之不生才哉？則取之之法非也．吾故寬取士之法，有科舉，有薦舉，有太學，有任子，有郡邑佐，有辟召，有絕學，有上書，而用之之嚴附見焉．

　科舉之法：其考校倣朱子議：第一場易詩書爲一科，　子午年試之；三禮兼大戴爲一科，卯年試之；三傳爲一科，酉年試之．試義各二道，諸經皆兼四書義一道．答義者先條舉注疏及後儒之說，既備，然後以‘愚按’結之．其不條衆說，或條而不能備，竟入己意者，雖通亦不中格．有司有不依章句移文配接命題者，有喪禮服制忌諱不以爲題者，　皆坐罪．　第二場周程張朱陸六子爲一科，孫吳武經爲一科，荀董揚文中爲一科，管韓老莊爲一科，分年各試一論．　第三場左國三史爲一科，三國晉書南北史爲一科，新舊唐書五代史爲一科，宋史有明實錄爲一科，分年試史論各二道．答者亦必攄事實而辨是非．若事實不詳，或牽連他事而於本事反略者，皆不中格．第四場時務策三道．凡博士弟子員遇以上四年仲秋，集於行省而試之，不限名數，以中格爲度．考官聘名儒，不論布衣在位，而以提學主之．明年會試，經子史科，亦依鄉闈分年，禮部尚書知貢舉．登第者聽宰相鑒別，分置六部各衙門爲吏, 管領簿書. 拔其尤者, 做古侍中之職在天子左右, 三考滿常調而後出官郡縣. 又拔其尤者爲各部主事, 落第者退爲弟子員, 仍取解試而後得入禮闈.

薦擧之法：每歲郡擧一人, 與於待詔之列. 宰相以國家疑難之事問之, 觀其所對, 令廷臣反覆詰難, 如漢之賢良文學以鹽鐵發策是也. 能自理其說者, 量才官之；或假之職事, 觀其所效而後官之. 若庸下之材剿說欺人者, 擧主坐罪, 其人報罷. 若道德如吳與弼陳獻章, 則不次待之, 擧主受上賞.

太學之法：州縣學每歲以弟子員之學成者, 列其才能德藝以上之, 不限名數, 缺人則止. 太學受而考之, 其才能德藝與所上不應者, 本生報罷. 凡士子之在學者, 積歲月累試, 分爲三等. 上等則同登第者, 宰相分之爲侍中屬吏；中等則不取解試, 竟入禮闈；下等則罷歸鄕里.

任子之法：六品以上, 其子十有五年皆入州縣學, 補博士弟子員, 若敎之十五年而無成則出學. 三品以上, 其子十有五年皆入太學, 若敎之十五年而無成則出學. 今也大夫之子與庶民之子同試, 提學受其請託, 是使其始進不以正, 不受其請託, 非所以優門第也. 公卿之子不論其賢否而仕之, 賢者則困於常調, 不賢者而使之在民上, 旣有害於民, 亦非所以愛之也.

郡縣佐之法：郡縣各設六曹, 提學試弟子員之高等者分置之, 如戶曹管賦稅出入, 禮曹主祀事鄕飮酒上下吉凶之禮, 兵曹統民戶所出之兵城守捕寇, 工曹主郡邑之興作, 刑曹主刑獄, 吏曹主各曹之遷除資俸也. 滿三考升貢太學, 其才能尤著者, 補六部各衙門屬吏. 凡廩生皆罷.

辟召之法：宰相六部方鎭及各省巡撫，皆得自辟其屬吏，試以職事，如古之攝官．其能顯著，然後上聞卽眞．

絶學者，如曆算樂律測望占候火器水利之類是也．郡縣上之於朝，政府考其果有發明，使之待詔．否則罷歸．

上書有二：一，國家有大事或大奸，朝廷之上不敢言而草野言之者，如唐劉蕡宋陳亮是也，則當處以諫職．若爲人嗾使，因而撓亂朝政者，如東漢牢修告捕黨人之事，卽應處斬．一，以所著書進覽，或他人代進，看詳其書足以傳世者，則與登第者一體出身．若無所發明，纂集舊書，且是非謬亂者，如今日趙宦光說文長箋劉振譏大編之類，部帙雖繁，卻其書而遣之．

7

수도건설

어떤 사람이 "북경[1]이 갑자기 망하였는데, 그 까닭은 무엇인가?"라고 한다면, 망하는 길은 하나가 아니겠지만, (하나를 꼽으라면) 수도를 건설하는 방법을 잘못 생각한 데 있다고 하겠다.

국가의 운명이 중도에 위태로웠던 것은 어느 시대라고 없었겠는가! 안녹산(安祿山)의 난[2]으로 현종(玄宗, 712~741)은

---

1) 명 태조(1368~98) 주원장은 1368년 남경에 명 왕조를 건립하였고, 같은 해 원 왕조의 수도 북경을 쳐부수고 북평부(北平府)로 고쳤다. 1399년 연왕(燕王) 주체(朱棣 : 北平鎭守, 재위기간 1403~24)가 정난(靖難)을 일으켜 남경을 정복하고 제위를 강탈하였다. 1421년에는 북경으로 천도하고 남경을 유도(留都)라고 하였는데, 이를 달리 남도(南都)라고도 불렀다. 여기서는 남도의 상대적 개념으로 북경을 북도(北都)라고 하였다.

2) 당의 절도사로 있던 안녹산(營州 柳城, 지금의 요령, 朝陽南 사람)이 양귀비(楊貴妃)의 일족인 양국충(楊國忠)과 반목하여 755년 범양(范陽, 지금의 북경)에서 반란을 일으켜 다음해 웅무(雄武) 황제

축(蜀, 지금의 사천성 成都) 땅으로 피난하였고, 토번(吐蕃)의 난[3]이 있자 대종(代宗, 762~779)은 섬주(陝州)로 도망하였고, 주차(朱泚)의 난[4]이 일어나자 덕종(德宗, 780~805)은 봉천(奉天, 지금의 섬서성)으로 도망하였다.

변경(汴京, 지금의 하남성 開封)은 중원에서 사통팔달한 곳으로 만일 위급한 일이 생기면 그 형세로 보아 막기가 어렵다. 이자성(李自成)[5]이 북경을 포위하자 의종(毅宗, 1628~44)도 역시 남쪽으로 가려고 하였으나 북쪽에 고립되어 연락이 끊기고, 한때 탈출할 수 없었고, 탈출하여도 반드시 (목적지에) 도달할 수 있는 것도 아니었기 때문에 부득이 사직을 (등지고) 자살하였다.[6] 만일 도읍이 북경이 아니라 해도, 어찌

라 칭하고 장안(長安)에 진입하자, 현종(玄宗)은 사천으로 피난하였다. 안녹산은 2년 후 그 아들들에게 피살되었으나 반란은 10년 더 계속되었다.

3) 토번은 티벳을 말한다. 안녹산의 난이 일어난 후 당 왕조의 군사력이 서북방에서 난 진압에 힘쓸 때 다른 변경 지역의 군사력은 약화되었다. 이에 티벳족 20여 만 명이 763년 장안을 침입하였고, 대종(代宗)은 섬주(陝州)로 도망하였다가 곽자의(郭子儀)의 공으로 환도하였다.

4) 유주(幽州) 창평(昌平, 지금의 북경)의 주차는 원래 안녹산의 부하였는데, 나중에 절도사가 되었다가 다시 태위(太尉)가 되었다. 782년 반란을 일으켜 면직되었고 다음해 주차를 제(帝)로 하고 국호를 진(秦)이라 해서 장안을 공격하자 덕종이 봉천으로 피난하였다. 784년 국호를 다시 한(漢)으로 고치고 스스로를 한원천황(漢元天皇)이라고 불렀다.

5) 명말 농민군의 대장이다. 그는 1629년 봉기하였고, 1644년 정월 대순(大順)정권을 세우고 북경을 정복하여 명 왕조를 무너뜨렸다.

6) 명의 마지막 황제 주유검(朱由檢)은 명의 회복 가능성이 없음을 알고 매산(煤山, 지금의 북경의 景山)에서 자살하였다.

삼종(현종·대종·덕종)의 일을 겪지 않았겠는가!

혹 어떤 사람이 말하기를 "영락(永樂, 1403~24)시대부터 도읍을 북경에 설치하고 14대를 거쳤는데,[7] 어찌 일대(一代)의 실수로 마침내 처음의 의논이 잘못되었다고 하겠는가?"라고 한다.

(그러나 그렇지 않다.) 옛날 사람은 천하를 다스리는데, 천하를 다스리는 것으로 일을 삼고, 천하를 잃는 것으로 일을 삼지 않았다.

명나라가 도읍을 북경에 설치한 지 200년에 불과한데, 영종(英宗, 1436~49)은 토목보(土木堡)에서 포로가 되었고,[8] 무종(武宗, 1506~21)은 양화(陽和)에서 곤혹을 당하였고,[9] 경태(景泰, 1450~56) 초에는 수도가 포위당하였고,[10] 가정(嘉靖,

---

7) 성조(成祖, 1403~24)부터 희종(熹宗, 1621~27)까지의 14대.

8) 1436년 영종이 즉위하였을 때 그의 나이는 겨우 9세였고, 환관 왕진(王振)이 전권을 쥐고 있었는데, 1449년 와척(瓦刺, 몽고의 한 부족)의 야선(也先)이 군사를 일으키자 왕진은 영종의 친정을 강요하였고, 영종은 토목보(土木堡, 지금 하북 懷來縣 동쪽)로 도망하였지만 곧 포로가 되었다. 이후 풀려나 다시 왕위를 회복, 1457년부터 1464까지 집정하였다.

9) 무종은 환관 유근(劉瑾)·곡대용(谷大用)과 장령(將領) 강빈(江彬) 등을 신용하였는데, 강빈은 권력을 차지하기 위해 무종에게 각 지역을 순행할 것을 권유하였다. 1517년 산서성 대동부(大同府) 양화에서 몽고족의 침입을 받아 직접 군대를 지휘하여 비록 5일간의 짧은 전쟁이었지만 곤혹을 치렀다.

10) 경태는 대종 주기옥(朱祁鈺)의 연호이다. 영종이 토목보에서 포로로 잡히고 환관 왕진이 부하에게 피살되자 주기옥이 즉위하였다. 1450년(경태 원년) 야선이 또다시 침입하자 북경 주위에서 이를 물리쳤다. 이후 영종이 다시 돌아와 왕위에 올랐다.

1522~66) 28년에(도 다시 수도가) 포위당하였고,[11] 43년에는
변경민족이 난입하였고,[12] 숭정(崇禎, 1628~44)년간에는 수도
가 매년 계엄 상태였었다. 윗사람이나 아랫사람의 정신이 외
적의 침입에 지치고 날마다 천하를 잃는 것(잃지나 않을까
하는 생각)으로 늘 염려하고 있었으니, 예악정교(禮樂政敎)를
족히 볼 것이 있었겠는가?

강남에 있는 백성의 운명은 화물운송으로 끊어지고, 대부
(大府)[13]의 금전은 하천에서 (운송비로) 다 써버렸는데, 모두
도읍을 북경에 둔 해악 때문이다.

어떤 사람은 말하기를 "왕자가 일어나면 장차 어디에 도읍
할 것인가?"라고 한다. 금릉(金陵)[14]이다. 어떤 사람이 말하기
를 "옛날 지세를 말하는 자들이 관중(關中, 지금의 섬서 장안,
곧 서안)을 최고라 생각하고 금릉은 염두에 두지 않았는데,
어찌된 일인가?"라고 한다.

---

11) 가정은 명대 세종(世宗) 주후총(朱厚熜)의 연호이다. 세종은 재위
   기간 도교를 숭상하고 엄숭(嚴嵩)을 중용하여 정치를 부패시켰다.
   이런 상황에서 1549년 몽고의 엄답(俺答)이 북경을 공격해오자 위
   험에 빠졌다.

12) 1564년 겨울 12월 엄답이 산서를 침범하였고, 목종(穆宗) 4년
   (1570) 명조가 그를 순의왕(順義王)으로 봉하였다. 그 이전에 엄답
   은 여러 차례 산서의 여러 변경 지역을 침략하였다.

13) 일반적으로 상급 관청을 말한다. 원래 대부(大府)는『주례』「천관」
   에 공부(貢賦)의 수장(收藏)을 맡은 관리로 나온다. 후에는 대사농
   (大司農)·소부(小府)·태부(太府) 등이 그 일을 맡았다. 한편 한당
   대에는 승상부(丞相府)·절사부(節使府)를 모두 대부라고 하였다.

14) 전국시대 초나라 위왕(威王)이 금릉읍(金陵邑, 지금의 남경)에 도
   읍을 두었다.

(그것은) 시대가 다르기 때문이다. 진한시대[15]에 관중 지방은 풍속과 교화 방면의 좋은 기운[風氣]이 모이고 농토가 개간되고 인물과 물자가 번성하였다. 오(吳)·초(楚) 지역[16]은 오랑캐라는 호칭으로부터 갓 벗어나 풍속과 교화 방면의 기운이 박약하기 때문에 금릉과는 비교할 수가 없었다.

(그러나) 지금의 관중 지방은 인물과 물자가 오·회(會)[17]에 미치지 못한 지가 오래되었다. 또한 유적들의 난을 겪으면서 굴뚝에 연기나는 집은 열 가운데 두셋도 없다. 인구가 늘어나 물자를 축적하고 백성을 교화하는 것은 하루아침에 할 수 있는 것이 아니다. 동남 지방의 곡식과 비단이 천하에 수송되어 천하가 오·회에 있다는 것은 마치 부잣집에 창고와 (귀중한 물건을 보관하는) 장롱이 있는 것과도 같다.

이제 돈 많은 부자의 아들이라면 창고와 장롱은 반드시 몸

---

15) 진은 함양(지금의 섬서 함양시 동쪽)에, 전한은 장안에, 후한은 낙양(지금의 하남 낙양)에 도읍을 정하였다.

16) 오(吳)는 기원전 473년 월(越)에 망하기까지 지금의 강소 대부분과 안휘·절강 일부를 차지하고 소주에 도읍하였다. 이후 222년 손권(孫權)이 남경에서 오왕에 즉위해서 229년 칭제하고 지금의 장강 중하류와 절강·복건·광동·광서를 차지하였다. 5대 10국 시기에 오는 강소·안휘·강서·호북 등의 부분 지역을 다스렸다. 초는 지금의 호북 강릉(江陵)에 도읍하고 장강 중류지역을 다스렸다. 5대 10국 시기에 초는 장사(長沙)에 도읍을 정하고 영토를 광서 동부까지 확장하였다. 이후로 사람들은 오초(吳楚)를 장강 중하류 및 남방을 가리키는 대명사처럼 사용하였다.

17) 진대(秦代) 회계군(會稽郡)을 후한 때 오(吳)와 회(會)로 나누었다. 여기서는 강남(江南)을 가리키는 것으로 관중 지역의 상대적인 개념으로 쓰였다.

소 지키고 집의 대문은 하인들에게 맡길 것이다. 금릉을 버리고 도읍을 삼지 않는 것은 창고와 장롱을 하인들에게 맡기는 것과 같으며, 옛날에 도읍을 북경에 둔 것은 몸소 집의 대문을 지키는 것이다. 천하를 다스리면서 그 지혜가 돈 많은 부자의 아들만 같지 못해서야 되겠는가?

「建都」

或問:"北都之亡忽焉, 其故何也?"曰:亡之道不一, 而建都失算, 所以不可救也. 夫國祚中危, 何代無之! 安祿山之禍, 玄宗幸蜀;吐蕃之難, 代宗幸陝;朱泚之亂, 德宗幸奉天. 以汴京中原四達, 就使有急而形勢無所阻. 當李賊之圍京城也, 毅宗亦欲南下, 而孤懸絶北, 音塵不貫, 一時既不能出, 出亦不能必達, 故不得已而身殉社稷. 向非都燕, 何遽不及三宗之事乎!

或曰:"自永樂都燕, 歷十有四代, 豈可以一代之失, 遂議始謀之不善乎?"曰:昔人之治天下也, 以治天下爲事, 不以失天下爲事者也. 有明都燕不過二百年, 而英宗狩於土木, 武宗困於陽和, 景泰初京城受圍, 嘉靖二十八年受圍, 四十三年邊人闌入, 崇禎間京城歲歲戒嚴. 上下精神敝於寇至, 日以失天下爲事, 而禮樂政教猶足觀乎? 江南之民命竭於輸輓, 大府之金錢靡於河道, 皆都燕之爲害也.

或曰:"有王者起, 將復何都?"曰:金陵. 或曰:"古之言形勝者, 以關中爲上, 金陵不與焉, 何也?"曰:時不同也. 秦漢之時, 關中風氣會聚, 田野開闢, 人物殷盛;吳楚方脫蠻夷之號, 風氣樸略, 故金陵不能與之爭勝. 今關中人物不及吳會久矣, 又經流寇之亂, 烟火聚落, 十無二三. 生聚敎訓, 故非一日之所能移也. 而東南粟帛, 灌輸天下, 天下之有吳會, 猶富室之有倉庫匱篋也. 今夫千金之子, 其倉庫匱篋必身親守之, 而門庭則以委之僕妾. 舍金陵而勿都, 是委僕妾以倉庫匱篋;昔日之都燕, 則身守夫門庭矣. 曾謂治天下而智不千金之子若與?

8
국경수비

　지금 봉건이란 제도는 먼 과거의 일이다. 때에 따라 시세를 따라가자면 방진(方鎭)[1]을 회복해야 한다. 당나라가 방진으로 천하를 잃은 이후부터 어리석은 사람들은 그것을 되풀이해서 생각하며 마침내 재앙의 근원[厲階][2]이라고 여겼다. 그러나 그 본말을 소급해보면 그렇지 않다.

　태종(太宗, 627~649)이 절도사를 나눠 설치할 때[3]에는 모

---

1) 한 지방을 지키는 군대를 말한다. 번진(藩鎭)이라고도 하며, 절도사의 군대가 대표적이다. 당대의 군사제도는 부병제도(府兵制度)로 병농일치였다. 21~59세의 남자가 부병이 되어 평소에는 농사를 짓다가 농한기에 훈련을 받고 일정 기간 동안 수도 보호와 국경 방비, 그리고 전쟁시 출정의 의무를 지닌다. 그러나 국경지대의 절도사는 그 지역의 병권과 민정을 장악하면서 힘을 키워 안녹산·사사명(史思明) 같은 반란도 적지 않아 정권 불안의 한 원인이 되기도 하였다.
2) '여계'(厲階)는 재앙을 가져오는 실마리, 곧 화환(禍患)의 유래라는 뜻이다.
3) 당 태종 이세민은 전국을 열 개의 도로 나누었지만, 각 도마다 장관을 두지 않았다. 예종(睿宗, 710~712) 때 비로소 절도사를 두었다.

두 국경에 있었고 (그것도) 몇 개에 불과했지만, 갑옷을 입은 병사는 10만 정도로 외적을 막기에 충분하였다. 그러므로 안녹산(安祿山)과 주차(朱泚) 모두 방진에 의지해서 반기를 들고 일어났고, 이 난을 제압한 것도 방진을 바탕으로 하였다. 그후 (방진을) 수십 개로 나누어 세력을 약하게 하고 병사를 단촐하게 해서 방진의 병력이 서로 제압하기에 부족하여, 황소(黃巢)[4]·주온(朱溫)[5]이 마침내 (천하를) 분할시키고도 거리끼는 바가 없었다.

그렇기 때문에 당나라가 망한 까닭은 방진이 약했기 때문이며, 방진이 강해서 그런 것은 아니다.

따라서 봉건제도의 폐단은 강한 것이 약한 것을 병탄(併呑)해서 천자가 정치와 교화를 할 수 없는 곳이 있어서이며, 군

---

4) 당말 농민봉기의 지도자였다. 조주(曹州) 원구(冤句, 지금의 산동 荷澤) 출신으로 염상(鹽商)을 하였다. 875년 왕선지(王仙芝)의 난에 가담하였다가 다음해 왕선지로부터 독립하였다. 이후 왕선지가 죽자 878년 반란군의 최고 지도자로 추대되어 충천대장군(沖天大將軍)이라 불렸고 왕패(王覇)라는 연호를 썼다. 반란군이 광주를 점령하였을 때 가담자가 100만 명에 이르렀고, 그 여세를 몰아 881년 장안을 침략하여 황제에 오르고 국호를 대제(大齊), 연호를 금통(金統)이라고 하였다. 금통 4년 장안에서 철수하여 다음해 태산(泰山) 낭호곡(狼虎谷)에 이르렀을 때, 정부군의 추격을 받자 자살하였다.
5) 5대 양(梁) 왕조의 건립자 양 태조(太祖, 907~912)이다. 송주(宋州) 탕산(碭山, 지금의 安徽) 사람이다. 877년 황소의 난에 참여하였다가 882년 당에 항복하고 하중행영초토부사(河中行營招討副使)에 임명되었고 전충(全忠)이란 이름을 하사받았다. 884년 이극용(李克用)과 함께 황소의 난을 평정하자 양왕(梁王)에 봉해져 세력이 전보다 막강해졌다. 907년 칭제하고 도읍을 변(汴, 지금의 개봉)에 세우고 국호를 양이라 하였는데, 사가들은 이를 후양이라고 하였다.

현제도의 폐단은 국경 지역이 약해서 고난이 그치지 않는 데 있다. 이 두 가지 폐단을 제거하고 그것을 병행해서 어그러지지 않게 하고자 하면 국경 지역의 방진이 있어야 하는 것이 아닐까?[6]

마땅히 요동(遼東)·계주(薊州)·선부(宣府)·대동(大同)·유림(楡林)·영하(寧夏)·감숙(甘肅)·고원(固原)·연수(延綏)[7]에 모두 방진을 설치하고, 밖으로는 운남(雲南)·귀주(貴州)도 이런 실례에 따라서 부근 주현을 나누어 속하게 한다. 힘써 그 재정과 군사를 관리하여 안으로는 충분히 자립하고 밖으로는 재난을 족히 막는다. 전부(田賦)와 상세(商稅)는 (방진이) 징수하는 대로 맡겨서 전쟁하고 방어하는 데 사용되는 것을 충

---

6) 원래 문장은 "국경 지역의 방진이로다!"로 해석되나 내용상 이렇게 바꾸었다.

7) 요동은 지금의 요령성 동남부, 요하(遼河)의 동쪽에 있고, 계주는 지금의 하북 계현(薊縣)으로 당대에는 어양군(漁陽郡)이라 했으며, 명대에는 어양주(漁陽州)를 설치하였고 순천부(順天府)에 속했다. 선부는 명대 9변(九邊)의 하나였고, 지금의 선화현(宣化縣)이다. 대동은 당대에 운주(云州)를, 명대에는 대동부(大同府)를 두었는데, 지금의 산서 대동시이다. 유림은 수대에 유림군(楡林郡)을, 당대에는 승주(勝州)가 설치되었는데, 지금은 내몽고자치구 준격이기(准格尒旗) 유림현(楡林縣)이다. 영하는 서하(西夏)에서 흥경부(興慶府) 또는 중흥부(中興府)라 했으며, 원대에 영하로(寧夏路)로 개칭하였고, 명대 영하부가 되었다가 얼마 가지 않아 영하위(寧夏衛)라고 하였는데 지금의 영하회족자치구(寧夏回族自治區)이다. 감숙은 지금의 감숙성인데 지역적으로 농산(隴山)의 서쪽에 있었기 때문에 농서(隴西)라고도 하였다. 고원은 한대 고평현(高平縣), 명대 고원현(固原縣)을 설치하였다가 오래 가지 않아 고원주(固原州)라고 하였는데, 지금의 영하회족자치구의 고원현(固原縣)이다. 연수는 명대 9변의 하나로 지금의 섬서 수덕(綏德)이다.

당한다. 모든 정치와 교화를 원활하게 하며 중앙정부의 획일
적인 원칙을 따르지 않는다. 말단 관원들도 스스로 초빙하는
대로 맡기며, 그런 뒤에 이름을 보고한다[名聞].[8] 매년 한 차
례 (천자에게) 공물을 바치고 3년에 한 번 조견(朝見)[9]하며,
마침내 그 세대에 병사와 백성을 화목하게 하고 국경을 평안
하게 한 자는 세습을 허락한다.

이것은 다섯 가지 이로운 점이 있다. 지금 각기 국경에는
총독(總督)[10]이 있고, 순무(巡撫)[11]가 있고, 총병(總兵)[12]이 있고,
본병(本兵)[13]이 있고, 일이 있으면 다시 경략(經略)[14]을 설치하

---

8) '명문'(名聞)이란 조정을 경유하지 않고 스스로 초빙해서 임용한
   말단 관원을 사후 보고하는 것을 말한다.
9) 원래 다른 사람을 방문하는 것을 모두 '조'(朝)라 하였다. 뒤에는
   오로지 신하가 군주를 뵙는 것만을 가리켰다.
10) 명대 초기에 군사 업무를 총괄하다가 일이 끝나면 곧바로 해체되
    는 임시직이었으나 1469년 전적으로 이를 감당하는 양광총독을 두
    었고, 그후 각지에 이를 두는 것을 제도화하여 청대 들어서는 총
    독을 지방의 최고 장관으로 삼아 한두 개 혹은 세 개의 성을 관할
    하게 하였다.
11) 총독이 군사 업무를 관장하였다면 순무는 주로 일반 업무를 맡아
    했다. 임시직으로 설치되었다가 나중에 상설 관직이 되었는데, 총
    독과 마찬가지로 지방 최고 장관이다. 무태(撫台)·무군(撫軍)·무
    원(撫院)이라는 별칭도 있다.
12) 명대 총병은 임시로 파견된 군관이었으나, 청대에는 진(鎭)의 군사
    업무를 관장하는 고급 무관으로 상설화되었다. 총진(總鎭)이라고
    도 한다.
13) 병권을 장악하는 것으로 명대에는 병부상서를 가리켜 본병이라고
    하였다.
14) 당나라 초기에 국경의 주에 별도의 경략사를 두었는데, 그후에는
    절도사가 이를 겸하였다. 송대에도 국경의 진장(鎭將)이 경략을
    겸하였고, 명대에도 역시 상설화된 직책은 아니었지만 권한이 막

는데, (그 하는) 일과 권력이 한결같지 않아서 능력있는 자는 견제를 받아 무너지고, 능력이 없는 자는 맡은 바 임무를 미루는 것을 쉽게 하고, 아침 저녁으로 버티고 군주에게 올리는 글을 가리고 꾸며 쓴다. 아직 궤멸(潰滅)에 이른 것은 아니나 바로 그 직전에 있다. 통수(統帥)가 마음대로 하면 오직 그 재앙을 책임져야 하니 생각하는 것이 저절로 빈틈이 없고 전쟁에 대한 방어가 저절로 견고하여 각기 자손이 (어떻게 하면) 장구할까 하는 계획을 세우게 되는데, (이것이 그 이익의) 첫 번째이다.

국가에 급한 일이 있을 때, 항상[15] 천하의 재물을 다 해도 한 지방에서 쓰기에도 부족하였다. 지금은 한 지방의 재산으로 한 지방에 공급할 수 있는데, (이것이 그 이익의) 두 번째이다.

국경의 주병(主兵)이 항상[16] 객병(客兵)[17]만 못하였기 때문에 항상[18] (병사를) 징발하다가 난이 일어났는데, 천계(天啓, 1621~27)년간의 사추(奢酋),[19] 숭정(崇禎, 1628~44)년간의 내

중하여 총독보다 우위에 있었다.

15) 원래는 '상'(嘗)으로 되어 있으나 『이주유저휘간』본에는 '상'(常)으로 고쳐져 있다.

16) 위와 같다.

17) '주병'은 그 지방의 병사를 말하며, '객병'은 다른 곳에서 온 원병을 말한다.

18) 앞의 주 15) 참조.

19) 1621년 사추는 후금(後金)이 요양(遼陽)을 점령하였을 때 요양을 구원한다는 명목으로 군대를 징발하여 중경(重慶)에서 반란을 일으켜 성도(成都)를 포위하고 이름을 대량(大梁)이라 하였으나 1622년 2월 평정되었다.

위(萊圍)[20]가 그것이다. 지금은 한 지방의 병사로 한 지방을 감당할 수 있는데, (이것이 이익의) 세 번째이다.

군대를 다스리고 군비를 조달하는 것은 모두 조정에서 하여, 항상[21] 한 지방 때문에 사방이 동요되었다. (그러나) 이미 각각 전담하는 지역이 있어서 병사와 식량이 밖으로 나가지 않고, 한 지방이 불안해도 다른 지방은 잔칫집과 같은데, (이것이 이익의) 네 번째이다.

밖에 강한 병사가 있으면 조정에서는 자연히 경계한다. 산속에 호랑이와 표범이 있으면 (사람들이) 명아주나 콩을 채취하지 않는데,[22] (이것이 이익의) 다섯 번째이다.

「方鎭」

今封建之事遠矣, 因時乘勢, 則方鎭可復也. 自唐以方鎭亡天下, 庸人狃之, 遂爲厲階. 然原其本末則不然. 當太宗分置節度, 皆在邊境, 不過數府, 其帶甲十萬, 力足以控制寇亂. 故安祿山朱泚皆憑方鎭而起, 乃制亂者亦藉方鎭. 其後析爲數十, 勢弱兵單, 方鎭之兵不足相制, 黃巢朱溫遂決裂而無忌. 然則唐之所以亡, 由方鎭之弱, 非由方鎭之强也. 是故封建之弊, 强弱呑幷,

---

20) 1631년 11월 공유덕(孔有德)・경중명(耿仲明) 등이 요양을 구원하기 위해 출병하다가 반기를 들고 산동성 내주(萊州)를 포위하였으나 다음해 7월 사하(沙河)의 큰 싸움에서 패하였다. 여기서 '내위'란 곧 내주를 포위했다는 뜻이다.

21) 앞의 주 15번 참조.

22) 명아주[藜]나 콩[藿]은 주로 가난한 사람이 먹는 야채이다. 이 내용은 『회남자』・『염철론』・『한서』 등에 보인다.

天子之政教有所不加；郡縣之弊，疆場之害苦無已時．欲去兩者之弊，使其並行不悖，則沿邊之方鎮乎！

宜將遼東薊州宣府大同榆林寧夏甘肅固原延綏俱設方鎮，外則雲貴亦依此例，分割附近州縣屬之．務令其錢糧兵馬，內足自立，外足捍患；田賦商稅，聽其徵收，以充戰守之用；一切政教張弛，不從中制；屬下官員亦聽其自行辟召，然後名聞．每年一貢，三年一朝，終其世兵民輯睦，疆場寧謐者，許以嗣世．

凡此則有五利．今各邊有總督，有巡撫，有總兵，有本兵，有事復設經略，事權不一，

能者壞於牽制，不能者易於推委，枝梧旦夕之間，掩飾章奏之上，其未至潰決者，直須時耳．統帥專一，獨任其咎，則思慮自周，戰守自固，以各爲長子孫之計，一也．國家有一警急，常竭天下之財，不足供一方之用．今一方之財自供一方，二也．邊鎮之主兵常不如客兵，故常以調發致亂，天啓之奢酋崇禎之萊圍是也．今一方之兵自供一方，三也．治兵措餉皆出朝廷，常以一方而動四方．既各有專地，兵食不出於外，卽一方不寧，他方宴如，四也．外有強兵，中朝自然顧忌，山有虎豹，藜藿不採，五也．

9
토지제도

【1】

옛날 우(禹)임금은 토지에 등급을 매겨 부세를 정하였고,[1]
『주관』(周官)에서는 도시를 정하고 읍(邑)과 리(里)를 정하였
다.[2] (그러나) 하(夏)나라가 정한 것을 주(周)나라에 이르러서
는 이미 표준으로 삼을 수 없게 되었다. 이때 그 나라의 군주
는 그 영토 내에서 토지의 비옥함과 척박함, 인구의 많고 적
음, 시세의 변천을 자신의 일이라고 보았다.

정전제도가 이미 폐지되어[3] 한나라 초기에는 1/15의 세금
을 받았고, 문제(文帝, 기원전 179~157)와 경제(景帝, 기원전

---

1) 『서경』「우공」(禹貢)에 전하는 말에 의하면 요임금이 우에게 치수
  를 맡긴 후 토지를 성분에 따라 9등급으로 나누어 산물의 1/10을 내
  게 하였다.
2) 『주례』「천관」(天官)의 "體國經野."
3) 진대 상앙(商鞅)의 변법으로 정전제도는 폐지되었다.

156~141) 때에는 1/30의 세금을 받았고, 광무제(光武帝, 25~57) 초기에는 1/10의 세금을 받는 법이 있었는데, 그후 역시 1/30의 세금을 받았다. 토지가 넓고 커서 자세하게 나눌 수 없어서 그 대체를 총체적으로 보고 척박한 땅의 백성들에게 심한 곤경을 주지 않으려고 했을 뿐이다.

그러므로 전국 아홉 개 주(州)의 토지를 합해서 하하(下下)[4]를 표준으로 삼았다. 하하의 사람이 곤란하지 않으면 천하의 대세는 서로 편안하고, 나 또한 자세히 구별해서 도시를 정하고 읍과 리를 정하는 일을 하지 않아도 된다.

1/30의 세금은 하하의 세이다. 삼대(三代)가 흥성할 때 부(賦)는 9등급이 있어서 모두 하하로는 할 수 없었는데, 한나라가 유독 삼대에 하지 못한 것을 할 수 있었던 것이 어찌 한나라의 덕(德)이 삼대보다 나아서였겠는가?

옛날에는 정전제도가 백성을 길렀는데(養民), 그 토지는 모두 천자의 토지였다. 진나라 이후부터 백성들은 자기가 소유한 토지가 있었다.[5] 천자가 백성을 기르지 못하고 백성으로 하여금 스스로 기르게 하면서 그에 따라서 부세하였으니, 비록 1/30의 세금이라도 옛날과 비교해보면 또한 가볍다고 할 수 없다.

후대에 이르러 그 본말을 깊이 따지지 않고 1/10의 세금을

---

4) 『서경』「우공」에서는 토지를 상상(上上)·상중(上中)·상하(上下)·중상(中上)·중중(中中)·중하(中下)·하상(下上)·하중(下中)·하하(下下)로 9등분하였다.
5) 진대 상앙의 변법 이후 토지는 점점 개인이 소유하였다.

옛날의 제도라고 생각한다. 한나라가 부세를 덜어준 것은 장구하게 통용될 도가 아니라고 하고 반드시 옛날의 제도에 부합하려고 하였다. 전국 아홉 개 주의 토지는 천자에게서 받은 것이 아닌데 1/10의 세금을 낸다면 이것은 상상(上上)을 표준으로 삼은 것이다. 상상을 표준으로 삼으면 백성들 중 어찌 곤란하지 않는 자가 있겠는가?

한나라의 무제(武帝, 기원전 140~87)는 재정이 부족하여 관작을 팔고[賣爵], (재난구휼을 빙자해서 돈을) 빌려주고[貸假], 술의 전매[権酤],[6] 교역세[算緡],[7] 염철(鹽鐵)의 전매 같은 일 등 모두 열거할 수 없을 정도로 많은 일을 하였으나, 결국 토지에 매기는 세금은 감히 더하지 못하였다. 이것은 동곽함양(東郭咸陽),[8] 공근(孔僅),[9] 상홍양(桑弘羊)[10]의 생각이 아직 성숙하지 못해서였던가?

그렇다면 1/10의 세금은 그 명칭만 옛날의 법이지, 옛날의 법에 부합되지 않는 것이 심한 것이다. 군인들의 권력이 흥하던 세상에 1/10의 세금을 지킬 수 없었던 것은 백성에게

---

6) '권주고'(権酒酤) 또는 '주권'(酒権)이라고도 하는데, 이것은 한대 이래 조정이 직접 관여한 주류에 대한 전매 관리제도를 말한다.
7) 한무제 때 상업과 수공업을 하는 이들의 교역량을 근거로 부가된 일종의 교역세이다.
8) 전한시대 제인(齊人)으로 염상(鹽商) 출신이다. 한무제 때 공근과 함께 대농승(大農丞)에 임명되어 염철 전매를 관장하였다.
9) 전한시대 남양인(南陽人)으로 철상 출신이다. 훗날 대사농(大司農)에 임명되었다.
10) 전한 낙양인(洛陽人)으로 상인 출신이다. 한무제 때 치속도위(治粟都尉)에 임명되었고, 대사농이 되어서 염(鹽)·철(鐵)·주류(酒類)의 전매제도를 추진하였다.

136

부과하는 세금을 토지의 상황에 맡기지 않고 (국가에서 필요한) 비용에 따라서 일시적인 비용을 가지고 천하의 세금을 매겼기 때문이며, 후대 군주들이 이것을 따라 하였다.

후대의 군주들이 이미 쇠퇴하였는데, 또한 그때의 비용을 가지고 천하의 부세를 제정하고 이후의 군주가 또 그것을 따랐다.

아아! 내가 보니 천하의 부세는 나날이 증가하고 이후의 백성들은 날로 전보다 더 곤궁해졌다.

선비가 말하기를 "정전제도가 부활하지 않으면 어진 정치가 시행되지 않아 천하의 백성은 처음부터 피폐해진다"[11]고 하였다.

누가 위진시대의 백성이 한당시대보다 더 곤궁하고, 송나라의 백성이 위진시대보다 더 곤궁함을 알겠는가? 천하에 백성을 해치는 것이 어찌 유독 정전제도가 부활하지 않는 데 있다고 하겠는가! 지금 천하의 재물과 부세는 강남에서 나온다. 강남의 부세는 전씨(錢氏, 852~932)[12]에 이르러 무거워졌고, 송대에 일찍이 (이를) 고치지 못하였다. 장사성(張士誠, 1321~67)[13]에 이르러 다시 무거워졌고, 명대에 또 (이를) 고

11) 명대 호한(胡翰)의 말이다. 『호중자집』(胡仲子集) 권1 「정목」(井牧)에 있다.
12) 오대의 오월왕(吳越王) 전류(錢鏐)를 가리킨다. 당 소종(昭宗, 889~904)이 그를 진해동군(鎭海東軍) 절도사로 임명하였고, 나중에는 오월왕에 봉했다. 그는 양절(兩浙)을 통치할 때 부세를 배로 증가시켰다.
13) 원나라 말기 태주(泰州) 사람으로 염판(鹽販) 출신이다. 원대 지정(至正, 1341~68)년간에 그 아우와 함께 군사를 동원, 고우(高郵)

치지 못하였다. 그래서 1무(畝)의 부세는 3두(斗)에서부터 올라 7두에 이르고, 7두 이외에 관모(官耗)와 사증(私增)[14]이 있다. 그 한 해의 수확량을 계산하면 한 석(石)에 불과하며, (이것을) 모두 관으로 수송해도 또한 부족하다. 여기까지 이른 이유는 난세의 구차한 방법을 계승했기 때문이다.

내가 생각하기에 왕도정치를 하는 자가 일어나면 반드시 천하의 부세 결정을 중요하게 할 것이다. 천하의 부세 결정을 중요하게 생각한다면 반드시 하하(下下)를 표준으로 할 것이며, 그래서 옛날의 제도에 부합할 것이다.

어떤 사람이 말하기를 "1/30의 세금은 나라의 비용으로 부족하다"고 할 것이다. 옛날에 천리(千里) 안에서 천자가 먹고 제후에게 거둬들이는 공물은 1/10이 되지 않았다. 지금 군현(郡縣)의 부세는 군현이 쓰는 데 1/10도 안 되며, 뱃길로 서울에 보내는 것이 9/10이다. 그때(옛날)에는 1/10을 거둬도 일찍이 부족하지 않았는데, 9/10를 거둬들이고도 도리어 근심을 하는가!

등지에서 반란을 일으켜 국호를 주(周)라 하고 성왕(誠王)이 되었다. 계속해서 상숙(常熟)·호주(湖州)·송강(松江)·상주(常州) 등지를 공격하여 취하고 도읍을 평강(平江, 지금의 소주)에 정하였다. 사료에 의하면 장사성의 통치기간 동안 통치지역 내의 부세가 전대보다 매우 무거웠다고 한다.

14) 관모는 모미(耗米)·성모(省耗)·모선(耗羨)이라고도 하는데, 세금을 거둘 때, 창고에 넣을 때, 운반 수송할 때, 곡물의 감소를 구실로 교묘히 세금을 더 거둬들이는 세를 말한다.

사증은 조정에서 규정하고 있는 세칙 이외 지방관리가 별도로 부과하는 세금으로 대개 관리의 사적 수입이 되었다.

「田制 一」

昔者禹則壤定賦, 周官體國經野, 則是夏之所定者, 至周已不可爲準矣. 當是時, 其國之君, 於其封疆之內田土之肥瘠, 民口之衆寡, 時勢之遷改, 視之爲門以內之事也.

井田既壞, 漢初十五而稅一, 文景三十而稅一, 光武初行什一之法, 後亦三十而稅一. 蓋土地廣大, 不能縷分區別, 總其大勢, 使瘠土之民不至於甚困而已. 是故合九州之田, 以下下爲則. 下下者不困, 則天下之勢相安, 吾亦可無事於縷分區別, 而爲則壞經野之事也. 夫三十而稅一, 下下之稅也. 當三代之盛, 賦有九等, 不能盡出於下下, 漢獨能爲三代之所不能爲者, 豈漢之德過於三代歟? 古者井田養民, 其田皆上之田也. 自秦而後, 民所自有之田也. 上既不能養民, 使民自養, 又從而賦之, 雖三十而稅一, 較之於古亦未嘗爲輕也.

至於後世, 不能深原其本末, 以爲什一而稅, 古之法也. 漢之省賦, 非通行長久之道, 必欲合於古法. 九州之田, 不授於上而賦以什一, 則是以上上爲則也. 以上上爲則, 而民焉有不困者乎? 漢之武帝, 度支不足, 至於賣爵貸假榷酤算緡鹽鐵之事無所不擧, 乃終不敢有加於田賦者, 彼東郭咸陽孔僅桑弘羊, 計慮猶未熟與? 然則什而稅一, 名爲古法, 其不合於古法甚矣. 而兵興之世, 又不能守其什一者, 其賦之於民, 不任田而任用, 以一時之用制天下之賦, 後王因之. 後王既衰, 又以其時之用制天下之賦, 而後王又因之. 嗚呼! 吾見天下之賦日增, 而後之爲民者日困於前.

儒者曰: 井田不復, 仁政不行, 天下之民始敝敝矣. 孰知魏晉之民又困於漢唐, 宋之民又困於魏晉? 則天下之害民者, 寧獨在

井田之不復乎! 今天下之財賦出於江南. 江南之賦至錢氏而重,
宋未嘗改. 至張士誠而又重, 有明亦未嘗改. 故一畝之賦, 自三
斗起科至於七斗, 七斗之外, 尙有官耗私增. 計其一歲之穫, 不
過一石, 盡輸於官, 然且不足. 乃其所以至此者, 因循亂世苟且
之術也. 吾意有王者起, 必當重定天下之賦. 重定天下之賦, 必
當以下下爲則而後合於古法也.

或曰 : 三十而稅一, 國用不足矣. 夫古者千里之內, 天子食
之, 其收之諸侯之貢者, 不能十之一. 今郡縣之賦, 郡縣食之不
能十之一, 其解運至於京師者十有九. 彼收其十一者尙無不足,
收其十九者而反憂之乎!

【2】

정전제도[15]가 폐지된 이래로 동중서는 백성들 이름의 토지
를 제한하자[限民名田]는 건의를 하였다.[16] 사단(師丹, 기원전
?~3)[17]과 공광(孔光, 기원전 65~5)[18]이 이것을 근거로 백성들

---

15) 정전제도의 형태는 의견이 분분하다. 여기서는 『맹자』 「등문공」
   상의 내용을 참고한다. "方里而井, 井九百畝, 其中爲公田, 八家皆
   私百畝, 同養公田. 公事畢, 然後敢治私事, 所以別野人也."
16) 동중서에 대한 내용은 앞의 「관리선발」 하 참조. 그는 일찍이 "부
   자는 땅이 천맥(阡陌)을 이을 정도로 많지만 가난한 자는 송곳 꽂
   을 땅도 없다"고 하고 '한민명전'(限民名田)을 건의하였다. 『한서』
   「식화지」 참조.
17) 자는 중공(仲公), 전한시대 낭사동무(琅邪東武, 지금의 산동 諸城)
   사람이다. 애제(哀帝, 기원전 6~1) 때 대사마(大司馬)와 대사공

명의의 토지는 30경(頃)을 초과할 수 없다고 하고 기한을 3년으로 한정해 이를 위반하는 자는 토지를 몰수하였다.

그 뜻은 비록 좋더라도 옛날의 성군은 바야흐로 토지를 주고 백성을 기른 것이라면, 지금은 백성들이 소유하고 있는 토지를 오히려 법으로 빼앗는 격이다. 토지를 주는 정치가 아직 이뤄지지 않았는데 토지를 빼앗는 일이 먼저 보인다. 이른바 (성인은) 하나의 옳지 못한 것을 행하는 것도 해서는 안 된다.[19]

어떤 사람은 다음과 같이 말할 것이다. "부유한 백성의 토지를 빼앗으면 난이 일어난다. 정전제도를 부활하려고 하면, 큰 난리가 일어난 후 토지가 황폐해지고 인구가 희박해진 이후에나 가능하다. 그래서 한나라 고조(高祖, 기원전 206∼195)가 진나라를 진멸하고, 광무제(光武帝, 25∼57)가 한나라를 계승하고 부흥시켰는데,[20] (그때 정전제도를) 실시할 수 있었는

(大司空)을 지냈다. 그는 일찍이 권문 귀족들과 부호들의 토지를 제한해야 한다고 주장하였다. 그러나 귀족관료들의 반대로 실행되지는 않았다.

18) 자는 자하(子夏), 공자의 후손인 그는 전한시대 노(魯, 지금의 산동 곡부) 사람이다. 그도 역시 애제 때 상서령·대사도(大司徒)·태사(太師)를 지냈고, 한전(限田)을 주장하였는데, 자세한 내용은 『한서』「식화지」를 보라.

19) 『맹자』「공손추」 상에서 공자와 같은 성인에 대해 말하며, "行一不義, 殺一不辜而得天下, 皆不爲也."라고 하였다.

20) 광무제는 후한을 세운 유수(劉秀)이다. 유수는 전한의 황족(皇族)으로 왕망 말년 농민봉기 때 한나라 회복운동을 전개하면서 세력을 점점 확대해갔고 결국 25년 칭제하고 전국을 통일하였다. 이것이 후한이고 도읍은 낙양에 두었다. 여기서 "光武之乘漢"은 곧 한 왕실을 계승·부흥시킨다는 뜻이다.

데도 하지 않은 것은 애석한 일이다."

선왕이 정전제도를 제정한 것은 백성들의 생활을 가능하게
하고 그들의 번성을 위해서였다. 지금 백성들의 살육을 다행
으로 여기고 그것이 나의 일을 편하게 해준다고 생각한다면,
장차 정전제도가 다시 시행된 이후 인민이 번성해도, 혹 내
가 생각하는 것과 어긋남이 없다고 할 수 없을 것이다. 어찌
도리어 불행이라고 하지 않겠는가?

후대의 선비로서 정전제도를 다시 회복할 수 없다고 말한
것은 소순(蘇洵, 1009~66)[21]이 가장 상세하게 말하였고, 정전
제도를 회복할 수 있다고 말한 것은 호한(胡翰, 1307~81)[22]과
방효유(方孝孺, 1357~1402)[23]가 가장 절실하게 말하였다.

소순은 천(川)·노(路)·회(澮)·도(道)·혁(洫)·도(涂)·구

---

21) 북송대 미산(眉山, 지금의 사천에 속함) 사람으로 자는 명윤(明允),
   호는 노천(老泉)이다. 『심정』(審政)·『광토』(廣土)·『전제』(田制)
   등의 저술을 통하여 당시의 정치·군사·토지제도에 대한 개혁을
   제시하였다. 그는 대지주의 토지겸병을 반대하였지만 정전제도의
   회복은 불가능하다고 생각하였다. 이에 대한 내용은 『가우집』(嘉
   祐集)에 자세하다. 당송팔대가인 소식(蘇軾)과 소철(蘇轍)은 그의
   아들이다.

22) 명초의 경학가로 자는 중신(仲申), 절강성 금화(金華) 사람이다. 정
   전제도의 회복을 주장하였고, 『호중자집』(胡仲子集) 「정목」(井牧)
   에서 정전제도의 10가지 장점을 제시하고 있다.

23) 명대 영해(寧海, 지금의 절강에 속함) 사람으로 자는 희직(希直) 또
   는 희고(希古)이다. 혜제(惠帝, 1399~1402) 때 시강학사(侍講學
   士). 연왕(燕王) 주체(朱棣, 成祖, 1403~24)의 즉위에 반대하다 10
   족을 멸하는 벌을 받았다. 그는 『손지재집』(遜志齋集) 권11 「여우
   인론정전서」(與友人論井田書)에서 정전제도의 회복은 간단하면서
   도 절실하며 쉽게 할 수 있다고 주장하였다.

(溝)·진(畛)·수(遂)·경(徑)의 제도[24]는 수백년 동안 힘을 다하지 않으면 불가능하다고 하였다. 진실로 백성에게 토지를 주고, 도로가 통하고, 수리시설이 되어 있으면 또한 어찌 반드시 제도와 경계의 말단적인 문제에 구애되겠는가! 소순이 근심한 것은 모두 정전제도론자들이 시급하다고 한 문제가 아니다. 호한과 방효유는 단지 (정전제도를) 회복할 수 있다는 것만을 말했지, 회복의 방법에 대해서는 또한 상세하다고 할 수 없다.

나는 위소(衛所)[25]의 둔전(屯田)[26]에 견주어보아 정전제도를 회복할 수 있는 것도 이것과 다르지 않다는 것을 알았다. 세속의 선비들은 둔전에 대해 말하자면 실현 가능하다 하고, 정전에 대해 말하자면 실현할 수 없다고 하는데, 이것은 2×5가 10임을 모르는 것이다.

각각의 군대가 토지 50무를 경작하는 것은 옛날의 100무에 해당하는데, (이것은) 주나라 시절 한 농부에게 준 토지 100무가 아닐까? 50무에서 정량(正糧) 12석(石)을 징수하여 본군의 비용으로 충당하고, 여량(餘糧) 12석은 본위(本衛)의 관군에게 봉급으로 지급하여 실제로 징수한 것은 12석이다. 각각

---

24) 『주례』「지관수인」(地官遂人)에 보이는 말로, 이것은 서주의 배관 (排灌)체제(천·회·혁·구·수)와 교통체제(노·도·도·진·경) 를 가리킨다.
25) 명초의 군사 기구이다. 자세한 내용은 이 책 「병사제도」의 주 1번 참조.
26) 명대 둔전의 범위는 역사상 가장 넓었고, 군둔(軍屯) 이외에 상둔 (商屯)·민둔(民屯)이 있었다. 위소둔전(衛所屯田)은 군둔(軍屯)을 가리킨다.

의 무(畝)에서 2두(斗) 4승(升)을 (징수한 것은) 또한 주나라
의 향(鄕)과 수(遂)[27]에서 쓴 부세 방법[貢法][28]이다. 천하의 둔
전은 모두 64만 4,243경(頃)인데, 만력(萬曆, 1573~1620) 6년
(1578) 실제 농토 7백 1만 3,976경 28무로써 그것을 말하자면
둔전은 그 가운데 1/10을 차지하며, 토지를 주는[授田] 제도
가 아직 시행되지 않은 것은 다만 9할뿐이다. 하나를 통해서
아홉을 미루어보면 역시 시행하는 것이 곤란할 것 같지는 않
다. 하물며 토지가 관민(官民)에게 있는데, 관전(官田)은 백성
들이 얻어서 사유할 수 있는 것이 아니다.

주현(州縣)에는 관전이 3/10을 차지한다. 실재 농토를 평균
한다면 호구 수가 1,062만 1,436이며, 각각의 호구마다 토지
50무를 주고, 나머지 토지 1억 7,032만 5,828무는 부민(富民)
으로 하여금 점유하게 하면 천하의 토지는 부족하지 않을 것
이다. 또한 어찌 한전(限田)·균전(均田)하며 분분히 떠들어서
헛되이 부민을 괴롭히는 일을 하는가! 그래서 나는 둔전이
시행되는 것을 보고서 정전제도가 반드시 회복될 수 있다는
것을 알았다.

반대하는 사람들은 말하기를, "둔전이 이미 정전제도와 같
다면 둔전의 병사가 날로 마땅히 번성하여야 하는데, 어찌

---

27) 도읍으로부터 50리에서 100리는 향이라 하였고, 100리 밖은 수(遂)
　　라고 하였다.
28) 주나라의 공법(貢法)은 1/10의 세금으로 대체로 하나라의 공법과
　　같았다. 『맹자』「등문공」상에 "夏后氏五十而貢, 殷人七十而助, 周
　　人百畝而徹, 其實皆什一也."라고 한 내용 참조. 자세한 것은 앞의 9.
　　「토지제도」1을 보라.

소모되고 있는가?"라고 할 것이다. 그것은 다음 네 가지로
설명할 수 있다.

둔전은 토착민이 아니기 때문에 비록 토지를 주어도 향토
에 대한 생각을 불러일으키기에 부족하다는 것이 첫째 이유
이다.

또한 젊은 사람들로 하여금 성(城)을 지키게 하고, 노약자
들에게 경작을 맡긴다. 노약자에게 경작을 맡기면 수확량은
얼마나 되겠으며, 또 그들이 둔전에서 (일하지) 않는 자가 먹
을 것을 얻지 못하는 것이 아니라는 것을 알게 되면, 또한 무
엇 때문에 수고로운 일을 맡아서 하려고 하겠는가? 이것이
두 번째 이유이다.

옛날에는 1/10의 세금이었는데, 지금은 각각의 무마다 2두
4승이다. 1무의 수입을 헤아려보면 1석을 넘지 않는다. 이것
은 2.5/10의 세가 되는데, 이것이 세 번째 이유이다.

또한 징수하는 것은 무인(武人)이 주관하고, 군현의 관리는
관여하지 않으니, 그 군(軍, 둔전병)을 착취하는 것은 무엇이
라도 하지 않겠는가? 이것이 네 번째 이유이다. 그런데 또한
징수하는 것이 줄어든다고 하는 것이 무엇이 이상한가?

「田制 二」

自井田之廢, 董仲舒有'限民名田'之議, 師丹孔光因之, 令民
名田無過三十頃, 期盡三年而犯者沒入之. 其意雖善, 然古之聖
君, 方授田以養民, 今民所自有之田, 乃復以法奪之. 授田之政
未成而"奪田之事先見. 所謂行一不義而不可爲也.

或者謂奪富民之田則生亂. 欲復井田者, 乘大亂之後, 土曠人
稀而後可. 故漢高祖之滅秦, 光武之乘漢, 可爲而不爲爲足惜."
夫先王之制井田, 所以遂民之生, 使其繁庶也. 今幸民之殺戮,
爲其可以便吾事, 將使田旣井而後, 人民繁庶, 或不能於吾制無
齟齬, 豈反謂之不幸與?

後儒言井田必不可復者, 莫詳於蘇洵; 言井田必可復者, 莫切
於胡翰方孝孺. 洵以川路澮道洫涂溝畛遂徑之制, 非窮數百年之
力不可. 夫誠授民以田, 有道路可通, 有水利可修, 亦何必拘泥
其制度疆界之末乎! 凡蘇洵之所憂者, 皆非爲井田者之所急也.
胡翰方孝孺但言其可復, 其所以復之之法亦不能詳. 余蓋於衛所
之屯田, 而知所以復井田者亦不外於是矣. 世儒於屯田則言可
行, 於井田則言不可行, 是不知二五之爲十也.

每軍撥田五十畝, 古之百畝也, 非卽周時一夫授田百畝乎?
五十畝科正糧十二石, 聽本軍支用, 餘糧十二石, 給本衛官軍俸
糧, 是實徵十二石也. 每畝二斗四升, 亦卽周之鄕遂用貢法也.
天下屯田見額六十四萬四千二百四十三頃, 以萬曆六年實在田
土七百一萬三千九百七十六頃二十八畝律之, 屯田居其十分之
一也, 授田之法未行者, 特九分耳. 由一以推之九, 似亦未爲難
行. 況田有官民, 官田者, 非民所得而自有者也. 州縣之內, 官
田又居其十分之三. 以實在田土均之, 人戶一千六十二萬一千四
百三十六, 每戶授田五十畝, 尙餘田一萬七千三十二萬五千八百
二十八畝, 以聽富民之所占, 則天下之田自無不足, 又何必限田
均田之紛紛, 而徒爲困苦富民之事乎! 故吾於屯田之行, 而知井
田之必可復也.

難者曰："屯田旣如井田, 則屯田之軍日宜繁庶, 何以復有銷耗也?" 曰：此其說有四；屯田非土著之民, 雖授之田, 不足以挽其鄕土之思, 一也. 又令少壯者守城, 老弱者屯種. 夫屯種而任之老弱, 則所穫幾何, 且彼見不屯者之未嘗不得食也, 亦何爲而任其勞苦乎? 二也. 古者什而稅一, 今每畝二斗四升. 計一畝之入不過一石, 則是什稅二有半矣, 三也. 又徵收主自武人而郡縣不與, 則凡刻剝其軍者何所不爲? 四也. 而又何怪乎其銷耗與?

【3】

어떤 사람이 "정전제도를 회복할 수 있다는 것은 이미 가르침을 받아서 알겠지만, 만일 세금을 정한다면 어떻게 한 이후에나 가능한가?"라고 묻는다.

대답은 이렇다. 백성들이 가혹한 세금으로 고통받은 것은 이미 오래되었다. 누적되어 돌이킬 수 없는 해가 있고, 세금으로 부과한 것이 나오지 않는다는 해가 있고, 농토에 등급이 없다는 해가 있다.

무엇을 가리켜 누적되어 돌이킬 수 없는 해가 된다고 한 것인가?

(하·은·주) 삼대의 공(貢)·조(助)·철(徹)[29]은 단지 농지

---

29) 하·은·주 삼대의 세금제도이다. 일반적으로 공은 수확량의 평균치에 근거해서 표준량을 징세하는 것이고, 조는 백성들의 노동력을 써서 공전을 경작하는 부세의 일종이며, 철은 역사 이래 그 내

에만 부과하였을 뿐이다. 위진시대에는 호(戶)·조(調)[30]의 명 칭이 있었는데, 농토가 있는 자는 조부(租賦)를 내고, 호(戶) 가 있는 자는 베와 비단을 냈으니, 농토 이외에 다시 호구에 대한 세가 있었다.

당나라 초기에는 조(租)·용(庸)·조(調)의 제도[31]를 두었는 데, 농토가 있으면 조(租)가 있고, 호구가 있으면 조(調)가 있 고, 몸이 있으면 용이 있었다. 조(租)는 곡식을 내고, 용은 견 (絹)을 내고, 조(調)는 비단과 솜, 그리고 베와 마를 내고, 호 에 대한 세금 이외에 다시 정(丁)에 대한 세금이 있었다.

양염(楊炎, 727~781)[32]이 양세법(兩稅法)[33]으로 개정하여 사

용에 대한 설명이 일치하지 않는다. 이에 대한 당대 학자들의 해 석도 다양하기 때문에 아직 단정지어 말할 단계가 아니다.

30) 후한말 호구에 따라 징수한 부세이다. 204년 조조(曹操)가 "收田租 畝四升, 戶出絹二匹, 綿二斤而已, 他不得擅興發"이라고 명령하여 이것이 위(魏)의 조(租)·조(調) 세금제도의 시작이다. 이것이 진 대(晉代) 변경되었고 당대에 이르러 조·용·조로 개정되었다.

31) 당대 세금제도로 전조(田租)·역용(力庸)·호조(戶調)를 말한다. 다시 말해 조는 토지에 대해 부과하는 세금이며, 용은 백성들의 부역, 조는 가업에 부과하는 세금이다. 원래 이 제도는 북위에서 근원해서 수대에 이르러 균전제를 기초로 한 조(租)·조(調)·역 역(力役)제로 고쳐졌고, 당대 619년 조·용·조제도가 제정되고 624년 상세한 규정이 마련되었다.

32) 당대 봉상(鳳翔, 지금은 섬서에 속함) 사람으로 자는 공남(公南)이 다. 이재가(理財家)로서 덕종(德宗, 780~805) 때 문하시랑동평장 사(門下侍郎同平章事)를 지냈다. 그는 780년 개혁 세법을 건의하 여 조·용·조를 폐지하고 양세법을 실시하였다.

33) 재산의 많고 적음에 따라 세금을 부과하는 방법이다. 이 양세법은 당대 후기 이후로부터 명대 중엽에 이르기까지의 세법의 기초가 되었다.

람들은 정중(丁中)[34] 구별없이 빈부로써 차별을 두어 비록 조·용·조의 명칭이 섞여 나오지는 않지만 실제로는 용과 조(調)를 아울러 조(租)에 넣고 있는 것이다.

계속해서 송나라에 이르러 용과 조(調)를 조(租)에서 감하지 않았는데, 다시 정신(丁身)[35]으로 전미(錢米)를 거두었다.

후대에 그것을 그대로 안존시키고 양세법은 조(租)라 하고, 정신은 용조(庸調)라고 하였으니, 어찌 중복해서 거두는 부세임을 알겠는가? 용조의 명칭이 제거되지 않았으면 어떻게 여기에 이르렀겠는가!

그래서 양염의 (방책은) 한때의 이로움은 적고, 후대에 미친 해는 크다.

명대의 양세법은 장년의 남자(丁口)[36] 이외에 역차(力差)[37]가 있고, 은차(銀差)[38]가 있는데, 이것은 10년에 한 번 당번이 되는 것이다. 가정(嘉靖, 1522~66) 말년에 일조편법(一條鞭法)[39]을 시행하여, 부(府)·주(州)·현(縣)에서 10년간 하세(夏

---

34) 당대는 세금을 연령에 따라 구분하여 징수하였다. 시대마다 차이가 있었는데, 624년에는 갓 태어나면 황(黃), 4세에 소(小), 16세에 중(中), 21세에 정(丁), 60세에 노(老)로 구분하였다.

35) 일반적으로 남자에게 징수하는 역(役)을 대신하는 성격의 세금이다.

36) 정신으로 보통 21~59세까지의 젊은 남자가 부역을 감당하는 것을 말한다.

37) 부역에 동원되어 일하는 것을 말한다.

38) 부역 대신 은을 납부하는 것을 말한다.

39) 명대 중엽 이후 시행된 일종의 개혁 세법이다. '편'(鞭)은 원래 하나로 통합한다는 뜻에서 '편'(編)이었는데, 이것이 시행되면서 백성들에게 엄청난 부담을 안겨주었기 때문에 '편'(鞭)으로 바뀌었다. 일조편법의 시행 목적은 세제를 간편하게 하자는 것으로 모든 부

稅)·추량(秋糧)·존류(存留)·기운(起運)[40]의 액수와 균요(均徭)[41]·이갑(里甲)[42]·토공(土貢)[43]·고모(顧募)[44]·가은(加銀)[45]의 예를 통하여 하나로 일괄해서 총액을 징수하고, 1년에 내던 것을 10년간 나눠서 내게 하며, 당번을 해야 하는 해도 다른 해와 같이 하였다. 이것은 은차(銀差)·역차(力差)가 또한 양세법에 들어간다는 것이다. 얼마 안 되어 이갑의 당번된 자는 잡역(雜役)[46]이 다시 번잡스럽게 부과되었다. 그후 또 그

역과 부세를 은으로 내게 한 제도였다. 특징은 특산물이나 귀중품 같이 실물로 바치던 것을 은으로 대납하게 한 제도였다.

40) 여름철에 내는 세금을 하세, 가을철에 내는 세금을 추량이라 하였는데, 이 두 가지는 당나라 양세법의 기원이 되었다. 존류는 징수한 미곡을 지방관청에 남겨두는 것이고, 기운은 중앙으로 수송하는 것을 말한다.

41) 명대 세 가지 요역인 이갑(里甲)·잡범(雜泛)·균요(均徭) 가운데 하나다. 균요는 황책(黃冊), 즉 호적부책(戶籍簿冊)을 만들어 백성들에게 3등급으로 요역을 하게 하였는데, 연간의 제반 부담을 평균해서 부과한 것을 말한다.

42) 본래 명대 정치기구의 기층단위였는데, 이것이 변하여 삼대 요역 가운데 하나가 되었다. 110호를 1리로 하고 1리를 10갑(甲)으로 나누어 이장(里長)·갑수(甲首)에게 이갑의 사무를 맡겼다.

43) 신하에 속하고 번(藩)에 속하는 지역에서 군주에게 그 지역의 특산물과 진귀한 물건을 헌상하는 것을 말한다. 이것은 부세의 초기 형태로서 하우(夏禹)시대에 비롯되었다고 전한다. 『문헌통고』(文獻通考) 「자서」(自叙)에 상세히 기록되어 있다.

44) 전문 기술인력을 초빙해서 하는 요역과 병역.

45) 명대 중엽에 시행된 세법이다. 조정에서 매년 은 1량을 징수하고, 주현에서 은 1~2분(分)을 더 징수하는 것을 말한다.

46) 잡범(雜泛)이라고도 한다. 명대 삼대 요역의 하나이다. 균요 이외의 부정기적인 잡다한 일이다. 명나라 중엽 이후 잡역의 명목은 날로 늘어났다.

것이 안존하면서 일조편법을 양세법이라고 말했다. 잡역은 당번을 맡은 해의 차역(差役)인데 어찌 그것이 중복해서 부과하는 차역인지 알겠는가? 은차·역차의 명칭이 제거되지 않았으면 어떻게 여기에까지 이르렀겠는가!

그러므로 일조편법은 한때의 이로움은 적고, 후대에 미친 해는 크다.

만력년간의 구향(舊餉)[47]은 500만이고, 그 말년에 신향(新餉)[48] 900만을 더하고, 숭정년간에 또 연향(練餉)[49] 730만이 증가하였다. 예원로(倪元璐, 1593~1644)[50]가 호부상서(戶部尙書)가 되어 세 가지 향(餉)을 합해서 일원화시켰는데, 이것은 신향과 연향이 또한 양세법에 편입된 것이다.

금일에 이르러 양세법이 본래 그런 것이라고 생각하는데, 어찌 천하를 망하게 한 이유가 여기에 있음을 알겠는가? 연향과 신향의 명칭을 고치지 않았다면 어떤 사람은 그 명칭을 헤아리며 옳다고 생각할지도 모른다. 이것이 또한 예원로가 배움이 없고 방책이 없었던 잘못이다.

아아! 세액의 누적됨이 여기에 이르렀으니, 백성들의 생명을 부지하는 것 또한 거의 없을 것이다.

---

47) 요향(遼餉)이라고도 하는데, 이것은 청의 요동침입에 대비해서 거둔 세금이다. 향(餉)은 병량(兵糧)으로 군사비를 말한다.
48) 초향(勦餉)이라고도 하였다.
49) 명말 농민봉기를 진압하기 위해 일반 징세 외에 거둔 군향(軍餉)이다.
50) 명대 상우(上虞, 지금은 절강에 속함) 사람으로 자는 옥여(玉汝)다. 천계(天啓)년간 진사하였고, 관직은 호부상서·한림원학사를 지냈으며, 이자성의 농민군이 북경에 침입하였을 때 자결하였다.

지금 세금을 정하려고 하면 반드시 누적되기 이전으로 돌아가 제도를 만들어야 한다. 백성에게 토지를 줄 경우 1/10을 표준으로 하고, 토지를 주지 않을 경우 1/20을 표준으로 한다. 호구마다 출병(出兵)·양병(養兵)을 부과한다면 나라의 비용이 자연히 부족하지 않은데, 또 어찌 과도한 세금을 일삼는가!

생산되지 않는 것에 대한 세금부과는 무슨 해가 있는가? 옛날에는 토지에 따라서 공물을 결정하였다.[51] 비록 제후라 하여도 그 땅에서 나지 않는 것을 차마 강제하지 못하였다. 하물며 일반 백성에 있어서랴!

그러므로 미곡을 부과하는 것은 (그) 토지의 산물이기 때문이다. 베와 비단을 부과하는 것은 장정이 스스로 생산하기 때문이다. 동전으로 납세하는 것은 후대 백성들의 편의에 따른 것이다. 베 한 필이면 바로 동전 1천 전이었는데, 관청에 낼 때에는 900전으로 하였다. 베가 600전이면 관청에 낼 때에는 500전으로 하였는데, 민간의 시세에 비하면 오히려 떨어진 가격이다. 동전을 부세로 내는 데에는 단지 베와 비단만을 융통했을 뿐이다.

농토에 미곡을 부과하는 것은 한당 이전에는 고친 일이 없다. 양염이 호구(戶口)에 대한 부세를 농토(의 부세)에 병합시켰다. 여기서 베와 비단을 동전으로 바꾸어 (세금으로) 낸 것

---

51) '임토작공'(任土作貢)이란 토지의 비옥도와 실제 수확량에 따라서 부세의 종류와 양을 결정하는 것이다. 『서경』「우공」에 기록되어 있다.

이 미곡과 서로 혼란스럽게 되어 또한 마침내 동전은 농토에
부과되는 세금이 아니라는 사실을 모르게 되었다.

송나라 융흥(隆興) 2년(1164) 온주(溫州, 지금의 절강 永
嘉)·대주(臺州, 지금의 절강 臨海)·처주(處州, 지금의 절강
麗水)[52]·휘주(徽州, 지금의 안휘 歙)에는 수로가 통하지 않아,
그 두 가지 세금(농토에 대한 미곡과 호구에 대한 베와 비단)
으로서의 물품과 비단은 (다른 것으로) 바꾸어 낼 수 있는 제
도[折法][53]에 의거해서 은으로 내는 것을 허락하였다. 당시 은
의 가치는 낮아져서 물품과 비단을 (은으로) 바꾸어 내게 한
것은 또한 백성들의 편의에 따른 것이다.

그러나 희령(熙寧) 10년(1077)의 세액을 살펴보면 양세(兩
稅)에 부과된 은은 6만137량뿐이다. 그리고 또 곡물가격이 낮
은 때여서 상평창[54]이 곧 곡식을 사들였기 때문에 비록 은으
로 (세금을) 부과하였어도 심한 곤란에 빠지지는 않았다.

명대에는 조량(漕糧)[55] 이외에는 모두 은으로 바꾸어 세금
을 냈다. 동전으로 바꾸어 내던 베와 비단을 은으로 바꾸어

---

52) 『황종희전집』(절강고적출판사, 1985) 제1책 소수(所收) 『명이대방
록』에는 처주가 누락되어 있다.
53) 원래 세금으로 징수하게 된 물건을 다른 것으로 바꾸어 내게 하는
제도이다. 각 시대마다 그 명칭이 달랐는데, 당대에는 '절납' '과절',
송대에는 '절변'(折變), 명대에는 '절징'(折徵)이라고 하였다.
54) 전한 선제(宣帝, 기원전 73~49) 때 미곡 가격이 떨어지면 그것을
사서 보관하였다가 가격이 비쌀 때 값을 조금 덜해서 파는 일종의
물가안정 대책이다.
55) 규정된 수로(水路)를 통해 중앙 혹은 조정이 정한 장소로 양식을
운송하는 것을 말한다. 일종의 실물세이다.

낼 뿐만 아니라 역대에 계속해서 바꾸지 않았던 미곡도 은으로 바꾸지 않으면 안 되었다. 미곡만 상납하지 못하게 한 것이 아니라 동전을 가지고 은을 대신하는 것도 할 수 없었다. 동전으로 부과하는 것에 대해 육지(陸贄, 754~805)[56]는 일찍이 "바치는 것이 생업이 아니고, 생업이 바치는 것이 아니다"[57]라고 말하며, 할 수 없다고 하였는데, 하물며 은으로 부과하는 것이랴!

천하의 은이 고갈되면, 흉년에는 농토의 소출은 세금을 바치기에 부족하고, 풍년에는 농토의 소출로 세금을 바치기에는 넉넉하지만, (이것을) 은으로 바꾸어 낸다면 (흉년 때와 마찬가지로) 세금을 바치기에 넉넉하지 못하다. 이것은 백성들로 하여금 해마다 모두 흉년이 들게 하는 것이 아니겠는가?

하늘은 백성들에게 풍년을 주었는데, 위에서 다시 그것을 빼앗는다. 이것은 천하를 다스리는 자들이 백성들을 원수로

---

56) 당대 가흥(嘉興, 지금은 절강에 속함) 사람으로 자는 경여(敬輿)이다. 771년에는 진사, 덕종(780~805)이 즉위하였을 때는 한림학사, 792년에는 중서시랑동평장사(中書侍郎同平章事)에 임명되었다. 그는 양세법이 시행된 이후의 각종 폐단을 지적하고 양세 이외의 가혹한 부담을 주는 잡세를 폐지해야 한다고 주장하였다.

57) 이때 생업은 자신이 생산한 물품을 포함한다. 따라서 이 문장은 앞뒤 문맥으로 보아 "세금으로 내는 것이 자신이 직접 생산한 것이 아니고, 또한 자신이 직접 생산한 것이라고 반드시 세금으로 내야 하는 것도 아니다"란 뜻으로 보인다. 결국 세금이란 백성들의 편의에 맞게 어떤 때는 생산품으로 어떤 때는 그것을 대신할 만한 다른 것으로 해도 무방하다는 뜻이 담겨 있다. 결국 황종희가 이 말을 인용한 것은 당시 은 가격 폭등을 염두에 두고 세금으로서 은이 백성들에게 큰 부담을 준다는 문제를 지적하기 위해서이다.

여기는 것이다.

그렇기 때문에 성왕(聖王)이 천하를 다스리면 그는 반드시 농토를 마땅한 것에 맡겨서 백곡을 생산한 자에게는 백곡을 내게 하고, 뽕과 삼을 심은 자에게는 비단과 베를 내게 하고, (그밖에) 잡다한 생산물에 이르기까지 모두 그 생산한 것을 내게 하여 백성들을 궁핍한 데 이르게 하지 않을 것이로다!

무엇을 가리켜 농토에 등급이 없어서 (나타나는) 해라고 하는가? 『주례』「대사도」(大司徒)에 바꾸지 않고 경작하는[不易之地] 휴경지(休耕地)는 집마다 100무, 한 번 휴경하는 토지는 집마다 200무, 두 번 휴경하는 토지는 집마다 300무이다. 이것은 9등급으로 결정한 부세 이외에 선왕이 또 상세히 등급을 정한 것이다.

지금 민간이 갖고 있는 농토의 가격은 20배의 큰 차이가 있을 뿐만 아니라 유사(有司)가 징수하는 것은 획일적인 기준이어서 불모지에서도 매년 부질없는 세금을 거두고 있다. (그렇기 때문에) 또한 해마다 경작하여도 그곳의 소출이 경작하는 데 들어간 경비[牛種]를 보상할 수 없다. 농민은 단지 척박한 땅이라 그런 줄 알고 있는데, 만일 옛날의 제도처럼 1년이나 2년을 (농사짓지 않고 땅을) 쉬게 한다면 비로소 옥토 아닌 것이 없게 될 것이다. 관청의 세금 독촉에 여유가 없어서 비록 휴경하고자 해도 어찌 휴경할 수 있겠는가?

(그런데) 어찌 농토의 생산력이 날로 고갈되는 것이 이상하다고 하겠는가! 내가 보기에 100무의 농토가 수십 무의 용도에도 못 미치는 것은 휴경하지 않아서 나타나는 해이다.

지금 천하의 토지를 헤아려 가장 좋은 것은 방전법(方田法)[58]에 의하여 240보(步)를 1무로 하고, 중간 정도의 것은 480보를 1무로 하고, 가장 낮은 것은 720보를 1무로 한다. 그리고 다시 360보와 600보를 1무로 짐작하여 (토지를) 5등분한다. 어린책(魚鱗冊)[59]의 번호는 1호(號)가 1무의 표준이 되고 쓸모 없는 군더더기로 단위 이하의 단수[奇零]에는 붙이지 않는다. 만일 여러 무가 동일한 구역인 것은 여러 개의 번호로 해도 무방하고, 1무가 여러 개의 구역으로 나뉘어 있는 것은 하나의 번호로 해도 무방하다. 토지의 등급을 세액의 경중(輕重)에 의하지 않고, 토지를 측량한 결과 좁고 넓은 것에 의해 정한다면 고르지 않은 것이 따라서 고르게 된다.

그러므로 토지 성분의 중간과 낮은 정도의 것은 바꾸어 경작하여 토지 성분이 좋은 것의 수확을 얻게 한다. 만일 여력이 있어서 모두 경작한다면 저것(中下의 토지) 2, 3무의 수입이 좋은 토지 1무의 수입과 그 양에 못지않을 것이다.

---

58) 북송대의 세법인 '방전균세법'(方田均稅法)을 약칭해서 '방전'이라고 한다. 이것은 동서남북 각 1천 보를 1방(方)이라 하고 토질에 따라서 5등분하여 세액을 결정한다. 왕안석이 집정하였을 때 시행하려고 하였지만 대토지 소유주들의 반대로 시행되지 못하고 1085년 폐지되었다.

59) 토지측량의 원부(原簿)로 이것은 부역을 부과하기 위해 편찬한 토지대장이다. 본래 '어린'(魚鱗)은 물고기의 비늘로 비늘처럼 죽 늘어선 모양을 나타낼 때 쓴다. 여기서는 책 도면상의 토지의 배열 모양이 이와 같다고 해서 쓴 것이다. 송대에 이것을 편찬하여 시행하려고 하였으나 실패하였고, 명대 1387년에 각 주현에 명하여 이를 작성하고 징세의 기준으로 삼았다. 비교적 완벽한 토지기록 자료이다.

「田制 三」

或問"井田可復, 既得聞命矣, 若夫定稅則如何而後可?"曰：斯民之苦暴稅久矣. 有積累莫返之害, 有所稅非所出之害, 有田土無等第之害.

何謂積累莫返之害? 三代之貢助徹, 止稅田土而已. 魏晉有戶調之名, 有田者出租賦, 有戶者出布帛, 田之外復有戶矣.

唐初立租庸調之法, 有田則有租, 有戶則有調, 有身則有庸. 租出穀, 庸出絹, 調出繒纊布麻, 戶之外復有丁矣. 楊炎變爲兩稅, 人無丁中, 以貧富爲差, 雖租庸調之名渾然不見, 其實併庸調而入於租也. 相沿至宋, 未嘗減庸調於租內, 而復斂丁身錢米. 後世安之, 謂兩稅, 租也, 丁身, 庸調也, 豈知其爲重出之賦乎? 使庸調之名不去, 何至是耶!

故楊炎之利於一時者少, 而害於後世者大矣. 有明兩稅, 丁口而外, 有力差, 有銀差, 蓋十年而一值. 嘉靖末行一條鞭法, 通府州縣十歲中夏稅秋糧存留起運之額, 均徭里甲土貢顧募加銀之例, 一條總徵之, 使一年而出者分爲十年, 及至所值之年一如餘年, 是銀力二差又併入於兩稅也. 未幾而里甲之值年者, 雜役仍復紛然. 其後又安之, 謂條鞭, 兩稅也; 雜役, 值年之差也, 豈知其爲重出之差乎? 使銀差力差之名不去, 何至是耶!

故條鞭之利於一時者少, 而害於後世者大矣. 萬曆間, 舊餉五百萬, 其末年加新餉九百萬, 崇禎間又增練餉七百三十萬. 倪元璐爲戶部, 合三餉爲一, 是新餉練餉又併入於兩稅也.

至今日以爲兩稅固然, 豈知其所以亡天下者之在斯乎? 使練餉新餉之名不改, 或者顧名而思義, 未可知也. 此又元璐不學無術之過也. 嗟乎! 稅額之積累至此, 民之得有其生也亦無幾矣. 今欲定稅, 須反積累以前而爲之制. 授田於民, 以什一爲則; 未授之田, 以二十一爲則. 其戶口則以爲出兵養兵之賦, 國用自無不足, 又何事於暴稅乎!

何謂所非所出之害? 古者任土作貢, 雖諸侯而不忍强之以其地之所無, 況於小民乎! 故賦穀米, 田之所自出也; 賦布帛, 丁之所自爲也. 其有納錢者, 後世隨民所便, 布一匹, 直錢一千, 輸官聽爲九百. 布直六百, 輸官聽爲五百, 比之民間, 反從降落. 是錢之在賦, 但與布帛通融而已. 其田土之賦穀米, 漢唐以前未之有改也. 及楊炎以戶口之賦倂歸田土, 於是布帛之折於錢者與穀米相亂, 亦遂不知錢之非田賦矣. 宋隆興二年, 詔溫台徽不通水路, 其二稅物帛, 許依折法以銀折輸. 蓋當時銀價低下, 其許以折物帛者, 亦隨民所便也.

然按熙寧稅額, 兩稅之賦銀者六萬一百三十七兩而已. 而又穀賤之時常平就糴, 故雖賦銀, 亦不至於甚困. 有明自漕糧而外, 盡數折銀. 不特折錢之布帛爲銀, 而歷代相仍不折之穀米, 亦無不爲銀矣; 不特穀米不聽上納, 卽欲以錢准銀, 亦有所不能矣. 夫以錢爲賦, 陸贄尙曰"所供非所業, 所業非所供", 以爲不可, 而況以銀爲賦乎! 天下之銀旣竭, 凶年田之所出不足以上供, 豐年田之所出足以上供, 折而爲銀, 則仍不足以上供也, 無乃使民歲歲皆凶年乎? 天與民以豐年而上復奪之. 是有天下者之以斯民爲讐也. 然則聖王者而有天下, 其必任土所宜, 出百穀者賦百穀, 出桑麻者賦布帛, 以至雜物皆賦其所出, 斯民庶不至困瘁爾!

　何謂田土無等第之害？周禮大司徒，不易之地家百畝，一易之地家二百畝，再易之地家三百畝．是九則定賦之外，先王又細爲之等第也．今民間田土之價，懸殊不啻二十倍，而有司之徵收，畫以一則，至使不毛之地歲抱空租，亦有歲歲耕種，而所出之息不償牛種．小民但知其爲瘠土，向若如古法休一歲二歲，未始非沃土矣．官府之催科不暇，雖欲易之，惡得而易之？何怪夫土力之日竭乎！吾見有百畝之田而不足當數十畝之用者，是不易之爲害也．

　今丈量天下田土，其上者依方田之法，二百四十步爲一畝，中者以四百八十步爲一畝，下者以七百二十步爲一畝．再酌之於三百六十步六百步爲畝，分之五等．魚鱗册字號，一號以一畝準之，不得贅以奇零．如數畝而同一區者不妨數號，一畝而分數區者不妨一號．使田土之等第，不在稅額之重輕而在丈量之廣狹，則不齊者從而齊矣．是故田之中下者，得更番而作，以收上田之利．如其力有餘也而悉耕之，彼二畝三畝之入，與上田一畝較量多寡，亦無不可也．

10
병사제도

【1】

　명대의 병제(兵制)는 세 번 변하였다. 위소(衛所)¹⁾의 병제가
변하여 소모(召募)²⁾가 되고 숭정·홍광 연간에 이르러 또 변
하여 대장의 둔병(屯兵)³⁾이 되었다.

---

1) 명대의 방위(防衛)제도이다. 명초 중앙과 지방의 각 요새에 위소를
　설치하고, 여러 개의 부(府)에 하나의 위(衛)를 두었는데, 위 아래
　천호소와 백호소를 세웠다. 위는 5천여 명을 통치 관할한다. 각 위
　소는 각 성도(省都)의 지휘사(指揮司 : 都司)가 관할하였고, 중앙의
　오군도독(五軍都督)이 총괄하였다. 그러나 후에는 위소의 의무가 많
　아지면서 이탈하는 병사가 늘어났고, 결국에는 모병제인 소모로 개
　정되었다.
2) 모병(募兵)제도를 말한다. 명초 군사제도는 세습제였는데, 이같은
　제도의 폐단이 날로 심해지자 모병제로 개정하였다.
3) 군대가 국경을 수비하면서 군인들 가운데 일부는 국경 방어에 종사
　하고, 일부는 황무지 개간에 종사하는 제도를 말한다. 홍무(1368~
　98)년간에 처음 시행되었고, 후에 둔병제도로 확립되었다.

위소의 폐단은 관군(官軍) 3백13만8천3백 명이 모두 백성들에게 식량을 의존한 것이다. 서북지방의 국경 병사 30만 명을 제외하고는 외침을 막고 혼란을 평정하기 위해 부득불 병사를 두고 그들을 양성해야 했다. 병사를 농업에서 분리시켰으나, (이것은) 불가한 일이다. 또한 군(軍)을 병(兵)에서 분리시켰는데,[4] 이것은 한 천하의 백성이 두 천하의 병사를 양성하는 것이다.

소모의 폐단은 예컨대 동쪽에서 전란이[5] 일어났을 때, 안가(安家)[6]・행량(行糧)[7]・마필(馬匹)・갑장(甲仗)[8]의 비용이 수백만 금에 달하고, 병사 10여만 명을 얻었어도 3만 명의 선발된 이들을 당하지 못하여 천하가 이미 소동이 난 것과 같은 것이다.

대장 둔병의 폐단은 무리를 이끌고 자위하는 데 적과 더불어 거래를 하고 약탈하고 살인하여도 문책하지 못하며 군주가 명령하여 불러도 이행하지 않으며, 내가 양성한 군사를 이끌고 도리어 나를 공격하는 것이 곧 그 사람이다.

명나라가 멸망한 까닭이 이 세 가지에 있지 않은가?

---

4) 명대의 군은 위소의 군사로 성과 국경 방어가 주된 임무였다. 군사는 세습제였고 조정에서 식량을 배급하였다. 병은 군사상 필요로 하는 물품을 공급하는 모집된 군인이다. 둔전에서 경작하며 군대의 필요한 식량과 물품을 제공하였다. 앞의 「토지제도」 3의 주 49번 '연향'(練餉)에 대한 내용 참조.
5) 조선의 임진왜란과 정유재란을 가리킨다.
6) 전쟁에 나간 병사의 가족에 대한 급여이다.
7) 전쟁터에 나간 병사에게 지급하는 식량이다.
8) 무기와 장비.

어떤 사람은 말하기를 위소의 병제가 소모제도로 변한 것은 부득이해서 그렇게 된 것이며, 소모제도가 대장 둔병제로 변한 것은 추세가 그랬던 것이며, 제도가 그런 것이 아니라고 한다.

원래 위소는 그것이 제도로서 좋지 않은 것은 아니었다. 한 개 진(鎭)의 병사가 한 개 진의 지역을 방어하는 데 충분하고, 일개 군대의 경작지가 일개 군대의 비용을 넉넉히 충당하여 위소와 둔전은 서로 겉과 속이 되는 것이다. 그후 군대가 줄고 경작지에 사람이 없어 둔전에서 생산된 양식[屯糧]이 부족하였다. (다시 말해) 객병(客兵)은 늘었는데 앉아 먹기만 하는 사람은 많아 둔량이 부족했던 것이다. 이에 일반 백성들이 생산한 양식의 공출[民糧]을 늘리고, 또 염량(鹽糧), 즉 염세(鹽稅)를 늘리고, 또 각 지방에서 중앙으로 운송하는 양식[京運]을 늘리면서 위소의 제도가 비로소 사라지게 되었다.

북경을 도읍으로 정한 이후 매년 배로 실어나른 곡식[漕運米]이 4백만 석이다. (이것은) 12명의 총령(總領)이 위(衛) 140기(旗),[9] 군대 12만 6,800명을 통솔하며 1년씩 교대로 당번이 되어 날랐는데, 월량(月糧, 월급여)이 있고, 행량(行糧)이 있어서 한 사람이 두 사람의 양식을 겸하여 가진 것이다. 이것이 매년 25만 3600명이 경작하지 않고 식량만 축내는 군이다. 이것은 또 위소제도가 운송하는 문제로 없어졌다는 것이다.

---

9) 군대를 가리킨다. 청대에는 깃발의 색깔에 따라 군대를 구별하였다.

중도(中都)[10]·대령(大寧)[11]·산동·하남 부근의 위소는 윤번제로 돌아가며 중앙에 올라가 조련하였다. 봄에 근무하는 경우는 3월에 가서 8월에 돌아왔고, 가을에는 9월부터 2월까지 근무하고 돌아왔다. (이들에게는) 월량이 있고 행량이 있어서 한 사람이 두 사람의 식량을 겸하였다. 매년 경작하지 않고 식량을 먹는 군이 20여 만 명이다. 이것은 또 위소제도가 중앙에 올라와서 조련하는 것 때문에 폐지되었다는 것이다.

한 지역에 일이 있으면 각 지역의 군대를 징발하였는데, 징발에 응한 자는 이 지역의 새로운 급여를 받았고, 그 가구(家口)는 또 각 지역에서 이전에 받던 급여를 (계속) 받았다. 구병(舊兵)이 돌아오지 않으면 각 지역에서는 보충하지 않으면 안 된다. 한 명을 보충하면 또 한 명에 대한 새로운 급여를 더해야 한다. (결국) 이것은 한 명의 병사에게 세 명분의 급여를 주는 것이다. 위소제도는 여기에 이르러 무너지고 지탱할 수 없게 되었다. 이것은 모두 말세의 폐단으로 그 처음의 제도가 어찌 이와 같았겠는가!

자기 설을 주장하는 자는 "말세의 폐단 또한 그 제도가 좋지 않은 것에서 나온 결과이다. 제도가 좋지 않으면 군과 백성이 크게 분리된다"라고 할 것이다.

대개 사람들의 체력은 30년을 넘지 못하고, 70세를 기준으로 해서 헤아린다면 40년 동안은 노약자로 지낸다. 군인이

---

10) 주원장의 출신지를 가리키며, 지금의 안휘성이다.
11) 지금의 하북성 이북 내몽고 이남을 말한다.

다시 돌아가 백성이 될 수 없다면 한 군인이 군대에 있으면서 노약자로 또한 40년을 보내는 것이다. 이와 같다면 어찌 소모가 아니겠는가?

누군들 고향에 대한 생각이 없겠는가? 지금 징발해서 충당한 자들은 멀게는 만 리, 가깝게는 천여 리의 먼 거리여서 그 지역의 풍토[土性]를 위반하거나 죽고 다치고 도망하는 자가 10명 중 8, 9명이다. 이와 같다면 어찌 소모가 아니겠는가?

또한 도읍을 북경으로 정하고 2백여 년이 흐르면서 천하의 재부를 다 착취하여 북경에 모아놓았으니, 동남지방 백성들의 노동력[民力]을 고갈시킨 것은 군대가 아니겠는가?

어떤 사람이 말하기를 "기전(畿甸)[12]의 백성 태반이 군인이다. 지금의 호구(戶口)로 계산하여 급여를 주었기 때문에 천하가 흉년이 들어도 기전의 백성들은 곤경에 처하지 않았다. 이것이 그 무익한 것을 분명히 알면서도 그만두지 못한 것"이라고 한다.

이와 같다면 양병(養兵)이 아니라, 곧 양민(養民)이다. 천하의 백성들이 경작하지 않아도 위에서 양육해주기를 기다린다면 천하에 농사짓는 것은 누가 담당하겠는가? 동남지방의 백성들이 어찌 죄가 있으리요! 양군(養軍)하기 위해서 백성들에게 미치어 양육하지 못하는 것인데, 오히려 그 제도가 좋다고 할 수 있겠는가?

내가 생각하기에 천하의 병사는 마땅히 인구에서 취해야

---

12) 옛날 제왕의 소재지 주변 1천 리 안쪽을 말한다.

한다. 천하의 병사들을 양성하기 위해서는 마땅히 호(戶)에서 취해야 한다. 인구에서 취할 경우 훈련할 때에는 50명 중 2명을 내고, 징발[調發]할 때에는 50명 중 1명을 낸다. 호에서 취할 경우 징발된 병사는 10호에서 한 명을 부양하고, 훈련하는 병사는 부양하는 데 도움을 주지 않는다.

만일 만력 6년(1578)의 호구 수로 말하자면 인구 6,069만 2,856명이니, 병사 121만 3,857명을 얻을 수 있다. 호구가 1,062만 1,436가구이니, 병사 106만 2,143명을 부양할 수 있다. 50명의 인구 중 한 명을 낸다면 그 일이 무거운 것이 아니다. 10가구에서 한 사람을 부양한다면, 그 비용은 곤란한 것이 아니다. 천하에 병사가 120여 만 명이 차도, 또한 적은 것이 아니다. 군주가 있는 지역[王畿]에서는 20만 명이 교대로 방어 임무를 맡아도, 또한 천 리를 넘지 않는다.

가령 도읍을 금릉(金陵)에 둘 것 같으면 도성 방어를 하는 자는 단지 금릉에 소속된 군읍에서 다 충당되어 다른 성이 관여하지 않아도 된다. 금릉의 인구가 1,050만 2,651명이니 뛰어난 병사 21만 500명을 얻을 수 있다. 10만 명으로 각각의 군읍을 지키게 하고, 10만 명으로 도성을 지키게 한다. 다음 해에는 군읍을 지키던 사람들이 도성에 들어와 지키고, 도성을 지키던 사람들이 군읍을 지키러 돌아간다. 또 다음해에는 징발한 (병사를) 훈련하는 병사들과 함께 근무하게 한다. 징발되었던 사람은 급여를 중지하고 귀가시켜 다만 훈련만 받게 한다. 50명 중 한 명을 내고, 또 4년이 지나야 비로소 한 번 복무하는 것이다.

(이것은) 한 사람으로 헤아린다면 20세에 군에 입대하였다가 50세에 군대를 나와 시종 30년간 단지 일곱 차례 순차적으로 근무한 것일 따름이다. 그리고 또한 천리 밖을 나가지 않았으니, 그 병사가 맡은 것도 지나치게 힘든 것이 아니다.

국가에 양병(養兵)의 비용이 들지 않는다면 나라는 부유해진다. 군대에 늙거나 어린 사병이 없으면 군대는 강하다. 군주가 부국강병을 추구하려고 하는데, 병사와 백성은 크게 분리되어서 당송 이래로 비록 이런 제도보다 저런 좋은 것이 있었으나 병사의 폐해를 받은 것은 명대와 같은 때는 없었다.

「兵制 一」

有明之兵制, 蓋三變矣. 衛所之兵, 變而爲召募, 至崇禎弘光間又變而爲大將之屯兵. 衛所之弊也, 官軍三百十三萬八千三百, 皆仰食於民. 除西北邊兵三十萬外, 其所以禦寇定亂者, 不得不別設兵以養之. 兵分於農, 然且不可. 乃又使軍分於兵, 是一天下之民養兩天下之兵也.

召募之弊也, 如東事之起, 安家行糧馬匹甲仗費數百萬金, 得兵十餘萬而不當三萬之選, 天下已騷動矣. 大將屯兵之弊也, 擁衆自衛, 與敵爲市, 搶殺不可問, 宣召不能行, 率我所養之兵反而攻我者, 卽其人也. 有明之所以亡, 其不在斯三者乎?

議者曰: 衛所之爲召募, 此不得已而行之者也, 召募之爲大將屯兵, 此勢之所趨而非制也. 原夫衛所, 其制非不善也. 一鎭之兵足守一鎭之地, 一軍之田足贍一軍之用, 衛所屯田, 蓋相表裏者也. 其後軍伍銷耗, 耕者無人, 則屯糧不足. 增以客兵, 坐食者衆，則屯糧不足．於是益之以民糧，又益之以鹽糧，又益之以京運，而衛所之制始破壞矣．都燕而後，歲漕四百萬石，十有二總領衛一百四十旗，軍十二萬六千八百人，輪年值運，有月糧，有行糧，一人兼二人之食．是歲有二十五萬三千六百不耕而食之軍矣．此又衛所之制破壞於輪輓者也．中都大寧山東河南附近衛所，輪班上操．春班以三月至八月還，秋班以九月至二月還．有月糧，有行糧，一人兼二人之食．是歲有二十餘萬不耕而食之軍矣．此又衛所之制破壞於班操者也．一邊有事則調各邊之軍，應調者食此邊之新餉，其家口又支各邊之舊餉．舊兵不歸，各邊不得不補．補一名又添一名之新餉．是一兵而有三餉也．衛所之制，至是破壞而不可支矣．凡此皆末流之弊，其初制豈若是哉！

爲說者曰："末流之弊，亦由其制之不善所致也．制之不善，則軍民之太分也．"凡人膂力不過三十年，以七十爲率，則四十年居其老弱也．軍既不得復還爲民，則一軍之在伍，其爲老弱者亦復四十年．如是而焉得不銷募乎？鄉井之思，誰則無有？今以謫發充之，遠者萬里，近者千餘里，違其土性，死傷逃竄十常八九．如是而焉得不銷耗乎？且都燕二百餘年，天下之財莫不盡取以歸京師，使東南之民力竭者，非軍也耶？

或曰："畿甸之民大半爲軍，今計口而給之，故天下有荒歲而畿甸不困．此明知其無益而不可已者也．"曰：若是，則非養兵也，乃養民也．天下之民不耕而待養於上，則天下之耕者當何人哉？東南之民奚罪焉！夫以養軍之故至不得不養及於民，猶可謂其制之善與？

余以爲天下之兵當取之於口, 而天下爲兵之養當取之於戶. 其取之口也, 敎練之時五十而出二, 調發之時五十而出一. 其取之戶也, 調發之兵十戶而養一, 敎練之兵則無資於養. 如以萬曆六年戶口數目言之, 人口六千六十九萬二千八百五十六, 則得兵一百二十一萬三千八百五十七人矣.   人戶一千六十二萬一千四百三十六, 則可養兵一百六萬二千一百四十三人矣. 夫五十口而出一人, 則其役不爲重. 一十戶而養一人, 則其費不爲難. 而天下之兵滿一百二十餘萬, 亦不爲少矣. 王畿之內, 以二十萬人更番入衛, 然亦不過千里. 假如都金陵, 其入衛者但盡金陵所屬之郡邑, 而他省不與焉. 金陵人口一千五十萬二千六百五十一, 則得勝兵二十一萬五百. 以十萬各守郡邑, 以十萬入衛. 次年則以守郡邑者入衛, 以入衛者歸守郡邑. 又次年則調發其同事敎練之兵. 其已經調發者則住糧歸家, 但聽敎練而已. 夫五十口而出一人, 而又四年方一行役, 以一人計之, 二十歲而入伍, 五十歲而出伍, 始終三十年, 止歷七踐更耳. 而又不出千里之遠, 則爲兵者其任亦不爲過勞.

國家無養兵之費則國富, 隊伍無老弱之卒則兵强. 人主欲富國强兵而兵民太分, 唐宋以來但有彼善於此之制, 其受兵之害, 未嘗不與有明同也.

【2】

국가가 평안할 때 무인(武人)으로 장군에 이른 자는 문신

(文臣)을 방문하여 간섭을 받아야 했으니 계급의 차이가 심하였다. 또한 반드시 군복을 입어야 하고 왼손은 칼을 잡고 오른손은 활과 화살을 쥐고 모자를 쓰고 군화를 신고 빠른 걸음으로 조정에 들어가 예를 갖추었으며 그 문 앞에서는 스스로 주구(走狗)라 하고 물러서서 노예들과 나란히 했다.[13]

전쟁이 일어난 이후 천자에게 진언하는 자가 "오늘날 무신을 중히 여기지 않기 때문에 무공(武功)이 서지 않는다"고 말했다. 이에 의종황제(毅宗皇帝, 1628~44)는 장군을 임명하고 문신의 제약을 받지 않게 하였다. (그런데) 2, 3년이 못되어 무신들이 민중을 끼고 적과 내통하고 노략질을 일삼았다. 이자성이 북경에 침입하였을 때 삼보(三輔)[14]에서 청(青)·제(齊)[15]에 이르는 모든 진(鎮)이 즐비하게 군영을 설치하였다. 천자가 (그들을) 제후로 봉하고 환심을 사려고 하였으나, 마침내는 화살 하나라도 원조하려고 들어오는 이가 없었다. 아아! 의종이 무신을 중요하게 여긴 결과가 이와 같도다!

그렇다면 무신은 본래 중요하게 여길 것이 아닌가?

(대답은 이렇다.) 의종은 무신을 가볍게 여긴 것이며, 무신을 중요하게 생각한 것이 아니다. 무신에게서 중요한 것은

---

13) 이 내용은 한유의 「송정상서서」(送鄭尙書序)와 같다.

14) 한대 경제 2년(기원전 155) 장안 부근을 경조윤(京兆尹)·좌풍익(左馮翊)·우부풍(右扶風)으로 나누었는데 이를 '삼보'라고 하였다. 그후 여러 번 개조되긴 하였지만 습관상 여전히 경기지역을 구분해서 '삼보'라고 칭했고, 왕왕 서울 주변지역을 가리키는 표현으로 사용하였다.

15) 둘 다 오늘날 산동성에 위치하고 있는데, 곧 청주(青州)와 제남(濟南)을 말한다.

장군(將軍)이다. 탕왕(湯王)이 걸(桀)을 정벌할 때 이윤(伊尹)이 장군이 되었고, 무왕(武王)이 상(商)나라에 입성할 때 태공(太公)이 장군이 되었고, 진(晉)나라가 육군(六軍)¹⁶⁾을 설치할 때 그 장군이 된 자는 모두 육경(六卿)에서 선발되었다.

명나라가 비록 그 제도를 잘못 이용하여 총병(總兵)에 모두 무인(武人)을 기용했으나, 반드시 독순(督巡) 혹은 경략(經略)¹⁷⁾의 절제(節制)를 받도록 하였다. 독무(督撫)·경략은 장군이고, 총병(總兵)은 편비(偏裨)¹⁸⁾이다. 총병에게 장군의 명목은 있으나, 장군의 실제는 없다. 이것 또한 불가한데, 하물며 그에게 실제적인 일을 준다는 것임에랴!

국가를 편안케 하고 사직을 보전하는 것은 군자의 일이다. 지시를 받아서 힘을 쓰는 것은 소인의 일이다. 국가 사직의 일이 어디에 장군의 일보다 큰 것이 있는가? 소인으로 하여금 그것을 위해 근심하게 한다고 또한 어찌 군자보다 귀하다고 하겠는가? 지금 천하의 대업을 소인에게 맡긴다면 무신을 중시하는 것인가? (아니면) 무신을 경시하는 것인가?

그러므로 의종과 함께 죽음을 따른 사람들은 모두 문신이다. 그때 하나의 군대를 주어 적과 마주하다 죽게 되어도 10

16) 진대(晉代) 영(領)·호(護)·좌위(左衛)·우위(右衛)·효기(驍騎)·유륙(游陸)을 육군(六軍)이라고 하였다.
17) '독순혹경략'(督巡或經略)은 독무(督撫)·총독(總督)·순무(巡撫)를 합해서 말한 것이다. 총독·순무는 남북조시대 처음 나타난 직함이다. 당대에는 독무를 경략이라고도 하였다.
18) 편장(偏將)과 비장(裨將)을 말한다. 이들은 장군을 보좌하는 역할을 한다.

명 중 한둘은 (생명을) 보전할 수 있었다. (그런데) 어찌하여 성이 파괴되는 날 자살하기에 이르렀을까? 그런 까닭에 군현에서 의병을 일으킨 것은 모두 문신과 유생(儒生)이다. 그때 (그들의) 손을 빌려서 일을 하였다면 승부 또한 알 수 없었을 것이다. 어찌 시정의 사람들을 몰아서 싸우게 하여 잔혹하게 죽게 하였는가?

저 무인(武人)의 장군된 자가 바야흐로 폭풍이나 구름처럼 일어나 옛날에는 감히 한 사람의 적에도 대항하지 못했는데 (지금은) 시세를 타고 기치를 바꿔 각기 예리한 칼을 가지고 썩은 것을 무찌르려고 한다. 포영(鮑永)[19]이 이른바 그 무리로서 부귀를 바랐다. 이후 평화스런 때 (그들 무인을) 노예처럼 대우한 것이 잘못이 아니라는 것을 알았다.

그렇다면 팽월(彭越)과 경포(黥布)[20]는 옛날의 훌륭한 장군이 아닌가?

(그 대답은 이렇다.) 팽월과 경포는 한나라 왕의 장수가 아

---

19) 후한초 상서복사(尚書僕射)를 지내고 후에 간의대부(諫議大夫)·사예교위(司隷校尉)을 지냈다.

20) 두 사람 모두 진(秦)나라 말의 봉기군의 수령이다. 팽월은 창읍(昌邑)사람으로 진나라 말기 군사를 모아 봉기하여 한고조 2년(기원전 205년) 유방에 귀의하였다. 그후 양(梁)을 공격하여 양왕에 봉해졌다. 후에 모반 혐의를 받고 삼대가 멸하는 벌을 받았다. 경포는 원래 이름이 영포(英布)였는데, 범법자로 얼굴에 묵형을 받은 이후 경포라고 불렸다. 진나라 말기 봉기하였다가 후에 항우에게 귀속되어 구강왕(九江王)에 봉해졌다. 유방과 항우가 다툴 때 그는 다시 유방에 귀속되어 회남왕(淮南王)에 봉해졌고, 유방과 함께 항우를 물리쳤다. 고조 11년(기원전 196) 경포는 군사를 일으켜 한에 항거하다 장사(長沙)로 패주하였고, 후에 유방에게 죽었다.

니다. 경포와 팽월은 한나라 왕에게 도움을 준 적이 없고 한나라 왕이 그들의 힘을 빌린 것이다. 마치 병을 치료하는 자가 오훼(烏喙)와 여노(藜蘆) 같은 독초(毒草)를 복용하는 것과 같다. 사람들이 팽월과 경포의 공적을 보고 무인의 장군으로 삼으려고 하였지만, 그것도 역시 오훼와 여노 같은 독 있는 풀이 병을 치료할 수 있다고 해서 항상 복용하려는 것과 같다.

저 조악하고 포악한 무리가 세상의 쇠퇴함을 틈타 천하의 질서를 혼란하게 만든다. 우리가 권력을 그들에게 주어 그들로 하여금 열쇠를 마음대로 하게 할 수 있는가! 그렇다면 숙손통(叔孫通)[21]이 장군의 목을 베고 기를 빼앗은 자를 오로지 말하고 유생(儒生)에 대해서는 말하지 않은 것은 무엇 때문인가?

(그 대답은 이렇다.) 그때 한나라 왕은 이미 한신(韓信)[22]을 장군으로 삼고 있었기 때문에 저 숙손통이 진언한 자는 머리를 가지고 머리와 다투고 힘을 가지고 힘과 싸우는 병사일 따름이다. 어찌 장군을 말하겠는가?

그러면 건장하고 죽음을 가볍게 생각하고 무술에 뛰어난

---

21) 진한대 유생으로 설현(薛縣, 지금의 산동 棗莊薛城北) 사람이다. 진나라에서 박사가 되었는데, 나중에 항우에 귀속되었다가 다시 유방에게 돌아가 박사가 되었다. 한 왕조가 건립된 이후 유생들과 함께 조정의 의식을 제정하고 태자태부(太子太傅)가 되었다.

22) 한초 회음(淮陰) 사람이다. 처음에는 항우에게 속해 있다가 유방에게 귀속되어 대장군이 되었다. 한나라가 건립된 후 초왕(楚王)에 봉해졌다. 소하(蕭何)·장량(張良)과 함께 '한흥삼걸'(漢興三杰)이라 불렸다. 고조 6년(기원전 201) 모함에 빠져 회음후(淮陰侯)로 강등되었다. 후에 다시 모함을 당해 처형되었다.

자는 귀하지 않은가?

(그 대답은 이러하다.) 건장하고 죽음을 가볍게 여기고 무술에 뛰어난 것은 사람에게는 마치 정교하고 치밀하며 견고하고 예리한 것이 무기와 갑옷에 있는 것과 같다. 활은 반드시 옻칠한 것이 없어야 하고, 대장장이는 반드시 원호(援胡)[23]에 대칭의 균형을 잡고자 하며, 갑옷은 반드시 아래위가 모두 견고하여야 하며, 사람은 반드시 건장하고 죽음을 가볍게 여기고 무술에 뛰어나야 하는데, 이것은 모두 그 도리가 하나이다.

무기와 갑옷의 정교함과 치밀함, 견고함과 예리함을 이용하는 것은 사람이다. 사람의 건장함과 죽음을 가볍게 여김과 무술에 뛰어남을 이용하는 것은 장군이다. 지금 건장하고 죽음을 가볍게 여기고 무술에 뛰어난 사람을 장군으로 삼을 수 있다면 정교하고 치밀하며 견고하고 정밀한 무기와 갑옷이 사람을 기다리지 않고도 싸울 수 있을 것이다.

「兵制 二」

國家當承平之時, 武人至大帥者, 干謁文臣, 卽其品級懸絶, 亦必戎服, 左握刀, 右屬弓矢, 帕首袴鞾, 趨入庭拜, 其門狀自稱走狗, 退而與其僕隷齒. 兵興以後, 有言於天子者曰:"今日不重武臣, 故武功不立." 於是毅宗皇帝專任大帥, 不使文臣節制. 不二三年, 武臣擁衆, 與賊相望, 同事虜略. 李賊入京師,

---

23) 고대사회에서 기구를 연마할 때 필요로 하는 일종의 기술이다.

三輔至於靑齊諸鎭, 櫛比而營. 天子封公侯結其歡心, 終莫肯以一矢入援. 嗚呼, 毅宗重武之效如此!

然則武固不當重與? 曰: 毅宗輕武而不重武者也. 武之所重者將; 湯之伐桀, 伊尹爲將; 武之入商, 太公爲將; 晉作六軍, 其爲將者皆六卿之選也. 有明雖失其制, 總兵皆用武人, 然必聽節制於督撫或經略. 則是督撫經略, 將也, 總兵, 偏裨也. 總兵有將之名而無將之實. 然且不可, 況竟與之以實乎! 夫安國家, 全社稷, 君子之事也; 供指使, 用氣力, 小人之事也. 國家社稷之事, 孰有大於將? 使小人而優爲之, 又何貴乎君子耶? 今以天下之大託之於小人, 爲重武耶, 爲輕武耶?

是故與毅宗從死者, 皆文臣也. 當其時, 屬之以一旅, 赴賊俱死, 尙冀十有一二相全, 何至自殊城破之日乎? 是故建義於郡縣者, 皆文臣及儒生也. 當其時, 有所藉手以從事, 勝負亦未可知. 何至驅市人而戰, 受其屠醢乎? 彼武人之爲大帥者, 方且颺浮雲起, 昔之不敢一當敵者, 乘時易幟, 各以利刃而齒腐朽. 鮑永所謂以其衆幸富貴矣. 而後知承平之時待以僕隸之未爲非也.

然則彭越黥布非古之良將與? 曰: 彭越黥布, 非漢王將之者也. 布越無所藉於漢王而漢王藉之. 猶治病者之服烏喙藜蘆也. 人見彭越黥布之有功而欲將武人, 亦猶見烏喙藜蘆之愈病而欲以爲服食也. 彼粗暴之徒, 乘世之衰, 竊亂天常. 吾可以權授之, 使之出落鈐鍵也哉! 然則叔孫通專言斬將搴旗之士, 儒生無所言進, 何也?

曰: 當是時, 漢王已將韓信, 彼通之所進者, 以首爭首, 以力搏力之兵子耳. 豈所謂將哉? 然則壯健輕死善擊刺者, 非所貴與?

曰：壯健輕死善擊刺之在人，猶精緻犀利在器甲也．弓必欲
無瀞，冶必欲援胡之稱，甲必欲上旅下旅札續之堅，人必欲壯健
輕死善擊刺，其道一也．器甲之精緻犀利，用之者人也．人之壯
健輕死善擊刺者，用之者將也．今以壯健輕死善擊刺之人而可使
之爲將，是精緻犀利之器甲可以不待人而戰也．

【3】

당송시대 이래 문무(文武)가 나뉘어 두 갈래가 되었다. 그
러나 그 직관은 안에서는 추밀원(樞密院)[24], 밖에서는 곤수(閫
帥)[25]·주군(州軍)이 여전히 문관과 무관을 섞어서 기용하였다.

오직 명나라만은 확고히 구분되어 서로 출입이 없었다. 문
신의 독무(督撫)는 비록 군사에 관여하지만 조절하고 통제만
했지, 병사와는 떨어져 종속관계가 없었다. 그래서 군에 종사
하는 자는 군의 회계업무를 볼 수 없고, 회계업무를 맡은 자
는 군에 종사할 수 없었다. 조절하고 통제하는 자는 병사를
조련할 수 없고, 병사를 조련하는 사람은 조절하고 통제할
수 없었다. 바야흐로 개의 이빨이 서로 맞물려 있는 것처럼
그 형세는 반역할 수 없다. 천하에 반역할 수 없는 사람은 있

---

24) 당대 처음 설치되었다. 중서성과 더불어 최고의 국무기관으로 군사
기밀 및 변경사무를 맡아 보았다. 명 태조가 이를 설치하고 스스로
추밀의 직무를 겸임하였으나 오래 지속되지 못하고 폐지되었다.
25) 성문의 문함(門檻), 곧 국문(國門)의 수장(守將)으로 군사를 주관하
는 사람을 가리킨다.

어도 아직 반역할 수 없는 법은 없다.

두목(杜牧, 803~852)[26]이 말한 '성현재능(聖賢才能)·다문박식(多聞博識)한 선비'는 반역할 수 없는 사람이다. 돼지나 개 같은 무리는 예의를 모르고 노략질을 좋아하며 거동이 가볍다. 분위기가 이완되어 있으면 우리의 조절과 통제를 받고 장부에 기재된 재물에 신경을 잘 기울인다. 분위기가 긴장되면 병사를 이끌고 스스로 엄중해져서 조절하고 통제를 하는 사람도 저절로 아래위가 정해진다. 숭정시대에 독무(督撫)로서 장군의 명령을 받지 않을 자가 있었는가? 이때 법이 없었던 것이 아니라 반역할 수 없는 것이 없었던 것이다.

명나라 무관의 직무제도는 안으로 도독부(都督府)[27]와 금의위(錦衣衛)[28]를 설치하고, 밖으로 21도사(都司)[29]·493위(衛)·359소(所)를 설치하였다. 평상시에는 좌우도독(左右都督)[30]·도지휘사(都指揮使)[31]·지휘사(指揮使)[32]가 있고, 각각 그

---

26) 당대 경조만년(京兆萬年) 사람으로 태화(太和) 2년(828)에 진사하였고, 후에 관직이 중서사인(中書舍人)에 이르렀다. 시가(詩歌) 방면에 걸출한 것 이외에도 여러 방면에 걸쳐서 다재다능하였으며, 『죄언』(罪言)을 저술하고 삭번(削藩)·강병(强兵)·고변(固邊)·반불(反佛) 등을 주장하였다. 여기서 제시된 문장은 『주손자서』(注孫子序)에 있다.

27) 각 시대마다 직책이 한결같지 않았다. 명대에 설치된 5군 도독부는 최고 군정기관이었다.

28) 명대 홍무 15년(1382)에 설립되었는데, 원래 황궁의 친위부대를 호위하고 황제의 출입시 의장을 관장하는 군대였다. 주원장은 군주의 전제를 강화하기 위해 특령으로 그들에게 형옥(刑獄)을 겸임시키고 순찰·체포의 권한을 주었다. 최고 장관은 지휘사였는데, 항상 외척·공신들이 맡아 하였다.

29) 명대 도지휘사사(都指揮使司)의 약칭이다.

밑에 동지(同知)·첨사(僉事)³³⁾ 및 천호(千戶)·백호(百戶)·진무(鎭撫)³⁴⁾의 직급이 있다. 군대에는 총병(總兵)·부장(副將)·참장(參將)·유격(遊擊)·천파총(千把總)³⁵⁾의 명칭이 있다. 모두 평상시의 직급을 폐지하고, 다만 군대(의 직급)만 남겨야 한다. 경영(京營)³⁶⁾의 병사는 병부상서(兵部尚書)가 곧 총병이 되고, 시랑(侍郎)이 곧 부장이 되며, 그에 속한 낭관(郎官)이 곧 각각 참장·유격을 나눠 맡는다.

(이렇게) 설치했는데, 혹 정벌이 있으면 장(將)은 중앙에서 나와 시랑이 인(印)을 걸고 병사의 일을 총괄하며, 낭관이 그것을 따르는 것은 경영과 같이 한다. 혹 순무(巡撫)를 장(將)으로 기용해서 순무가 인을 걸면 부장으로써 참정(參政)³⁷⁾에 속하게 하며, 참정은 군수(郡守)에 속하며, 전투장교가 용감

---

30) 명대의 중군(中軍)·좌군(左軍)·우군(右軍)·전군(前軍)·후군(後軍) 등 5부 도독부에 각각 좌우도독 및 도독동지(同知)·도독첨사(僉事) 등의 관직이 있었다. 좌우도독은 정1품이다.
31) 도사의 우두머리이다. 정2품이다.
32) 정3품이다.
33) 좌우도독과 도지휘사보다 한 단계 낮은 종3품·정4품에 해당한다.
34) 명대 위소병제에서 각각의 범위에 따른 책임자이다. 이들은 정5품에서 종6품관에 해당한다.
35) 이들 직책은 품계가 없고 정원도 없다. 전쟁이 나면 총병은 장군을 수행하여 출병하고 일이 끝나면 돌아온다. 후에 점점 무관으로 성장하였다. 부장(副將)은 부총병(副總兵)이고, 천파총은 파총이라고도 한다.
36) 중앙을 수비하는 군대. 지방의 위소와 오군도독부에서 선발된 병사로 구성된다.
37) 지방 정치를 담당하는 포정사사(布政使司)의 우두머리로 좌우포정사가 각각 한 사람 있고, 그 아래 좌우참정이 있다.

하고 과단성 있는 자를 그 사이에 섞어서 기용한다. 진실로
근세의 심희의(沈希儀)[38]·만표(萬表, 1498~1556)[39]·유대유
(兪大猷)[40]·척계광(戚繼光)[41] 같은 이들은 또한 병부를 맡기고
밖에서는 순무를 맡겨서 안 될 일이 없을 것이다.

　학자들이 오랫동안 장(將)이 되지 않은 이래로 병사를 기
용하는 시각은 첫째, 힘을 존중하는 일로서 건강한 자들에게
맡겨야 한다는 것이며, 둘째, 음흉한 모사로서 남을 위험한
데 빠뜨리는 사람을 써야 한다는 것이다.

　창[戈]을 들고 방패를 견주고 자루가 긴 창[矛]을 세우는
것은 사졸(士卒)들의 일이요, 장수의 일이 아니다. 한 사람이
힘으로 소문이 났어도 열 사람이 덤비면 그를 이긴다. 전쟁
이 일어난 이래 도시나 농촌 어디서나 힘이 남보다 조금 뛰
어난 자에게 일을 맡기고 그를 기사(奇士)로 대우하며, 마침
내 일개 졸병으로 기용하지 않는다.

---

38) 명대 귀현(貴縣, 지금의 귀주) 사람이다. 농민봉기와 반란을 진압
　한 공로로 승급하여 귀주 총병이 되었다.
39) 명대 절강 영파(寧波) 사람으로 자는 민망(民望), 호는 녹원(鹿園)
　이다. 정덕(正德, 1506~21)년간에 회시에 급제하고 조운(漕運)총
　병·첨서남경중군도독(僉書南京中軍都督)의 관직을 지냈다. 저술
　로 『완록정고』(玩鹿亭稿)·『해구의』(海寇議)·『만씨가초제세양방』
　(萬氏家鈔濟世良方)·『녹원어요』(鹿園語要) 등이 있다.
40) 명대 진강(晋江, 지금의 복건성) 사람이다. 왜구가 동남 연안을 침
　입했을 때 그는 척계광과 함께 군대를 이끌고 진격하여 여러 차례
　전공을 세웠다. 이후 광동 총병·복건 총병을 지냈다.
41) 명대 산동 봉래(山東蓬萊) 사람이다. 가정(嘉靖, 1522~66)년간에
　절강(浙江) 참장(參將)에 임명되었고, 왜군에게 누차 승리하면서
　총병으로 승진하였다.

만력 이래 장(將)은 실패를 가리고 공적을 꾸미면서 군주를 속이는 것이 어디엔들 이르지 않았겠는가(못하는 일이 없었다). 역시 (이것은 남을) 위험에 빠뜨리는 것이라 하겠다. 이것은 단지 군주에게만 그렇게 하였고 적들에겐 그렇지 못했다.

그렇다면 오늘날 패망한 까닭은 힘과 계략이 부족해서 그런 것이 아님을 알 수 있다. 문무를 합하여 하나로 하고 학자들은 병서(兵書)와 전쟁에 대한 책략이 자신의 분수 밖의 일이 아니라는 사실을 알고 그것을 익혀야 하며, 지나치게 고상한 논의만 해서는 안 된다는 것을 알아야 한다. 무신은 군주와 친하고 인민을 사랑하며 무(武)를 사용하는 것이 근본임을 알고, 난폭함을 능사로 여기지 않아야 한다. 그러면 모두가 반역할 수 없는 사람들이 될 것이다.

「兵制 三」

唐宋以來, 文武分爲兩途. 然其職官, 內而樞密, 外而閫帥州軍, 猶文武參用. 惟有明截然不相出入. 文臣之督撫, 雖與軍事而專任節制, 與兵士離而不屬. 是故涖軍者不得計餉, 計餉者不得涖軍. 節制者不得操兵, 操兵者不得節制. 方自以犬牙交制, 使其勢不可爲叛. 夫天下有不可叛之人, 未嘗有不可叛之法. 杜牧所謂「聖賢才能多聞博識之士」, 此不可叛之人也. 豪猪健狗之徒, 不識禮義, 喜虜掠, 輕去就. 緩則受吾節制, 指顧簿書之間. 急則擁兵自重, 節制之人自然隨之上下. 試觀崇禎時, 督撫曾有不爲大帥驅使者乎? 此時法未嘗不在, 未見其不可叛也.

有明武職之制, 內設都督府, 錦衣衛, 外設二十一都司, 四百

九十三衛, 三百五十九所. 平時有左右都督都指揮使指揮使, 各
係以同知僉事及千戶百戶鎭撫之級；行伍有總兵副將參將遊擊
千把總之名. 宜悉罷平時職級, 只存行伍. 京營之兵, 兵部尙書
卽爲總兵, 侍郎卽爲副將, 其屬郎官卽分任參遊. 設或征討, 將
自中出, 侍郎挂印而總兵事, 郎官從之者一如京營. 或用巡撫爲
將, 巡撫挂印, 卽以副將屬之參政, 參政屬之郡守, 其行間戰將
勇略冠軍者, 卽參用於其間. 苟如近世之沈希儀萬表兪大猷戚繼
光, 又未嘗不可使之內而兵部, 外而巡撫也.

自儒生久不爲將, 其視用兵也, 一以爲尙力之事, 當屬之豪健
之流；一以爲陰謀之事, 當屬之傾危之士. 夫稱戈比干立矛者,
士卒之事而非將帥之事也. 卽一人以力聞, 十人而勝之矣. 兵興
以來, 田野市井之間膂力稍過人者, 當事卽以奇士待之, 究竟不
當一卒之用. 萬曆以來之將, 掩敗飾功, 所以欺其君父者何所不
至, 亦可謂之傾危矣. 乃止能施之君父, 不能施之寇敵. 然則今
日之所以取敗亡者, 非不足力與陰謀可知矣. 使文武合爲一途,
爲儒生者知兵書戰策非我分外, 習之而知其無過高之論. 爲武夫
者知親上愛民爲用武之本, 不以麤暴爲能. 是則皆不可叛之人也.

11
회계제도

【1】

후대의 성왕(聖王)이 천하가 편안하고 부유해지기를 원하면 반드시 금은(金銀)으로 세금 내는 것을 폐지해야 한다.

옛날에는 가격을 표시하는 데 곡식과 비단을 가지고 가늠하였다. 그러므로 나라에 바치는 부세에 속미(粟米)의 세금과 포루(布縷)[1]의 세금이 있었던 것이다. 민간의 교역에 대해서 『시경』에는 "속(粟)을 가지고 점을 보러 나간다"[2]고 하고,

---

1) 『맹자』「진심」하에 "삼베(布)와 실(縷)에 대한 세금, 곡식에 대한 세금, 힘으로 부역하는 세가 있는데, 군자는 그 가운데 한 가지만 쓰고, 두 가지는 늦춘다. 두 가지를 함께 쓰면 백성들이 굶어 죽고, 세 가지를 함께 쓰면 부자간도 이산될 것이다"(有布縷之征, 粟米之征, 力役之征, 君子用其一, 緩其二. 用其二, 而民有殍, 用其三, 而父子離)라고 하였는데, 여기서 포루는 여름에 취하고, 곡식은 가을에 취하고, 힘으로 부역하는 것은 겨울에 취하였다. 이것을 한꺼번에 취하면 일반 백성들은 감내하기 어려웠다는 내용이다.

『맹자』에는 "교역할 때 남자는 속, 여자는 포(布)"[3]라고 하였다. 이때의 금과 은은 주옥(珠玉)과 다름없었고, 선물이나 장식에만 쓰였을 뿐이다. 삼대(三代) 이래로 사용한 것은 속백(粟帛)인데 전(錢)으로 가치를 쟀다. 그러므로 전과 속백은 서로 헤아림의 척도가 되었다.

한나라 장제(章帝, 76~88) 때 곡식과 비단의 가치가 귀하게 되자, 장림(張林)[4]은 "이것은 전(錢)이 많기 때문이니 마땅히 천하 백성으로 하여금 모두 포백(布帛)으로 조세를 내게 하고, 상인들도 모두 그것을 쓰게 하고, 전의 통용을 봉쇄하여 나가지 못하게 하면 물건 값이 떨어질 것이다"고 하였다.

위(魏)나라 명제(明帝, 227~239) 때, 전을 폐지하고 곡식을 썼다. 환현(桓玄, 369~404)[5]이 진(晋)나라의 재상이 되었을 때에도 역시 전을 폐지하였다. (그때) 공림지(孔琳之, 369~422)[6]가 말하기를 "선왕은 쓸모 없는 화폐를 만들어 쓸모 있

---

2) 『시경』「소아」 '소완'(小宛)에는 "조를 들고 가 점을 치는 것은 살길을 찾기 위함일세"(握粟出卜, 自何能穀)라 하였다.

3) 원래 원문에는 "그대가 공을 통하고 일을 서로 바꾸어 남는 것으로써 부족한 것을 도와주지 않는다면 농사꾼은 남아서 버리는 곡식이 있으며, 여자들은 남아서 버리는 삼베가 있을 것이다"(子不通功易事, 以羨補不足, 則農有餘粟, 女有餘布, 『맹자』「등문공」下)라고 되어 있다.

4) 한나라 장제 때 상서(尙書)를 지냈다. 여기 인용문은 『진서』(晋書)「식화지」에 있다.

5) 진대(晋代) 안휘 용항인(龍亢人). 대사마 환온(桓溫)의 서자로 자는 경도(敬道)이다. 안제(安帝, 397~418) 때(403년) 군사를 일으켜 칭제하였으나 오래 가지 못하고 망하였다.

6) 남조 송(宋) 때 사람으로 자는 언림(彦琳)이고, 절강 산음(山陰) 출신이다. 환현(桓玄) 때 서각제주(西閣祭酒)를 맡았고, 후에 어사중승

는 재화를 유통시켰는데, 이것은 전이 귀패(龜貝)와 같은 화폐기능을 했기 때문이다. 곡식과 비단은 본래 먹고 입는 데 충당하는 것으로, 이것을 나누어 화폐로 삼으면 상인들의 손에 훼손되고, 잘릴 뿐 아니라 쓸 때에 소모되고 버려져서, 이것의 폐해는 이전부터 현저하였다"고 하였다. 그렇다면 옛날 천하를 다스리는 자들은 비록 전과 곡식 및 비단을 혼용하였어도 전에 치중하지는 않았다는 것이다.

양(梁)나라[7] 초기에 오직 중앙과 삼오(三吳)[8]·형(荊 : 호북 荊門 일대)·영(郢 : 호북 무한 일대)·강(江 : 강서 九江 일대)·상(湘 : 湖南 長沙 일대)·양(梁 : 섬서 漢中 일대)·익(益 : 사천 성도 일대)에서만 전을 사용하였고, 그 나머지 주군(州郡)에서는 곡식과 비단을 섞어 썼으며, 교(交 : 越南河內 동북부)·광(廣 : 광동 광주) 지역에서는 온전히 금과 은을 화폐로 사용하였다.

진(陳)나라[9]는 전을 사용하고 아울러 석(錫)·철(鐵)·속·백을 함께 썼는데, 영남(嶺南 : 五嶺 이남 지역으로 월남 및 광주)에서는 염(鹽)·미(米)·포를 많이 썼으며, 교역하는 데

(御史中丞)이 되었다.

7) 남조의 한 나라로 소연(蕭衍, 양무제, 502~548)이 건강(建康)에 도읍을 정하고, 지금의 장강에서부터 주강 유역 일대를 통치하였다. 후에 진(陳)이 대를 이었다.

8) 여러 가지 설이 있다. 오군(吳郡)·오흥(吳興)·회계(會稽)라는 설과 오군·오흥·단양(丹陽)이라는 설, 그리고 소주·상주(常州)·호주(湖州)라는 설이 있다. 이 지역은 모두 장강 하류 지역 일대이다. 삼오 이하의 지명은 모두 주의 명칭이다.

9) 남조의 한 나라로 상기한 양나라를 이었다. 후에 수나라에 망했다.

전을 사용하지는 않았다.

북제(北齊)[10] 기주(冀州 : 지금의 하북 冀縣 일대)의 북쪽에
서는 전을 모두 사용하지 않았고, 교역하는 데에는 모두 견
포로 하였다.

후주(後周)[11] 하서(河西 : 황하 서쪽 일대)의 모든 군에서는
혹 서역[12]에서 가져온 금·은·전을 썼으나 관에서 금하지
않았다.

당나라 때에는 민간에서 포·백을 사용하는 곳이 많았고,
전을 사용하는 곳이 적었다. 대력(大曆 : 766~779) 이전에는
영남에서 전을 사용하는 이외에 금은·단사(丹砂)·상아(象
牙)를 섞어 썼다. 정원(貞元) 20년(804)에는 시정에서 교역하
는데, 능라(綾羅)·견포·잡화(雜貨)를 전과 함께 사용하게 하
였다. 헌종(憲宗, 806~820)은 천하에 명하여 "천하의 은산(銀
山)에는 반드시 동(銅)이 있다. 다만 은은 사람에게 무익하니,
오령 이북에서 은 한 량을 채취한 자는 다른 주로 유배시키
고 관리는 논죄한다"[13]고 하였다. 원화(原和) 6년(811)에는 무

---

10) 북조(北朝)의 한 나라로 고양(高洋)이 동위(東魏)를 취하여 건립하
　　였다. 국호는 제(齊)이고 도읍은 업(鄴, 지금의 하북 臨漳 남서쪽)
　　에 두었다. 사가들은 '북제'라고 부른다. 통치 지역은 지금의 낙양
　　동쪽의 진(晋)·기(冀)·노(魯)·예(豫) 및 내몽고 일부 지역이다.
　　후에 북주(北周)에 의해 망했다.
11) 북조의 한 나라로 변(汴)에 도읍하였다. 국호는 주(周)였으나 사가
　　들이 후주(後周)라고 하였다. 훗날 조광윤(趙匡胤)에 의해 망했다.
12) 한대 이후 옥문관(玉門關)의 서쪽 일대를 통칭해서 서역이라고 하
　　였다.
13) 『구당서』「식화지」 상.

역하는 데, 전 10민(緡) 이상은 포백을 섞어 쓰게 하였다. 태화(太和) 3년(829)에는 불상을 장식하는 데 금과 은을 쓰는 것을 허락하였으나, 오직 동(銅)은 사용하지 못하게 하였다. 태화 4년(830)에는 교역하는 데 100민 이상일 경우 속과 백을 반씩 쓰게 하였다. 당나라 이전 상황에 의하면, 월남과 광주 이외의 지역에서는 위로 세금을 내고, 아래로 교역하는데, 일체 금은과 관계가 없었으며, 그 내용은 이같이 명백하였다.

송나라 원풍(元豊, 1078~85) 12년[14]에 채경(蔡京, 1047~1126)[15]은 (재상이 되어) 나라를 맡아 다스리며 금·은·사(絲)·백 등을 가지고 무역하면서, 협석전(夾錫錢)을 받지 않는 자는 법으로 징계하였다.[16] 아마도 그때 금과 은을 사용하고 있었던 것 같다. 그러나 중화(重和, 1118~19)[17]의 법령으

---

14) 원풍 12년은 오기이다. 송나라 신종의 연호인 원풍은 8년 동안 (1078~85)만 사용하였기 때문이다. 아마도 숭녕(崇寧) 2년(1103)으로 추측된다. 이것은 채경이 숭녕 2년에 태사(太師)가 되고, 위국공(魏國公)으로 봉해졌다는 것을 근거로 알 수 있다.

15) 송대 흥화선유(興化仙游, 지금의 복건성) 사람이다. 자는 원장(元長). 신종(熙寧 원년, 1068년) 때에 진사하고, 휘종(1101~25) 때 네 차례나 재상을 지냈다. 그는 원우(元祐) 등 구신(舊臣)을 내쫓고 왕안석의 신법을 되살려 쓰려고 하였다. 금나라 군대가 쳐들어왔을 때 남쪽으로 도망가다 도중에 죽었다.

16) 이 문장은 『송사』「식화지」하의 내용을 인용한 것인데, 착오가 있다. 이를 『황종희전집』제1책에서는 "蔡京當國, 凡以金銀絲帛等貿易勿受, 夾錫錢者以法懲治"라 하여 그대로 따랐고, 『이주유저휘간』하에서는 "蔡京當國, 凡以金銀絲帛等貿易, 勿受夾錫錢者以法懲治."라 하여 바로잡았다.

17) 『송사』「식화지」하에서는 소흥 29년(1159)으로 되어 있다.

로 관가에 명하여 현전(見錢) 2만 관(貫)을 보유케 하고, 서민에게는 그 반을 남겨두게 하고, 그 나머지는 2년 안에 금과 은의 종류로 바꾸게 하였으니, 이것은 시장에서 거래하는 하층민들은 아직 전을 중요하게 여겼기 때문이다. 소흥(紹興, 1131~62) 이래 매년 세액은 금 128량이고 은은 액수가 없었으며, 7할은 궁중의 내고(內庫)에 넣고, 3할은 유사(有司)에게 돌려보냈다. 이것은 위에서 거둔 세금도 금과 은을 가지고 본세로 하였고 유사의 경비로 하지 않았다는 것이다.

원나라는 북쪽에서 일어나 전법(錢法)을 시행하지 않았다. 이에 금과 은을 본위화폐[母]로 삼았고, 초(鈔, 일종의 지폐)를 보조화폐[子]로 사용하였다. 본위화폐와 보조화폐가 서로 형평을 이루며 통용되어[18] 금과 은이 마침내 유통되는 화폐가 되었다.

명나라 초기에 또한 금과 은을 (이용한) 교역을 금지하

---

18) 주대 경왕(景王) 21년(기원전 524) 대전을 주조하려고 하자 선(單) 목공(穆公)이 반대하며 다음과 같이 말하였다. "안 됩니다. 옛날에는 하늘에서 재앙이 내리면 유통되는 물자와 화폐의 양을 헤아리고 그 가치의 경중을 균형있게 하여 백성을 구제하였습니다. 백성들이 소액화폐[輕]를 싫어하고 물가가 오르면 고액화폐[重]를 주조하여 유통시켰습니다. 이처럼 고액화폐가 소액화폐와 균형을 이루어 같이 유통되니 백성들은 모두 이로운 점을 얻었습니다. 만약 물품의 가치가 고액화폐에 미치지 못하면 소액화폐를 많이 만들어 사용하였지만 역시 고액화폐도 폐기하지는 않았습니다. 소액화폐가 고액화폐와 균형을 이루어 같이 유통되니 백성이 편리하게 사용하였습니다."—『국어』(國語) 「주어」(周語) 하. 황종희는 이 내용을 인용하면서 본위화폐와 보조화폐의 균형있는 유통을 말하고자 한 것이다.

고,[19] 관청에서 금과 은을 지폐로 바꾸는 것을 허락하였다. 이
것은 백성을 그물에 걸어 이익을 거두는 것이니 누가 신뢰하
겠는가! 그래서 오늘에 이르러 조세와 교역은 은만을 사용케
하여 천하에 큰 해가 되게 하였다.

대개 은과 지폐는 표리(表裏)가 되어 은의 힘이 모자라면
지폐가 힘을 편다. 그러므로 원나라의 세량(稅量)은 지폐 사
용을 결정하고 은을 사용하지 않았다.

오늘날 지폐는 이미 통용되지 않고 전만이 겨우 작은 교역
에만 사용되고, 조세 납입에는 사용되지 않아 모든 조세 업
무가 하나로 되어 은의 유통력이 고갈되었다.

원나라는 또한 제거사(提擧司)[20]를 설치하고 도금호(淘金
戶)[21]를 두어 금은장(金銀場)을 개설하여 각 지역의 백성들에
게 정제하고 제련하는 것을 허가하였으므로 금과 은이 민간
에서 나오는 것이 아직 많았다. 지금 광산이 폐쇄되었지만
간혹 채광을 하게 되면 또한 궁노(宮奴)들이 주인 노릇하며[22]
궁중에 넣어 민간과는 아무런 관계도 없어지면서 은의 유통
력은 고갈된 것이다.

2백여 년 동안 천하의 금과 은이 북경[燕京]으로 운송되었

---

19) 홍무 7년(1374)에 금지령이 내려졌다.
20) 송대 이후 전문적인 사무를 관장하던 관직으로 예컨대 보초제거
   (寶鈔提擧)·염과제거(鹽課提擧) 등을 말한다.
21) 원대 지원(至元) 5년(1268)에 처음 설치된 것으로 사금을 채취하는
   민호였다.
22) 명나라 중·후기 주요한 기구의 관할권이 궁중의 환관들에게 넘어
   간 것을 말한다. 자세한 것은 이 책의 「환관」편 참조.

는데, 마치 물이 골짜기로 흘러가는 것과 같았다. 평화로울 때는 오히려 상인과 관리가 그것의 10분의 2, 3 정도를 돌려보내는 경우도 있었다. (그러나 일이) 많아진 이래로는 북경에 있는 것들이 모두 변경 밖으로 새나가 부상(富商)·대고(大賈)·달관(達官)·활리(猾吏)가 북방에서 남방으로 (옮기고), 또한 그 자금의 힘으로 천하의 금과 은을 모두 거두어갔다. 그 이치가 이렇게 되어가고 있는데 다시 돌이킬 수 있겠는가?

은의 유통력이 이미 고갈되었는데도 부세는 옛날 그대로이고, 교역도 옛날 그대로이다. 허둥지둥 은을 구하고자 해도 장차 어디에서 구하겠는가! 그러므로 논밭의 가격은 다른 때의 10분의 1도 안 된다. 어찌 그 토양이 척박해져서이겠는가? 아니다. 부세를 바칠 수 없기 때문이다. 모든 재화의 가격이 또한 다른 때의 10분의 1도 안 되기 때문이다. 어찌 그 물건이 풍부해져서이겠는가? 아니다. 교역하는 데 물자가 없기 때문이다.

오늘날 탕화(湯火)의 열기 속에서 움직이는 백성들은 시절이 평화롭고 풍년이 들어도 무익하다. 수리시설이 좋은 곳에서 농사를 권해도 무익하다.

내가 생각하기에 금은제도를 폐지하지 않으면 안 된다. 금은제도를 폐지하면 일곱 가지 이점이 있다.

속백 같은 종류는 일반 백성들의 힘으로 경작하여 쉽게 풍족하게 할 수 있다. 이것이 그 하나이다.

전을 주조하여 유무(有無)를 통하면 주조하는 사람은 쉴 틈이 없고, 화폐가 고갈되어 없어지지 않을 것이다. 이것이 그 두 번째이다.

금은을 저장하지 않으면 빈부의 차가 심해지지 않을 것이다. 이것이 세 번째이다.

가볍게 지니고 다니기에 불편하니 백성들은 고향을 떠나는 것이 어렵게 될 것이다. 이것이 네 번째이다.

관리가 사사로이 소매 밑에 감추기 어려운 것이 그 다섯 번째이다.

도적이 금궤를 열고 훔쳐 도망가도 짐이 무거워 (멀리 못 가니) 쉽게 쫓아갈 수 있는 것이 그 여섯 번째이다.

전과 지폐가 통용되는 것이 그 일곱 번째이다.

그러나 반드시 무거운 금령을 내려 광산에서 (금은을) 훔치는 자는 사형에 처하고, 금은을 유통시키는 자는 전을 함부로 주조하였다는 논죄를 한 이후에야 가능할 것이다.

「財計 一」

後之聖王而欲天下安富, 其必廢金銀乎. 古之徵貴徵賤, 以粟帛爲俯仰. 故公上賦稅, 有粟米之征布縷之征是也. 民間市易,

『詩』言"握粟出卜", 『孟子』言"通工易事, 男粟女布"是也. 其時之金銀, 與珠玉無異, 爲餽問器飾之用而已. 三代以下, 用者粟帛而衡之以錢. 故錢與粟帛相爲輕重.

漢章帝時, 穀帛價貴, 張林言:"此錢多故也, 宜令天下悉以布帛爲租, 市賈皆用之, 封錢勿出, 物皆賤矣."

魏明帝時, 廢錢用穀. 桓玄輔晉, 亦欲廢錢. 孔琳之曰:"先王

制無用之貨以通有用之財, 此錢之所以嗣功龜貝也. 穀帛本充衣食, 分以爲貨, 勞毀於商販之手, 耗棄於割截之用, 此之爲弊者, 著自於曩." 然則昔之有天下者, 雖錢與穀帛雜用, 猶不欲使其重在錢也.

梁初唯京師及三吳荊郢江湘梁益用錢, 其餘州郡雜以穀帛, 交廣之域全以金銀爲貨. 陳用錢兼以錫鐵粟帛, 嶺南多以鹽米布, 交易不用錢. 北齊冀州之北, 錢皆不行, 交貿者皆絹布. 後周河西諸郡或用西域金銀錢, 而官不禁.

唐時民間用布帛處多, 用錢處少. 大曆以前, 嶺南用錢之外, 雜以金銀丹砂象齒. 貞元二十年, 命市井交易, 以綾羅絹布雜貨與錢兼用. 憲宗詔"天下有銀之山必有銅. 唯銀無益於人, 五嶺以北, 採銀一兩者流他州, 官吏論罪." 元和六年, 貿易錢十緡以上參布帛. 太和三年, 飾佛像許以金銀, 唯不得用銅. 四年, 交易百緡以上者, 粟帛居半. 按唐以前, 自交廣外, 上而賦稅, 下而市易, 一切無事於金銀, 其可考彰彰若是.

宋元豊十二年, 蔡京當國, 凡以金銀絲帛等貿易, 勿受夾錫錢者以法懲治. 皆其時有以金銀爲用者矣. 然重和之令, 命官之家, 留見錢二萬貫, 民庶半之, 餘限二年聽易金銀之類, 則是市易之在下者, 未始不以錢爲重也. 紹興以來, 歲額金一百二十八兩, 銀無額, 七分入內庫, 三分歸有司. 則是賦稅之在上者, 亦未始以金銀爲正供, 爲有司之經費也. 及元起北方, 錢法不行, 於是以金銀爲母, 鈔爲子, 字母相權而行, 而金銀遂爲流通之貨矣.

明初亦嘗禁金銀交易, 而許以金銀易鈔於官, 則是罔民而收其利也, 其誰信之! 故至今日而賦稅市易, 銀乃單行, 以爲天下

190

之大害. 蓋銀與鈔爲表裏, 銀之力紃, 鈔以舒之. 故元之稅糧,
折鈔而不折銀. 今鈔旣不行, 錢僅爲小市之用, 不入貢賦, 使百
務倂於一途, 則銀力竭. 元又立提擧司, 置淘金戶, 開設金銀場,
各路聽民煽煉, 則金銀之出於民間者尙多. 今礦所封閉, 間一開
採, 又使宮奴主之, 以入大內, 與民間無與, 則銀力竭. 二百餘
年, 天下金銀, 綱運至於燕京, 如水赴壑. 承平之時, 猶有商賈
官吏返其十分之二三, 多故以來, 在燕京者旣盡泄之邊外, 而富
商大賈達官猾吏, 自北而南, 又能以其資力盡斂天下之金銀而去.
此其理尙有往而復返者乎?

夫銀力已竭, 而賦稅如故也, 市易如故也. 皇皇求銀, 將於何
所! 故田土之價, 不當異時之什一. 豈其壞瘠與? 曰: 否. 不能
爲賦稅也. 百貨之價. 亦不當異時之什一, 豈其物阜與? 曰:
否. 市易無資也. 當今之世, 宛轉湯火之民, 卽時和年豊無益也.
卽勸農沛澤無益也. 吾以爲非廢金銀不可. 廢金銀, 其利有七:
粟帛之屬, 小民力能自致, 則家易足, 一也. 鑄錢以通有無, 鑄
者不息, 貨無匱竭, 二也. 不藏金銀, 無甚貧甚富之家, 三也.
輕齎不便, 民難去其鄉, 四也. 官吏贓私難覆, 五也. 盜賊肢篋,
負重易跡, 六也. 錢鈔路通, 七也. 然須重爲之禁, 盜礦者死刑,
金銀市易者以盜鑄錢論而後可.

【2】

전폐(錢幣)가 이익이 되는 까닭은 오직 일시적인 이로움은 없어도 그 후 영구한 이로움이 있기 때문이다. 3·4전의 비용으로 10전의 이익을 얻고, 적은 양의 종이로 금은에 해당하는 만큼 사용할 수 있는 것이 일시적인 이로움이다. 국경 안에서 항시 천만의 재화가 끝없이 유전하는 것이 영구한 이로움이다. 뒤에 천하를 다스리는 자는 항상 이것을 돌아보고 저것을 잊고 있었기 때문에 (화폐제도에 대해) 새롭게 의논하는 것이 장애가 되어왔다.

명나라에서 전법을 시행하려고 했어도 시행할 수 없었던 것은 첫째, 동을 아깝게 생각하고 수공하는 것에 인색하여 전의 질량이 매우 조악(粗惡)하였고, 사사롭게 주조한 전들이 번성하였기 때문이다.

둘째, 절이(折二)·절삼(折三)·당오(當五)·당십(當十)[23] 등의 제도가 일정하지 않았기 때문이다.

셋째, 동의 사용에 대한 금지가 엄하지 않아서 (그것으로) 그릇을 만들었기 때문이다.

넷째, 연호(年號)가 각기 다른 문양이었기 때문이다. 이 네 가지 해는 과거에도 같았다.

다섯째, 금과 은을 사용하여 화폐가 통일되지 못했기 때문이다.

여섯째, 상을 주고 부세를 내는데, 위에서 아래로 시행하고, 아래에서 위로 시행하지 않았기 때문이다. 과거에는 전을

---

23) 홍무통보(洪武通寶)에는 당십·당오·당삼·당이·소전(小錢)이 있었는데, 당십의 무게는 1양이고, 소전이 그 10분의 1이다. 당과 절은 같은 의미이다.

쓰는 데 따른 해악이 네 가지였는데, 오늘날에는 전을 쓰는 데 따른 해악이 여섯 가지이다.

그러므로 오늘날의 전은 소소한 교역에만 사용하는 데 불과하고 공사(公私)의 이익에는 모두 (전에) 의지하지 않아서 전을 쓰는 것이 쓰지 않는 것과 마찬가지다.

진실로 금은제도를 폐지하고 재화의 가치 기준을 모두 전으로 돌려야 한다. 중앙과 각 성에 전담하는 관리를 두어 주조케 하고, 동 광산은 관이 채굴하며, 민간의 기명(器皿)과 사찰 및 도관(道觀)의 불상과 상징물은 모두 소멸하여 전담하는 곳에 입고시킨다. 천전(千錢)은 6근(斤) 4량(兩)의 중량으로 기준하여 매전(每錢)은 1전[24]의 중량으로 정밀하게 제작하고 양식을 통일하며, 또한 반드시 연호를 새길 필요가 없다. 토지에 대한 부세로 속백을 받는 것을 제외하고는 대개 염(鹽)·주(酒)에 대한 세금은 일체 전으로 내게 한다.[25] 이와 같이 하면서 시행되지 않을 것을 걱정하는 것을 나는 믿지 않는다.

명나라가 지폐제도[鈔法]를 시행하려고 하였으나 할 수 없었던 것에 대해 숭정년간 동성(桐城) 제생(諸生) 장신(蔣臣)[26]

---

24) 옛날에는 1근(斤)이 16량(兩), 1량이 24수(銖)였으며, 동전은 반량전(半兩錢)·5수전(銖錢)·4수전이 있었다. 송대 이후로는 1량은 10전, 1전은 10분(分)으로 하였고, 동전 하나의 무게는 1전이었다. 자세한 것은 다음과 같다.─상무인서관(商務印書館) 발행 1992년판 『신화자전』(新華字典) 참조.

명칭	사(絲)	호(毫)	이(厘)	분(分)	전(錢)	양(兩)	근(斤)	담(擔)
등수(等數)		10사	10호	10이	10분	10전	10양	110근

25) 앞의 「토지제도」1의 내용 중 '권고'(權酤)에 대한 설명 참조.

이 말하기를 "지폐제도가 시행되어 매년 (지폐) 3천만 관을 만들었는데, 1관이 곧 1금[27]이라 매년 금 3천만 량을 얻을 수 있다"고 하였다. 호공시랑(戶工侍郎) 왕오영(王鰲永)은 그 설을 지지하며 말하기를 "첫 해에 3천만 관을 만들면 5천만 금을 얻을 수 있어서 수입이 많아져 앞으로 금은 토지 가격과 같아질 것이다"[28]고 하였다. 위에서는 특별히 내보초국(內寶鈔局)을 설치하고 주야로 (지폐) 만드는 것을 감독하고 상인을 모집하여 발매하였는데, 긍정적으로 응하는 자가 없었다. 대학사(大學士) 장덕경(蔣德璟)[29]이 말하기를 "금 1량을 종이 한 장으로 바꾸자고 하면, 어리석은 바보도 그렇게 하지 않는다"고 하였다. 위에서는 고황제(高皇帝, 명 태조, 1368~98)가 지폐제도를 시행했던 것[30]을 들어 난색을 표하였다. (그러자) 덕경이 말하기를 "고황제는 또한 신비한 방법으로 가르침을 하려고 했던 것 같으나 (그것은) 상을 주거나 녹봉을 주는 것 뿐이었고, 실제로는 군사비 지출로는 사용하지 않았다"고 하였다.

---

26) 생원 출신으로 중앙 무대로 추천된 이후 숭정황제에게 지폐제도의 시행을 제기한 공으로 호부주사(戶部主事)로 승진하였다.

27) 관(貫)은 전(錢) 1천 개이다. 1금(金)은 한대 이후 금 1근을 의미했으나, 송대 이후 금 1량을 가리키게 되었다.

28) 이 내용은 손승택(孫承澤)의 『춘명몽여록』(春明夢餘錄)에 상세히 나타나 있는데 본문의 인용에 누락된 것이 있어 오해의 소지가 있다.

29) 명대 진강(지금의 복건) 사람으로 천계(1621~27)년간에 진사하였다. 숭정시대에는 관직이 예부상서 겸 동각대학사에 올랐다.

30) 홍무 8년(1375)에 대명보초(大明寶鈔)를 발행한 것을 말한다.

생각건대 지폐는 당나라의 비전(飛錢)[31]에서 비롯된 것이다. 마치 지금의 민간에서 쓰이는 회표(會票)[32]와 같다. (이것은) 송나라에 이르러 비로소 관에서 제도로 시행하였다.

그러나 송나라가 시행할 수 있었던 까닭은 매번 하나의 경계,[33] 곧 유통기한을 두고 제조하여 본전(本錢) 36만 민(緡)을 갖추고, 또 염·주 등으로 그것을 보조하게 하였기 때문이다. 대개 민간이 지폐를 갖고자 하면 전을 관고(官庫)에 넣어야 하며, 전을 갖고자 하면 지폐를 관고에 넣어야 하며, 염·주를 얻고자 하면 지폐를 가지고 여러 업무에 넣어야 했다. 그러므로 지폐가 손에 있는 것은 현전(見錢)과 다름이 없었다.

그것에 반드시 유통기한을 둔 것은 하나는 관의 본전이 제조된 지폐와 서로 균형을 유지해야 하기 때문이고, 유통기한이 없으면 제조하는 것이 증가하여 한계가 없게 되기 때문이다. 또 하나는 매번 유통기한마다 약간의 지폐를 제조하고 유통기한 말기에 약간의 지폐를 회수하여 위조한 것을 쉽게 판별할 수 있기 때문이며, 유통기한이 없으면 회수하고 제조하는 것이 일정하지 않을 것이기 때문이다. 송나라의 칭제(稱提)[34] 지폐제도가 이와 같았다.

---

31) 당 헌종(806~820) 때 나온 일종의 송금(送金) 어음이다. 『문헌통고』(文獻通考) 9, 「역대화폐지제」(歷代貨幣之制)에 자세히 설명되어 있다.
32) 명청시대 상인들이 발행한 일종의 어음이다.
33) 『송사』 권181, 「식화지」 제134, 식화 하 3에 자세한데, "3년을 일계(一界)로 한다"(以三年爲一界)고 하였다.
34) 남송시대에 발행된 지폐이다. 『문헌통고』 9, 「전폐」(錢幣) 2, '역대전폐지제'(歷代錢幣之制)와 『송사』 「식화지」 하 3, '회자'(會子)에

원나라가 (화폐제도를) 시행할 수 있었던 까닭은 길을 따라서 관고를 설립하고 금과 은을 교환하고 지폐제도를 공평하게 시행하였기 때문이다.

명대의 보초고(寶鈔庫)는 오래된 지폐를 회수하는 데 불과하며, 칭제의 제도를 갖추는 것을 강구하지 않았으니, 어찌 시행되지 않은 것이 이상하겠는가!

의종 때 이익을 말하는 신하가 (화폐제도의) 시행에 대한 처음과 끝의 상세한 내막을 모르고, 헛되이 한 척의 종이가 금과 은에 해당하는 것을 보고, 단지 그것(지폐)을 제조하는 제도만을 강구하고 시행되는 제도는 강구하지 않았다.

관에 본전이 없는데 백성들이 어떻게 신뢰하겠는가! 그러므로 그때 시행할 수 있다고 한 사람은 마치 날아가는 탄환을 보고 구운 고기를 구하는 것과 같다. 그러나 진정으로 전민(錢緡)을 쌓아놓고 5년을 경계로 오래된 지폐를 거두어 불사르고 관민(官民)이 사용하는데, 관(關)에서는 그것(지폐)으로 상세(商稅)를 물리고, 장(場)에서는 그것을 염인(鹽引)[35]으로 교역한다면 또한 어떻게 시행되지 않을 걱정을 하겠는가!

참으로 금은을 폐지하면 곡백(穀帛)·전민은 멀리 옮기는 것이 불편하지만 한 척 정도의 지폐는 자루에 넣어 어느 곳에서나 쉽게 변통할 수 있고, 관리와 상인들에게서는 또한

자세히 보인다.

35) 송대 이후 왕조가 상인에게 발급한 일종의 어음이다. 염을 판매하고자 하는 상인은 먼저 은을 바치고 어음을 받아 염산지에 가서 염과 바꾸었다. 그 어음이 바로 염인이다.

시행되지 않을 수 없다.

덕경은 지폐와 전이 서로 분리될 수 없는 것을 말하지 않고, 신비한 힘으로 가르치는 것이라 하여 군사비에 사용하지 않았다고 하였다. 저것은 송원대에 시행된 것을 어찌 깊게 생각한 것이겠는가?

「財計 二」

錢幣所以爲利也, 唯無一時之利. 而後有久遠之利. 以三四錢之費得十錢之息, 以尺寸之楮當金銀之用, 此一時之利也. 使封域之內, 常有千萬財用流轉無窮, 此久遠之利也. 後之治天下者, 常顧此而失彼, 所以阻壞其始議也.

有明欲行錢法而不能行者: 一曰惜銅愛工, 錢旣惡薄, 私鑄繁興. 二曰折二折三, 當五當十, 制度不常. 三曰銅禁不嚴, 分造器皿. 四曰年號異文. 此四害者, 昔之所同. 五曰行用金銀, 貨不歸一. 六曰賞賚賦稅, 上行於下, 下不行於上. 昔之害錢者四, 今之害錢者六. 故今日之錢, 不過資小小貿易, 公私之利源皆無賴焉, 是行錢與不行等也. 誠廢金銀, 使貨物之衡盡歸於錢. 京省各設專官鼓鑄, 有銅之山, 官爲開採, 民間之器皿, 寺觀之像設, 悉行燒毀入局. 千錢以重六斤四兩爲率, 每錢重一錢, 制作精工, 樣式畵一, 亦不必冠以年號. 除田土賦粟帛外, 凡鹽酒征榷, 一切以錢爲稅. 如此而患不行, 吾不信也.

有明欲行鈔法而不能行者, 崇禎間, 桐城諸生蔣臣, 言"鈔法可行, 歲造三千萬貫, 一貫直一金, 歲可得金三千萬兩." 戶工侍郎王鰲永主其說, 且言"初年造三千萬貫, 可得五千萬金, 所入旣多, 將金與土同價." 上特設內寶鈔局, 晝夜督造, 募商發賣, 無肯應者. 大學士蔣德璟言, "以一金易一紙, 愚者不爲." 上以高皇帝之行鈔難之. 德璟曰: "高皇帝似亦神道設敎, 然賞賜折俸而已, 固不曾用之兵餉也."

按鈔起於唐之飛錢, 猶今民間之會票也. 至宋而始官制行之. 然宋之所以得行者, 每造一界, 備本錢三十六萬緡, 而又佐之以鹽酒等項. 蓋民間欲得鈔, 則以錢入庫; 欲得錢, 則以鈔入庫; 欲得鹽酒, 則以鈔入諸務. 故鈔之在手, 與見錢無異. 其必限之以界者, 一則官之本錢, 當使與所造之鈔相準, 非界則增造無藝; 一則每界造鈔若干, 下界收鈔若干, 詐僞易辨, 非界則收造無數. 宋之稱提鈔法如此. 卽元之所以得行者, 隨路設立官庫, 貿易金銀, 平準鈔法.

有明寶鈔庫, 不過倒收舊鈔, 凡稱提之法俱置不講, 何怪乎其終不行也! 毅宗言利之臣, 不詳其行壞之始末, 徒見尺楮張紙居然可當金銀, 但講造之法, 不講行之之法. 官無本錢, 民何以信! 故其時言可行者, 猶見彈而求炙也. 然誠使停積錢緡, 五年爲界, 斂舊鈔而焚之, 官民使用, 在關卽以之抵商稅, 在場卽以之易鹽引, 亦何患其不行! 且誠廢金銀, 則穀帛錢緡, 不便行遠, 而囊括尺寸之鈔, 隨地可以變易, 在仕宦商賈又不得不行. 德璟不言鈔與錢貨不可相離, 而言神道設敎, 非兵餉之用; 彼行之於宋元者, 何不深考乎?

【3】

천하를 다스리는 자가 그 부세를 가볍게 하여도 민간의 습속이 제거되지 않고 미신에 빠져나오지 못하며 사치한 생활을 바꾸지 않으면 백성은 여전히 부유해질 수 없다.

무엇을 습속이라고 하는가? 길흉(吉凶)의 예(禮)가 이미 없어졌으니 습관적으로 내려오는 것을 예라고 한다. 혼례에서의 장롱, 의장(衣裝), 연회(宴會)가 그것이며, 상사(喪事)에서의 함염(含殮),[36] 제사, 불사(佛事),[37] 연회, 추령(芻靈)[38]이 그것이다. 부자는 그것으로 자만하고, 가난한 자는 그것으로 힘들어한다.

무엇을 미신이라고 하는가? 불교의 중이요, 무속의 무당이다. 중은 하나이나, 중의 집(사찰), 중의 음식, 중의 일을 돌보는 역사(役事)가 있어서 무릇 중의 생활도구가 갖추어지지 않은 것이 없다. (따라서) 중은 마침내 백성의 생업을 반이나 차지하고 있다.

무당은 하나이나, 종이돈[楮錢]과 향촉(香燭)에 돈을 들여서 무당을 위하고, (푸닥거리 할 때) 음식을 만들어 무당을 위하고, 노래하고 피리를 불고 춤추는 데 (돈을) 보태서 무당을

---

36) 장사지낼 때, '함'(含)은 죽은 이의 입에 주옥미패(珠玉米貝)를 물리는 것이고, '염'(殮)은 입관(入棺)을 말한다.
37) 법사(法事)라고도 한다. 불교도의 송경(誦經)·공불(供佛)·시재(施齋) 등의 의식을 말한다.
38) 장사지낼 때, 초인(草人)·초마(草馬)를 만들어 함께 매장하는 것을 말한다.

위한다. 무릇 번잡한 푸닥거리[齋醮祈賽][39]에 사용되는 것에 갖추어지지 않은 것이 없으니 무당이 백성 자산의 절반을 차지한다.

무엇을 사치라고 하는가? 그 심한 것은 광대요, 술집이요, 화려한 옷가게이다. 광대의 비용은 하루 저녁에 일반 사람의 재산에 해당하고, 술집의 비용은 한 끼에 1년의 식비에 버금가고, 옷가게의 비용은 한 벌에 10명의 장정이 따뜻하게 입을 수 있는 양이다.

그러므로 그것을 다스리는 근본은 일반 서민[小民]들로 하여금 길흉을 하나같이 예에 따라하게 하고, 무당과 중을 쫓아내고, 내가 말하는 학교의 교육이 밝혀진 이후에나 가능하다.

그것을 다스리는 말단은 광대를 금하고, 술집을 금하고, (옷가게에서는) 포백(布帛) 이외에는 모두 금하는 것이다.

오늘날 교통이 편리한 도시의 시장에서는 열 가운데 아홉은 중을 위하여 물건을 팔고, 무당을 위하여 물건을 팔고, 광대를 위하여 물건을 팔고, 신기하고 음란한 것을 위하여 물건을 팔고 있는 자들이어서 모두 백성들의 쓰임에는 절실하지 않은 것들이다. 하나같이 이것을 근절하면 또한 적어도 폐해로부터 구하는 하나의 단서가 될 것이다.

이것이 옛날 성왕(聖王)의 근본을 숭상하고 말단을 억제하

---

39) '재'(齋)는 제사전에 심신을 정결히 하는 것이고, '잠'(醮)은 제사지내는 것이고, '기'(祈)는 천지신령에게 기도하는 것이고, '새'(賽)는 의장(儀仗)·고락(鼓樂)·잡희(雜戲) 등을 써서 영신(迎神)하는 것이다.

는, 숭본억말(崇本抑末)의 도리이다.

　(그런데) 속된 학자들은 (이것을) 잘 살피지 못하고 공상 (工商)을 말단이라 여기며 망령되이 논의하면서 그것을 억압 한다. 생각건대 공인(工人)은 진실로 성왕이 오기를 바라는 것이며, 상인(商人)도 그 길에 나타나기를 바란 것이니,[40] 모 두 근본인 것이다.

「財計 三」

　治天下者旣輕其賦斂矣, 而民間之習俗未去, 蠱惑不除, 奢侈 不革, 則民仍不可使富也.

　何謂習俗? 吉凶之禮旣亡, 則以其相沿者爲禮. 婚之筐篚也, 裝資也, 宴會也；喪之含殮也, 設祭也, 佛事也, 宴會也, 芻靈 也. 富者以之相高, 貧者以之相勉矣.

　何謂蠱惑? 佛也, 巫也. 佛一耳, 而有佛之宮室, 佛之衣食, 佛之役使, 凡佛之資生器用無不備, 佛遂中分其民之作業矣. 巫 一耳, 而資於楮錢香燭以爲巫, 資於烹宰以爲巫, 資於歌吹婆婆 以爲巫, 凡齋醮祈賽之用無不備, 巫遂中分其民之資產矣.

　何謂奢侈? 其甚者, 倡優也, 酒肆也, 機坊也. 倡優之費, 一 夕而中人之産；酒肆之費, 一頓而終年之食；機坊之費, 一衣而 十夫之煖.

---

40) 이 문장의 연원은 『맹자』 「양혜왕」 하：“今王發政施仁, …… 商賈 皆欲藏於王之市.”(지금 왕께서 훌륭한 정치를 펴고 仁을 베푸시어, …… 상인들로 하여금 모두 왕의 시장에 물건을 저장하게 하고자 하며)라고 한 데서 찾을 수 있다.

故治之以本, 使小民吉凶一循於禮, 投巫驅佛, 吾所謂學校之 教明而後可也. 治之以末, 倡優有禁, 酒食有禁, 除布帛外皆有 禁. 今夫通都之市肆, 十室而九, 有爲佛而貨者, 有爲巫而貨者, 有爲倡優而貨者, 有爲奇技淫巧而貨者, 皆不切於民用. 一概痛 絶之, 亦庶乎救弊之一端也. 此古聖王崇本抑末之道. 世儒不察, 以工商爲末, 妄議抑之. 夫工固聖王之所欲來, 商又使其願出於 途者, 蓋皆本也.

옛날의 서리(胥吏)[1]는 한 가지였는데, 지금의 관리는 두 가지이다. 옛날 부사(府史)[2]·서도(胥徒)[3]는 문서 관리를 담당하고 회계 업무를 맡는[4] 사람들이었다. 잡역(雜役)에 종사하는 일은 향민(鄕民)이 충당하였다. 왕안석(王安石)이 차역(差役)을 고역(傭役)으로 고친 이래로,[5] 잡역부 또한 변화되어 서리가

---

1) 일반적으로 관리라고 하면 '관'(官)과 '이'(吏)를 함께 말한 것이다. 관은 천자가 임명한 것이고, 이는 관청의 장이 임명한 것이다. 일반적으로 서리는 후자에 속한다.

2) 부치장사(府治藏史)를 말하며 서기와도 같다. 문서를 관장하는 직무를 맡아 하였다.

3) 관공서에서 잡역을 맡은 이들을 통칭해서 말한다.

4) '부서'(簿書) '기회'(期會)에 대한 내용은 이 책의 「학교」편에도 나와 있다.

5) 북송 희령(1068~1077)년간에 왕안석이 신법을 추진하였는데, 그 가운데 하나가 면역법(혹은 모역법)이다. 면역법 가운데 차역제(差役制)를 고역제(傭役制)로 고친 것이 있다. 즉 부역을 해야 할 사람이 얼마의 면역전을 지불하면 용인(傭人)으로 그 역을 대신케 하는 것

되었다. 그러므로 잡역하는 서리의 해를 없애고자 하면 차역을 부활시켜야 한다. 문서 관리와 회계업무를 맡은 서리의 해를 없애고자 하면 사인(士人)을 기용해야 한다.

어떻게 차역을 부활할 수 있을까? 송나라 때에는 차역에 아전(衙前)·산종(散從)·승부(承符)·궁수(弓手)·수력(手力)·기장(耆長)·호장(戶長)·장정(壯丁) 등의 항목이 있었다.

아전은 관청의 물건을 맡아 주관하는 지금의 고자(庫子)[6]·해호(解戶)[7]의 종류이다. 호장은 부세를 독촉하는 것으로 지금의 방리장(坊里長)[8]이다. 기장·궁수·장정은 도적을 체포하는 이들로 지금의 궁병(弓兵)·포도(捕盜)의 종류이다. 승부·수력·산종은 잡역을 맡아하는 것으로 지금의 조예(皂隷)[9]·쾌수(快手)[10]·승차(承差)[11]의 종류이다. 무릇 지금의 고자·해호·방리장은 모두 차역이며, 궁병·포도·조예·쾌수·승차는 곧 고역이다. 내 생각에 방리장은 당번을 지낸 후 다음해에도 여전히 한 사람을 내어 잡역을 맡도록 해야 한다.

대개 서리가 감히 해를 끼치는 데에는 그 까닭이 세 가지가 있다.

을 말한다. 『송사』 「식화지」 상 '역법'과 『문헌통고』 12, 「직역고」에 자세히 언급하고 있다.
6) 창고를 관리하는 소관(小官).
7) 양미(糧米)를 해납(解納)하는 차역(差役)을 말한다.
8) 방장(坊長)과 이장(里長). 명나라 태조가 천하에 명을 내렸는데, 곧 농촌에서는 110호를 1리로 하고, 도시에는 방을 두고 그 장에게 차역을 과(課)하였다.
9) 원래 의미는 노예인데, 후에는 아문에 속한 차역.
10) 관서에서 집포(緝捕)·행형(行刑)을 관장하는 직무의 차역.
11) 총독순무염정(總督巡撫鹽政)의 아래에서 일하는 소리(小吏).

그 하나는 관청의 힘을 믿고 있어서 향민들이 감히 (그를) 곤란하게 하지 못한다. (그러나) 차역의 경우는 곧 내가 금년에 저 사람을 곤란에 빠뜨리면 저 사람이 내년에 나를 곤란에 빠뜨리지 않는다는 것을 보장할 수 없다는 것을 알고 있기 때문이다.

그 두 번째는 하나는 관청의 사람이고, 다른 하나는 농촌사람이 되어 같은 부류가 아니기 때문에 저절로 서로 개의치 않는다. (그러나) 차역일 경우에는 동일한 종류의 사람으로 너와 나 사이에 서로 꺼리는 것이 없다.

그 세 번째는 관청에 오래 근무하면 그 뿌리가 깊이 박혀 빼낼 수 없게 된다. (그러나) 차역일 경우에는 재주가 서툴러 감히 법을 농단하지 못한다.

그러므로 방리장은 함께 관청에서 일을 맡고 있으나, 향민들이 방리장에 대해서 심히 해롭다고 생각하지 않는 것은 곧 차역과 고역의 다른 점이다.

천하를 다스리는 자는 또한 그 형세를 보고서 형세가 악한 일을 할 수 있게 되어 있다면 비록 금지하여도 멈추게 할 수 없으며, 형세가 악한 일을 할 수 없게 되어 있다면 멈추게 하기 위하여 금지할 필요가 없다. 차역이란 본디 형세가 악한 일을 할 수 없게 되어 있는 것이다.

논자는, 왕안석의 변법 이래로 송나라의 마지막까지 그것을 부활하고자 했어도 할 수 없었던 것은 어찌 사람들이 차역에 불만이 있었기 때문이 아니겠는가? 하고 말할 것이다.

(그러나 나는 이렇게) 대답할 수 있다. 차역의 해는 오직

아전에 있기 때문에 왕안석이 고모(僱募)로 그것을 구제할 수 있었다는 것이다. 지금의 고자·해호 또한 여전히 차역에 의하지 않을 수 없으며, 그 해가 없는 것은 다시 돌이켜 부활할 수 없겠는가? 송나라 사람들이 차역을 부활하려고 한 것은 모전(募錢)[12]이 해가 된다고 생각하였기 때문이다. 내 생각으로는 모전의 해는 작고 서리의 해는 크다.

무엇이 사인(士人)을 기용한다는 말인가? 육부(吏·戶·禮·兵·刑·工)·원(翰林院·學士院·都察院·太醫院)·시(寺)[13]의 관리는 진사(進士)로써 정무를 이해하는 자에게 맡기고, 다음은 임자(任子)[14]에 미치고, 다음은 국학(國學)의 벼슬에 합당한 자에게 미친다.

(일에) 충분히 익숙해지면 주현(州縣)의 관리로 나가거나 혹은 부·원의 속관(屬官)을 거치고, 능력이 없는 사람은 탈락시킨다. 군현의 관리는 각각 육조(六曹)를 두고 제자원(弟子員)으로써 (관에서) 양식을 공급받는 사람을 그것에 충당한다.

(일에) 충분히 익숙해지면 국학으로 승진시키거나 혹은 곧바로 육부·원·시의 관리로 보임하며, 능력이 없는 사람은 종신토록 벼슬에 나가지 못하게 한다.

군(郡)의 경력(經歷)[15]·조마(照磨)[16]·지사(知事)[17]와 현(縣)

---

12) 면역전·조역전(助役錢)을 거두는 것을 말한다.
13) 진한 이후의 구경(九卿)·구사(九寺)로 태상(太常)·광록(光祿)·위위(衛尉)·종정(宗正)·태복(太僕)·대리(大理)·홍려(鴻臚)·사농(司農)·태부(太府)인데, 시대마다 명칭이 조금씩 다르다.
14) 부형의 공적 덕분에 관직에 천거된 사람을 말한다. 이 책「관리선발」하에 보인다.

의 승(丞)[18]·부(簿)[19]·전사(典史)[20]는 모두 없애고, 행성(行省)[21]의 법은 군현과 같게 한다.

대개 서리가 천하에 해를 끼치는 것은 하나하나 열거할 수 없지만 큰 것만을 말하자면 다음 네 가지이다.

첫째, 오늘날의 서리는 불법을 저지른 이들이 그것을 맡아, 이른바 황망히 이익을 추구하는 자들이 이익이 되는 곳에서 일을 하고 있기 때문에 또한 무슨 못할 짓이 있겠는가? 법망을 꾸며 사사롭게 마구 행동한다. 무릇 오늘날 실시하고 있는 것이 모두 서리에게서 나왔으니, 이로써 천하에 서리의 법은 있고, 조정의 법은 없다.

둘째, 천하의 서리가 이미 무뢰한들의 거처가 되었으며, 좌이(佐貳)[22]도 서리 출신이 되었다. 사인(士人)들은 그들을 다른 길을 가는[異途] 사람들이라고 지목하여 그들과 함께 있는 것을 부끄럽게 생각한다. 세상이 평화로울 때 사인은 많은데

---

15) 추밀원·도원수에 경력을 설치하여 출납문서를 관장하게 하였다.
16) 문서를 대조하고 인쇄하는 것을 주관하였다.
17) 속관으로 금대에는 대흥부(大興府) 안찰사·초토사(招討司)에 모두 지사를 두었다. 원명청대에 계속해서 이를 받아들였는데, 곧 본 서장관에 속하게 하였다.
18) 한나라 제도로 모든 현에 각각 하나의 승(丞)을 설치하여 현령을 보좌하게 하였다. 한대 이래로 단지 승이라 칭했고, 명대가 들어서면서 현승(縣丞) 두 글자를 함께 써서 관명을 삼았다.
19) 재물·의장(儀仗)을 책임지는 관리.
20) 원대 처음 전사를 설치하였다. 지현(知縣)의 속원(屬員)으로 공문서 수발을 담당하였다.
21) 이 책 「관리선발」 하 참조.
22) 당대의 관직은 장관·통판관(通判官)·주전(主典)의 4등급이었고, 명대에는 장관·좌이·수령관(首領官)·이전(吏典)의 4등급이었다.

벼슬하는 길이 좁아 마침내 재능있는 사람들이 재야에서 늙어 죽어가고 있어서, 공자·맹자의 때에 위리(委吏)[23]·승전(乘田)[24]·포관(抱關)[25]·격탁(擊柝)[26]이 모두 사인이었던 것과 같지 않다.

셋째, 각 아문(衙門)의 좌이는 장관의 추천으로 임명되는 것이 아니고 한 사람 한 사람 이부에서 전형하는 것인데, 그 이름과 성을 또한 두루 알지 못한다. 하물며 그 사람의 현불초(賢不肖)를 어찌 알겠는가! 그러므로 전형하는 부서인 이부가 변해서 추첨하는 첨부(籤部)가 되었으니 천고에 웃음거리가 되었다.

넷째, 중앙의 권부에 있는 서리는 정수(頂首)[27]에 모두 수천 금을 들여 장식하는데, 아버지가 아들에게 전하고 형이 아우에게 전한다. 그 한 사람이 법에 걸리면 뒤에 그 사람을 잇는 것은 아들이나 아우이다. 그렇지 않으면 그 손아랫사람에게 전한다.

이로써 오늘날 천하에는 봉건적인 나라는 없어도 봉건적인 서리는 있다.[28] 진실로 서리를 모두 사인으로 쓴다면 모든 것이 그 반대가 되어 해를 제거할 수 있다. 또한 오늘날 각 아

---

23) 양식을 관장하는 소관.
24) 춘추시대 목축을 주관하는 소관.
25) 야간에 순찰하는 사람으로 지위가 매우 미천한 소관.
26) 야경을 담당한 소리.
27) 청대 관원의 모자 꼭대기의 주자(珠子)는 보석·산호·수정·옥석·금속 등의 것을 써서 만들었는데, 그 질과 색을 가지고 관직의 품계를 분별하였다.
28) 고염무(顧炎武)의 「군현론」 8에 같은 내용이 있다.

문의 수령관(首領官)과 군현의 좌이는 한나라 때에는 조연(曹
掾)²⁹⁾에 속하여 그 장이 모두 자벽(自辟)할 수 있었는데, 이것
이 곧 과거의 서리였다.

그후 선발하고 임명하는 것을 이부에서 하였고, 그 장은
다시 스스로 조연을 두어 서리를 삼았는데, 이것이 이어져
내려오면서 지금에 이르렀으나, 조연의 명칭은 이미 없어졌
고, 서리의 실제도 사라졌다. 따라서 지금의 서리는 곧 조연
이 중복되어 나온 것이다. 내가 생각하는 제도 또한 조연으
로 하여금 그 실제를 얻게 하고, 서리의 중복되는 것을 그만
두게 하는 것이다.

「胥吏」

古之胥吏者一, 今之胥吏者二. 古者府吏胥徒, 所以守簿書,
定期會者也. 其奔走服役, 則以鄕戶充之. 自王安石改差役爲僱
役, 而奔走服役者亦化而爲胥吏矣. 故欲除奔走服役吏胥之害,
則復差役. 欲除簿書期會吏胥之害, 則用士人.

何謂復差役? 宋時差役, 有衙前散從承符弓手手力耆長戶長
壯丁色目. 衙前以主官物, 今庫子解戶之類. 戶長以督賦稅, 今
坊里長. 耆長弓手壯丁以逐捕盜賊, 今弓兵捕盜之類. 承符手力
散從以供驅使, 今皂隷快手承差之類. 凡今庫子解戶坊里長皆爲
差役, 弓兵捕盜快手承差則僱役也. 余意坊里長値年之後, 次年
仍出一人以供雜役.

---

29) 조는 관청에서 일을 나눠 맡는 부서. 연은 그같은 부서에서 일하는
   관원.

蓋吏胥之敢於爲害者, 其故有三：其一, 恃官司之力, 鄕民不敢致難；差役者, 則知我之今歲致難於彼者, 不能保彼之來歲不致難於我也. 其二, 一爲官府之人, 一爲田野之人, 旣非同類, 自不相顧；差役者, 則儕輩爾汝, 無所畏忌. 其三, 久在官府, 則根株窟穴牢不可破；差役者, 伎倆生疏, 不敢弄法. 是故坊里長同勾當於官府, 而鄕民之於坊里長不以爲甚害者, 則差與僱之分也. 治天下者亦視其勢, 勢可以爲惡, 雖禁之而有所不止；勢不可以爲惡, 其止之有不待禁也. 差役者, 固勢之不可以爲惡者也.

議者曰：自安石變法, 終宋之世欲復之而不能, 豈非以人不安於差役與？曰：差役之害, 唯有衙前, 故安石以僱募救之. 今庫子解戶且不能不仍於差役, 而其無害者顧反不可復乎？宋人欲復差役, 以募錢爲害. 吾以謂募錢之害小, 而胥吏之害大也.

何謂用士人？六部院寺之吏, 請以進士之觀政者爲之, 次及任子, 次及國學之應仕者. 滿調則出官州縣, 或歷部院屬官, 不能者落職. 郡縣之吏, 各設六曹, 請以弟子員之當廩食者充之. 滿調則升之國學, 或卽補六部院寺之吏, 不能者終身不聽出仕. 郡之經歷照磨知事縣之丞簿典史, 悉行汰去, 行省之法, 一如郡縣.

蓋吏胥之害天下, 不可枚擧, 而大要有四：其一, 今之吏胥, 以徒隷爲之, 所謂皇皇求利者, 而當可以爲利之處, 則亦何所不至？創爲文網以濟其私. 凡今所設施之科條, 皆出於吏, 是以天下有吏之法, 無朝廷之法. 其二, 天下之吏, 旣爲無賴子所據, 而佐貳又爲吏之出身. 士人目爲異途, 羞與爲伍. 承平之世, 士人衆多, 出仕之途旣狹, 遂使有才者老死邱壑, 非如孔孟之時,

委吏乘田抱關擊柝之皆士人也．其三，各衙門之佐貳，不自其長
辟召，一一銓之吏部，即其名姓且不能徧，況其人之賢不肖乎！
故銓部化爲籤部，貽笑千古．其四，京師權要之吏，頂首皆數千
金，父傳之子，兄傳之弟．其一人麗於法後而繼一人焉，則其子
若弟也．不然，則其傳衣鉢者也．

　是以今天下無封建之國，有封建之吏．誠使吏胥皆用士人，則
一切反是，而害可除矣．且今各衙門之首領官與郡縣之佐貳，在
漢則爲曹掾之屬，其長皆得自辟，即古之吏胥也．其後選除出自
吏部，其長復自設曹掾以爲吏胥，相沿至今，曹掾之名既去，而
吏胥之實亦亡矣．故今之吏胥，乃曹掾之重出者也．吾之法，亦
使曹掾得其實，吏胥去其重而已．

13

환관

【상】

환관[1]의 화는 한·당·송 이래로 그치지 않았지만, 명나라 만큼 심하지는 않았다. 한·당·송대에는 조정의 정치에 간여한 환관은 있었지만,[2] 환관을 봉행(奉行)한 조정의 정치는 없었다.

오늘날 재상과 육부는 조정의 정치가 이루어지는 곳이다. 그러나 본장(本章)[3]의 비답(批答)은 먼저 입으로 전하고 나중

---

1) 태감(太監)·엄인(閹人)·엄관(閹官)·사인(寺人)·중관(中官)·내관(內官)·내시(內侍)·내신(內臣)·내감(內監)이라고도 부른다. 천하게 엄수(閹豎)라 하기도 하였다. 이들은 궁정 내부의 사무를 도맡아 하여, 황제와 황족을 받드는 일을 한다. 환관의 우두머리는 엄윤(閹尹)이라고 하였다.
2) 환관은 전국시대 조나라에 이미 있었고 진한시대에는 환관이 소부(少府)에 속했다. 한대에는 궁정 내에 황문령(黃門令)·중문령(中門令)의 제관이 있었는데, 모두 환관으로 충당하였다.

에 표의(票擬)[4]가 있다. 천하의 재정은 먼저 궁궐 내의 재정을 채우고 그 다음 태창(太倉)[5]을 채웠다. 천하의 형벌은 먼저 동창(東廠)[6]이 처리하고 그뒤 사법기관[法司]이 맡았다. 그 밖의 것도 모두 그렇지 않은 것이 없었다. 곧 재상과 육부는 환관을 위해 봉사하는 기관원일 뿐이다.

군주가 천하를 자기 집안처럼 생각하기 때문에 창고에 보관되어 있는 것을 자기의 소유물로 생각하고 궁정을 경비하는 군대의 강성함을 자기가 강한 것으로 생각하는 것은 오히려 왕조 말기의 일들이다.

오늘날에는 의복·음식·마필(馬匹)·무기·예악(禮樂)·재물·조작(造作)하는 것을 금성(禁城) 몇 리 이내에서 취하지 않는 것이 없으며, 밖으로 설치한 각 아문과 (거기에) 제공하는 재정도 마침내 그 소유가 아니라고 보고 시끄럽게 다툰다. 군주의 천하를 이 금성 몇 리 내로 한정한 것은 모두 환관이 그렇게 한 것이다.

한·당·송의 환관은 군주의 혼미함을 이용한 다음에야 뜻을 이룰 수 있었다. (그런데) 명나라에서는 법과 형국이 이미 결정되어 있고 서로 연결되어 있어서 의종과 같은 명철한 군주가 처음 그것을 의심하였다. (그런데) 결국 그것을 그만두

---

3) 신하가 왕에게 올리는 문서.
4) 이 책의 「재상론」 편 참조.
5) 중앙에 설치한 곡식 저장 창고.
6) 명나라 1420년에 중앙의 동안문 북쪽에 설립하였는데, 이곳을 환관이 감독하였다. 여기서의 모든 업무는 환관이 직접 황제에게 보고하였다.

게 하지 못하였고, 마침내 죽음에 임박해서도 조정의 신하와 한번 만나지도 못하였다. 이처럼 그 화가 심한 경우는 없었도다!

또한 군주에게 환관이 있는 것은 노비의 역할을 위해서이며, 조정에 신하가 있는 것은 (군주의) 사우(師友)의 역할을 위해서이다. 노비에게서 구할 것은 심부름이고, 사우에게서 구할 것은 도덕이다. 그러므로 노비는 (군주의) 기뻐하고 노여워하는 것을 엿보아 알아차릴 줄 알아야 현명한 것이다. 사우이면서 (군주의) 기뻐하고 노여워하는 데 부화뇌동하는 것은 아첨하는 것이다. 사우는 (군주의) 과실을 바로잡아야 현명한 것이다. 노비이면서 (군주의) 과실을 과실이라고 한다면 패역한 일이다.

환관을 내신(內臣)으로 여기고, 사대부를 외신(外臣)으로 여기면서 환관이 노비의 도리로 군주를 섬기는 것이다. 그 군주가 망령되이 기뻐하고 망령되이 노여워하는 것을 외신이 거스르면 환관은 "군주의 신하로서의 의무를 다하지 않으면서, 어찌 (이같이) 불경(不敬)할 수 있으리요!"라고 말한다. 군주 또한 노비의 도리를 신하의 도리라 생각하고, 그 기뻐하고 노여워하는 것을 환관에게 가하면 받아주고, 사대부에게 가하면 받지 않으면서 말하기를 "신하의 도리를 다하지 않으면서, 어찌 공경·불경이 있다고 하겠는가! 생각건대 내신은 나를 사랑하고 외신은 자기 스스로를 사랑한다"고 한다.

이에 천하의 신하된 자들은 군주가 (신하가) 현명한지 현명하지 않은지를 보는 것이 여기에 있다고 생각하고, 마침내 사우의 도리를 버리고 노비와 같은 태도 일변도로 나간다.

이런 습관이 오래되면 어리석은 선비는 큰 뜻에 통하지 못하고, 또한 좇아서 견강부회하며 말하기를 "군주는 하늘이다"고 말한다.

그래서 명나라 때 군주에게 올린 상소문은 내가 보기에 그 옳고 그름이 분명한데도 그 옳고 그름을 감히 분명하게 말하지 못하고 있다. 혹 작은 허물을 들춰내도 큰 잘못은 넘겨버리고, 혹 근래의 일에 힘쓰면서 옛 법칙을 소홀히 하고, (이것으로) 군주를 섬기는 당연한 도리라고 생각한다. 한 세대의 인심(人心)과 학술(學術)이 노비의 도리로 귀착된 것이 어찌 모두 환관이 한 일이며, 그 화가 이처럼 심각할 수 있겠는가!

「奄宦 上」

奄宦之禍, 歷漢唐宋而相尋無已, 然未有若有明之爲烈也. 漢唐宋有干與朝政之奄宦, 無奉行奄宦之朝政. 今夫宰相六部, 朝政所自出也. 而本章之批答, 先有口傳, 後有票擬. 天下之財賦, 先內庫而後太倉. 天下之刑獄, 先東廠而後法司. 其它無不皆然. 則是宰相六部, 爲奄宦奉行之員而已. 人主以天下爲家, 故以府庫之有爲己有, 環衛之强爲己强者, 尙然末王之事. 今也衣服飮食馬匹甲仗禮樂貨賄造作, 無不取辦於禁城數里之內, 而外庭所設之衙門, 所供之財賦, 亦遂視之爲非其有, 嘵嘵而爭. 使人主之天下不過此禁城數里之內者, 皆奄宦爲之也.

漢唐宋之奄宦, 乘人主之昏而後可以得志. 有明則格局已定, 牽挽相維, 以毅宗之哲王, 始而疑之, 終不能舍之, 卒之臨死而不能與廷臣一見, 其禍未有若是之烈也!

且夫人主之有奄宦, 奴婢也, 其有廷臣, 師友也. 所求乎奴婢者使令, 所求乎師友者道德. 故奴婢以伺喜怒爲賢. 師友而喜怒其喜怒, 則爲容悅矣;師友以規過失爲賢. 奴婢而過失其過失, 則爲悖逆矣.

自夫奄人以爲內臣, 士大夫以爲外臣, 奄人旣以奴婢之道事其主. 其主之妄喜妄怒, 外臣從而違之者, 奄人曰:"夫非盡人之臣與, 奈之何其不敬也!" 人主亦卽以奴婢之道爲人臣之道, 以其喜怒加之於奄人而受, 加之於士大夫而不受, 則曰:"夫非盡人之臣與, 奈之何有敬有不敬也! 蓋內臣愛我者也, 外臣自愛者也."

於是天下之爲人臣者, 見夫上之所賢所否者在是, 亦遂舍其師友之道而相趨於奴顔婢膝之一途. 習之旣久, 小儒不通大義, 又從而附會之曰:"君父, 天也." 故有明奏疏, 吾見其是非甚明也, 而不敢明言其是非, 或擧其小過而遺其大惡, 或勉以近事而闕於古則, 以爲事君之道當然. 豈知一世之人心學術爲奴婢之歸者, 皆奄宦爲之也. 禍不若是其烈與!

【하】

환관이 독약이나 맹수와 같다는 말은 수천 년 이래로 사람들이 모두 알고 있는 말이다. 마침내 (그들에게) 간을 찢기고 목을 잘리게 된 것은 어찌된 까닭인가? 어떻게 법으로 그들

을 제지할 수 없는가? 군주가 욕심이 많은 것에 그 이유가
있다.

　생각건대 군주가 하늘에서 명령을 받은 것은 원래 부득이
해서이다. 그래서 허유(許由)와 무광(務光) 같은 사람은 실제
로 천하를 질곡(桎梏)같이 생각하여 팔을 흔들며 그것을 거절
하였다. 어찌 후세의 군주는 천하를 오락의 도구로 생각하고
다스리는가? 궁실(宮室)을 크고 높게 하고 자신이 총애하는
여자들로 채우고 그런 여자들이 많아지자 환관들로 하여금
그들을 지키게 하였다. 이것이 서로 원인이 되는 상황이다.

　후세의 군주에게 또한 무엇을 책망하겠는가? 정현(鄭玄,
127~200)[7]이 주석한 『주례』에 "여어(女御)[8]는 여든한 사람이
9일간의 밤을 맡고, 세부(世婦)[9]는 스물일곱 사람이 3일간의
밤을 감당하고, 구빈(九嬪)[10]은 아홉 사람이 하룻밤을 담당하
고, 삼부인(三夫人)[11]은 하룻밤을 책임지고, 후(后)[12]는 하룻밤

---

7) 후한의 경학자로 북해 고밀(高密, 지금은 산동에 속함) 사람이다.
　자는 강성(康成). 태학에서 금문 『역』과 공양학을 배우고, 장공조
　(張恭祖)에게서 『고문상서』・『주례』・『좌전』 등을 배웠으며, 나중
　에 마융(馬融)에게서 고문경을 배웠다. 고향에 돌아와 무리를 모
　아 강학에 힘썼는데, 훗날 당화(黨禍)로 구금되었다. 이후 저술에
　전력하여 한대 경학을 집대성하였다. 물론 상당한 오류도 있지만
　현재 통용되는 13경주소 가운데 『모시』・『의례』・『주례』・『예기』
　의 주는 바로 그의 것이다.
8) 궁중에서 왕을 모시는 여관(女官).
9) 비빈(妃嬪)에 해당되는 여관.
10) 주대에 천자를 모시던 아홉 사람의 여관.
11) 부인은 군주의 첩이다.
12) 황제의 정처(正妻)이다. 『예기』 「곡례」 하에 "천자에게는 후가 있
　고, 부인이 있다." "천자의 비를 후라고 한다"는 말이 있다.

을 맡아 한다"[13]고 하였다. 이것은 과거의 어진 군주와 후세의 군주가 다르지 않았다.

곧 이같은 『주례』는 음란을 가르치는 서적이 된다. 맹자는 말하기를 "시첩(侍妾) 수백 사람의 일은 내가 뜻을 얻더라도 하지 않겠다"[14]고 하였다. 이때 제(齊)·양(梁)·진(秦)·초(楚)의 군주는 모두 사치하고 분수에 넘치는 일을 하였는데, 동주(東周)·서주(西周)시대에는 또한 이런 일이 없었다.

만일 (『주례』의 이런 내용이) 주공(周公)의 유제(遺制)라면 맹자 또한 아무 생각없이 진실로 그렇다고 했을 것이나, "뜻을 얻어도 하지 않겠다"고 하며, 주공의 잘못이라고 하였다.

만일 정현의 말대로라면 왕의 비(妃)는 120명이고, 비의 아래 또한 시종이 있으니, 환관으로 그들을 지키는 자는 그 세력이 수천 명에 달할 것이다.

후대의 선비들은 시인(寺人)[15]이 총재(冢宰)에 소속되어 『주관』(周官)의 환관제도가 매우 깊은 의미가 있다고 말한다. 형여지인(刑餘之人)[16]은 예의를 돌보지 않고 흉포한 일만 본받는다. 천하에 흉포한 자들이 모여 득실거리는데, 구구하게 나눠서 총재에게 속하게 하고, (그들에게) 출납하는 창고의 열쇠를 맡기니, 이치에 맞겠는가? 또한 예나 지금이나 잘 다스려지는 것을 귀하게 여기지 않고 난리가 없는 것을 귀하게 생각한다. 환관의 무리가 많으면 혼란이 아직 일어나지 않았어도

13) 『주례』「천관」 구빈(九嬪)의 주.
14) 『맹자』「진심」 하.
15) 궁궐 내의 근시(近侍)로 한대 이후에는 오로지 환관이라고 하였다.
16) 태감 혹은 궁형을 받은 사람, 곧 내시이다.

또한 쌓아놓은 장작더미 아래에 불을 지피는 것과 같다.

내 생각에 군주는 삼궁(三宮 : 皇帝·太后·皇后) 이외에는 일체를 없애야 한다. 이렇게 된다면 환관의 심부름하는 자들은 불과 수십 명이면 족할 것이다. 어떤 사람은 군주의 자손이 번창하지 못할 것을 염려한다. 천하에 어찌 그러한 경우가 있으리요!

내가 천하를 다스릴 수 없으면 오히려 그것을 피하려고 하는데, 하물며 자손에게서랴! 훗날 천하를 다스리는 자가 그 자손에서 나오지 않을 것을 두려워하며 떠는 것은 세상의 돈 많은 늙은이의 견해이다. 그러므로 요순(堯舜)은 자식이 있어도 오히려 천하를 (그에게) 전하지 않았다. 송나라 휘종(徽宗, 1101~25)은 일찍이 자식이 많지 않은 것이 아니었고[17] 단지 금나라 사람들에게 잡혀 죽었을 따름이다.

「奄宦 下」

奄宦之如毒藥猛獸, 數千年以來, 人盡知之矣. 乃卒遭其裂肝碎首者, 曷故哉? 豈無法以制之與? 則由於人主之多欲也. 夫人主受命於天, 原非得已. 故許由務光之流, 實見其以天下爲桎梏而掉臂去之. 豈料後世之君, 視天下爲娛樂之具. 崇其宮室, 不得不以女謁充之 ; 盛其女謁, 不得不以奄寺守之. 此相因之勢也.

---

17) 휘종은 아들이 31명, 딸이 34명 있었다. 그런데 정강사변(靖康事變)으로 그가 태상왕이 되었을 때, 그 아들 흠종(1126~27)과 자녀·후비·종실 사람 수천 명이 금나라에 포로로 잡혀가 오국성(五國城, 지금의 흑룡강 依蘭)에서 죽은 일을 말한다.

其在後世之君, 亦何足責? 而鄭玄之注周禮也, 內謂女御八十一人當九夕, 世婦二十七人當三夕, 九嬪九人當一夕, 三夫人當一夕, 后當一夕. 其視古之賢王與後世無異, 則是周禮爲誨淫之書也. 孟子言"侍妾數百人, 我得志弗爲也." 是時齊梁秦楚之君, 共爲奢僭, 東西二周且無此事. 若使爲周公遺制, 則孟子亦安爲固然, "得志弗爲," 則是以周公爲舛錯矣. 苟如玄之爲言, 王之妃百二十人, 妃之下又有侍從, 則奄之守衛服役者勢當數千人. 後儒以寺人隷於冢宰, 謂周官深得治奄之法. 夫刑餘之人, 不顧禮義, 兇暴是聞. 天下聚兇暴滿萬, 而區區以係屬冢宰, 納之鈐鍵, 有是理乎? 且古今不貴其能治, 而貴其能不亂. 奄人之衆多, 卽未及亂, 亦措火積薪之下也.

吾意爲人主者, 自三宮以外, 一切當罷. 如是, 則奄之給使令者, 不過數十人而足矣. 議者竊憂其嗣育之不廣也. 夫天下何嘗之有! 吾不能治天下, 尙欲避之, 況於子孫乎! 彼鰓鰓然唯恐後之有天下者不出於其子孫, 是乃流俗富翁之見. 故堯舜有子, 尙不傳之. 宋徽宗未嘗不多子, 止以供金人之屠醢耳.

황종희 연보

※황종희는 자가 태충(太沖), 호가 남뢰(南雷)이며, 충단공(忠端公)의 장자이다. 여요(餘姚) 통덕향(通德鄉) 황죽포(黃竹浦)에서 거주하였다. 이 연보는 공의 7세손 황병후(黃炳垕)가 편집한 것을 1610년부터 1695년 사이의 내용만을 간추려 번역한 것이다.

【1610~1629】 (1~20세)

1610년(明 萬曆 38)

8월 8일 술시(戌時), 공이 태어나다. 당시는 만주족의 침략의 기세가 드세었고, 가는 곳마다 그것을 근심하는 상황이었다. 어렸을 때 이름은 린(麟)으로 태부인(太夫人)이 꿈에서 기린을 보았기 때문에 그렇게 불렀다. 공은 태어나면서부터 재능이 뛰어났으며 커가면서는 나라의 대들보가 되기에 족하였다. 말하는 것은 어눌하였지만 옛 것을 존중했으며, 관자놀이 좌우에 동전같은 검붉은 사마귀가 있었다. 어떤 사람은 "이것은 일월(日月)같은 사마귀이다"고 말했다.

1613년(만력 41), 4세.

8월 10일, 증조 할머니 장태숙인(章太淑人)이 돌아가시다.

11월 23일, 증조 할아버지 태복(太僕) 대천공(對川公) 황왈중(黃日中)[1]이 돌아가시다.

1615년(만력 43), 6세.

가을, 부친 충단공 황존소(黃尊素, 1584~1626)[2]가 고향에서 과거에 합격하다.

---

1) 자는 곤명(鯤溟)이며 태복시경(太僕寺卿)에 봉해졌다. 숭사(崇祀)는 충의사(忠義祠)이다.

2) 자는 진장(眞長), 호는 백안(白安)이며, 만력년간에 진사하여 영국부(甯國府) 추관(推官) 및 산동도(山東道) 어사(御史)를 지냈다. 위충현의 모함으로 옥사한 후 숭정년간에 태복시경에 추증되고 충단(忠端)이란 시호를 받았다.

1616년(만력 44), 7세.

봄, 충단공이 진사가 되다.

7월 3일, 동생 회목공(晦木公) 황종염(黃宗炎, 1616~86)[3]이 태어나다.

1617년(만력 45), 8세.

충단공이 영국부(甯國府)에 관리로 추천받아 부임하다.

1618년(만력 46), 9세.

둘째 동생 택망공(澤望公) 황종회(黃宗會, 1618~63)[4]가 태어나다.

1622년(天啓 2), 13세.

영국(甯國)에서 요(姚)로 돌아오다. 군성(郡城)에 나가 동자시(童子試)에 응시하다.

7월 16일, 셋째 동생 사여공(司輿公) 황종원(黃宗轅, 1622~48)이 태어나다.

충단공은 어사(御史)를 제수받았으나, 일을 핑계로 나가지 않고 고향으로 돌아가다.

1623년(천계 3), 14세.

인화(仁和) 박사제자원(博士弟子貝)에 보임되다.

가을, 충단공을 따라 북경으로 가다. 주미해(朱未孩)[5]를 궁궐에서 만나다.

겨울, 충단공이 산동도감찰어사(山東道監察御史)가 되다. 공은

---

3) 명말청초 황종희의 동생으로 자는 회목(晦木)·입계(立谿)이며, 학자들은 자고(鷓鴣) 선생이라고 하였다. 숭정년간에 공생(貢生)이며 학행이 황종희와 비슷하였고, 저서에 『주역상사』(周易象辭)·『심문여론』(尋門餘論)·『도서변론』(圖書辨論)·『이회산서집』(二晦山棲集)이 있다.

4) 자는 택망(澤望), 숭정년간에 발공(拔貢). 저서에 『축재집』(縮齋集)·『사명산유록』(四明山遊錄)이 있다.

5) 명대 금화(金華) 사람이다. 자는 연지(延之). 만력년간에 진사하였고, 숭정년간에 산동 순무(巡撫)가 되어 수차례 적을 물리쳐, 총독조운(總督漕運) 겸 순무가 되었으며, 복왕(福王) 시절에는 병부상서(兵部尙書)·총독상강군무(總督上江軍務)로 있다가 청나라 군대와 싸우다 죽었다.

북경에 머물면서 많은 서적을 보며 지냈으며 장구(章句)의 자질구레한 것에 얽매이지 않았다. 충단공이 팔고문의 과제를 내면 공은 과제를 모두 완성하고 난 여유시간에 몰래 여러 소설을 사서 보았다. 태부인이 이를 이르자, 충단공은 "이 역시 지혜를 넓혀준다"고 하다.

1624년(천계 4), 15세.

엄당(奄黨)이 정치를 혼란하게 하고, 바야흐로 당론이 흥하자 충단공은 양련(楊漣)[6]·좌광두(左光斗)[7]·위대중(魏大中)[8] 등과 동지가 되어 밤을 지새며 머리를 맞대고 시사를 논의하다. 이 때 공은 그 곁에서 조정 신하들의 청탁(淸濁)의 흐름을 모두 알게 되다.

1625년(천계 5), 16세.

3월, 충단공이 엄온(奄媼) 위충현과 객씨(客氏)에게 탄핵당하여 삭탈관직되다.[9]

막내 동생 효선공(孝先公) 황종이(黃宗彝, 1625~69)가 태어나다.

12월, 공은 엽안(葉安) 사람 광서안찰사(廣西按察使) 엽육동(葉六桐: 諱는 憲祖)[10] 선생의 딸과 결혼하다. 그 때 여자의 나이는 17

---

6) 명대 응산(應山) 사람으로 자는 문유(文孺), 호는 대홍(大洪), 이름은 충렬(忠烈)이다. 만력년간에 진사하고 좌부도어사(左副都御史)를 지내면서 위충현을 탄핵하다 하옥되어 죽었다.

7) 명대 동성(桐城) 사람으로 자는 유직(遺直), 호는 부구생(浮丘生)이고, 추시(追諡)는 충의(忠毅)이다. 만력년간에 진사하여 중서사인(中書舍人)과 어사(御史)를 지냈다. 기절(氣節)을 자임하면서 환관을 배척하다 위충현의 미움을 사 옥중에서 죽었다.

8) 명대 가선(嘉善) 사람으로 자는 공시(孔時), 추시(追諡)는 충절(忠節)이다. 만력년간에 진사하고 이과도급사중(吏科都給事中)을 지냈다. 위충현과 대학사(大學士) 위광미(魏廣微)를 탄핵하다 훗날 모함을 당해 옥중에서 죽었다.

9) 삭탈관직의 이유는 위충현 및 위충현과 결탁한 천계제(天啓帝)의 유모 객씨를 탄핵한 것이 빌미가 되었다.

10) 명대 여요 사람으로 자는 미도(美度) 또는 상유(相攸), 호는 동백(桐柏)이다. 만력년간에 진사하여 공부주사(工部主事)를 지냈는데, 위충현의 생사(生祠)건축을 반대한다고 해서 관직을 박탈했다가 다시 광서안찰사(廣西按察使)를 지냈다. 저서에 『북망설법』(北邙說法), 『난비기』(鸞鎞記) 등

세였다.

1626년(천계 6), 17세.

3월, 충단공과 고반룡(高攀龍, 1562~1626)[11]·주순창(周順昌)[12]·
무창기(繆昌期)[13]·주종건(周宗建)[14]·이응승(李應昇)[15]·주기원(周
起元)[16] 등이 앞다퉈 체포되다. 충단공은 공을 군성의 유종주(劉宗
周, 1578~1645)[17] 선생의 소사(蕭寺)[18]로 보내면서, 그곳에서 공부

의 잠극이 있다.

11) 명말 학자로 무석(無錫) 사람이다. 자는 존지(存之)·운종(雲從), 별호는
경일(景逸), 시호는 충헌(忠憲)이다. 만력년간에 진사하였고, 학문은 정주
학(程朱學)을 종지로 삼았다. 고헌성(顧憲成)과 함께 동림서원(東林書院)
에서 주자학을 강론하여 유자의 으뜸이라 일컬어졌다. 희종(熹宗) 때 좌도
어사(左都御史)가 되어 정치개혁을 단행하다 1626년 환관 위충현 일당에
게 화를 당하자, 자택 연못에 투신 자살하였다. 문집으로 『고자유서』(高子
遺書)·『무림유기』(武林遊記)·『취정록』(就正錄)이 있다.

12) 명말 오현(吳縣) 사람이다. 자는 경문(景文 또는 景父), 호는 요주(蓼洲),
추증된 시호는 충개(忠介)이다. 만력년간에 진사한 이후, 관직은 문선원외
랑(文選員外郎)을 지냈다. 위충현의 모함으로 역시 옥사하였다. 저서에
『신여집』(燼餘集)이 있다.

13) 명말 강음(江陰) 사람이다. 자는 당시(當時)이고, 추증된 시호는 문정(文
貞)이다. 만력년간에 진사하고 검토(檢討)를 지냈다. 동림 일당으로 지목
되어 유문병(劉文炳)의 탄핵을 받았다. 저술에 『종야당집』(從野堂集)이
있다.

14) 명말 오강(吳江) 사람으로 자는 계후(季侯), 추증된 시호는 충의(忠毅)이다.
만력년간에 진사하여 어사를 지냈다. 위충현을 탄핵하다가 옥살당했다.

15) 명말 강음(江陰) 사람으로 자는 중달(仲達), 호는 낙락재(落落齋)·석조거
사(石照居士)이다. 복왕(福王) 때, 충의(忠毅)라고 시호하였다. 만력년간에
진사하고 천계년간에 어사를 지냈다. 여러 차례 상소직언하여 위충현에게
죽음을 당했다.

16) 명말 해징(海澄) 사람이다. 자는 중선(仲先), 시호는 충민(忠愍)이고 나중
에 충혜(忠惠)라고 바꾸었다. 만력년간에 진사한 이후 우첨도어사(右僉都
御史)에서 소송십부(蘇松十府)의 순무(巡撫)를 지내다 위충현의 모함으로
옥사하였다. 저술로 『주충민주소』(周忠愍奏疏)가 있다.

17) 명말 산양(山陽, 지금의 절강성 紹興) 사람이다. 자는 기동(起東), 호는 염
대(念臺)로 관직은 남경좌도어사(南京左都御史)를 지냈다. 명나라가 멸망
하자 20일을 단식하다 죽었다. 즙산(蕺山)에서 강학하였기 때문에 사람들

하라고 명하다.

윤(閏) 6월 1일, 충단공이 감옥에서 세상을 뜨다. 이 소식이 전해지자 태부인은 통곡하며 기절하다. 공이 위로하자 태부인이 말하기를, "네가 나를 이해하려고 하면 할아버지가 쓴 저 벽의 글을 잊지 말라!"고 하였다. 할아버지 태복 곤명공은 공에게 이르며 큰 글씨로, "너는 억울하게 죽은 너의 아버지를 잊지 말라!"(爾忘勾踐 殺爾父乎!)[19]는 여덟 글자를 벽에 붙여놓았다. 공은 그것을 보고 통곡하다.

오현(吳縣) 김의소(金宜蘇)[20]가 조문하러 와 통곡하고 돌아가다.

1627년(천계 7), 18세.

충단공의 문하생 취이(橋李) 서석기(徐石麒)[21]가 강을 건너와 조문하고, 공에게 이르기를, "학문은 혼잡해서는 안 되며, 혼잡하면 성취할 수 없다. (그런데) 성취할 수 없어도 장차 병농(兵農)·예악(禮樂)이 천시(天時)·지리(地利)·인정(人情)·물리(物理)에 맞아 묘막(廟謨)·비장(裨掌)을 도울 수 있는 것은 그 본성의 가까운 것을 따라서 마땅히 한 길로 나아가 크게 쓰일 수 있기 때문이다"고

은 그를 즙산 선생이라고 하였다. 황종희와 진확(陳確)은 그의 제자이다. 증인서원(證人書院)을 짓고 성경(誠敬)·신독(愼獨)을 위주로 강학하였다. 저서에 『유자전서』(劉子全書)·『유자전서유편』(劉子全書遺編)이 있다.

18) 양(梁)나라의 무제(武帝)가 사원(寺院)을 짓고 자기 성을 따라 소사라고 부른 고사에서 연유한 것으로 일반적인 사원(寺院)을 가리킨다.

19) 구천(句踐)은 춘추시대 월(越)나라의 두 번째 왕으로 오(吳)나라 부차(夫差)를 죽이고 오나라를 멸하였다. 그 이전 부차는 월나라를 쳐 그의 부왕(父王) 합려(闔閭)의 원수를 갚았다. 여기서는 이 고사를 인용해서 아버지의 원수를 꼭 갚으라는 뜻으로 이 말을 하고 있는 것 같다.

20) 김의소는 서석기(徐石麒)·주천린(朱天麟) 등과 함께 무오년 강남향시를 통해 관직에 나갔다.

21) 명말 가흥(嘉興) 사람으로 자는 보마(寶摩)이다. 천계년간에 진사하였으나 위충현의 미움을 사 관직을 잃었다가 숭정년간에 남예부주사(南禮部主事)·형부상서(刑部尙書)를 지냈고, 복왕 때에는 이부상서(吏部尙書)를 지냈다.

228

하였다. 이것은 마치 소자첨(蘇子瞻, 1036~1101)[22]이 진태허(秦太虛)[23]를 가르치며, 실용적인 책을 많이 저술하라는 의미와도 같았다.

1628년(崇禎元年), 공 19세.

옷소매에 긴 송곳과 상소문을 찔러넣고 원통함을 호소하기 위해 북경으로 가다. 항주(杭州)에 들러 화정(華亭) 진계유(陳繼儒, 1558~1639)[24] 선생을 만나다. 공이 상소문을 꺼내 보여주자 선생이 수정하다.[25]

충단공이 옥사하기까지의 대략적인 내용은 다음과 같다.

충단공이 세 번 위충현의 엄당을 탄핵하자 엄당의 불만이 매우 컸다. 조흠정(曹欽程)[26]이 엄당에 참여하면서 그것은 더욱 심해졌다. 충단공이 삭탈관직을 당한 뒤 헛소문이 무성하였다. 그 소문은 오(吳)지역 사람들이 반역을 꾀한다는 내용이다. 충단공이 이실(李實)[27]을 동원하여 장영(張永)[28]에게 비밀계획을 전달하였고, 위충현

---

22) 송나라 미산인(眉山人) 소순(蘇洵)의 아들이며 소철(蘇轍)의 형 소식(蘇軾)을 말한다. 자는 자첨(子瞻), 호는 동파거사(東坡居士)·철관도인(鐵冠道人)·정상재(靜常齋)·설랑재(雪浪齋)이고, 시호는 문충(文忠)이다.

23) 송나라 고우(高郵) 사람 진관(秦觀)으로 자는 소유(少游)·태허(太虛), 호는 한구거사(邗溝居士)이다. 사람들이 진회해(秦淮海)라고 불렀다. 문사(文詞)에 뛰어났고, 관직은 태학박사(太學博士)·국사원편수관(國史院編修館)을 지냈다. 저서에는 『회해집』(淮海集)이 있다.

24) 명말 송강(松江) 화정 사람이다. 자는 중순(仲醇), 호는 미공(眉公) 또는 미도인(眉道人)이다. 곤산(昆山) 남쪽에서 은거하다가 후에 동여산(東余山)에 거주하였다. 시문에 특히 뛰어났고, 저술로 『미공전집』(眉公全集)이 있다. 그는 또한 공이 충단공의 면죄를 위해 상경할 때 공이 지닌 상서문을 교정해주기도 하였다.

25) 소(疏)의 내용은 『송천려필』(頌天臚筆)에 수록되어 있다.

26) 명말 강서덕화(江西德化) 사람이다. 진사하여 관직은 오강지현(吳江知縣)을 지냈다. 위충현의 십구(十狗)의 한 사람이다.

27) 명대 합주(合州) 사람으로 자는 맹성(孟誠)이다. 정통(正統)년간에 진사하여 호광순무(湖廣巡撫)를 지냈다. 저서에 『봉사록』(奉使錄)이 있다.

28) 명대 보정신성(保定新城) 사람이다. 유근(劉瑾)의 당(黨)으로 8호(虎)의 한 사람이다. 후에는 유근이 하는 것을 싫어하여 그를 비판하였다. 관은 가정(嘉靖) 때 제독단영(提督團營)을 지냈다.

의 엄당이 크게 두려워하며 사람들에게 이실을 견책하게 하자 그 내용이 드러났다. 이실이 마침내 강학(講學)으로 큰 문제를 삼아 충단공이 화를 입게 되었던 것이다.

이렇게 되자 공은 원통함을 풀고자 북경으로 올라왔지만, 위충현 일당은 이미 부관참시(剖棺斬屍) 당한 이후였다. (조정에서는) 엄당의 난동으로 죽음을 당한 사람들에게는 관직을 추증하고 제사와 장례를 치르게 하였으며, 녹을 내려 후대에 본보기로 삼다. 공이 이런 은혜에 감사하는 상소를 하며, 동시에 역당(逆黨) 조흠정과 이실 등을 죽일 것을 청하다. 교지를 얻어 형부에서 신속히 이들을 심문하다.

5월, 형부는 허현순(許顯純)[29]과 최응원(崔應元)을 심문하는데,[30] 공이 그 기록을 보고 나아가 옷 속의 송곳으로 허현순을 찌르자 온몸이 피로 물들다. 허현순이 스스로 자백하며 효정(孝定)황후의 외생질(外甥姪)이라 하고 법률상 왕의 가족에 대한 조목이 있다며 문제를 거론하자, 공이 말하기를, "허현순은 엄당과 결탁하여 혼란을 일으키고 충신과 선량한 이들을 모두 그 손으로 죽였으니, 당연히 모반 죄목에 해당한다. 대개 모반죄는 친왕(親王) 고후(高煦)·신호(宸濠)도 죽음을 면할 수 없는데, 하물며 황후의 외가 친척임에랴?" 고 하다. 마침내 두 사람을 사형으로 논죄하고 처자식을 유배시켜야 한다고 하다. 공은 또한 최응원의 가슴을 찌르고 수염을 뽑아서 돌아가 충단공의 신위(神位) 앞에 제사를 지내다.

오강 주종건(周宗建)[31]의 아들 주정조(周廷祚), 광산(光山) 하지

---

29) 명말 정흥(定興) 사람이다. 무관(武官)으로 진무사(鎮撫司)를 지냈고, 위충현의 엄당에 속하였다. 성격이 잔혹하여 양련(楊漣)·좌광두(左光斗) 등 10여 명이 모두 그의 손에 죽었다.

30) 허현순과 최응원은 충단공을 고문한 장본인들이다.

31) 명말 오강인으로 자는 계후(季侯)이며, 만력년간에 진사하고 지현·어사를 지냈다. 위충현을 탄핵하였다가 삭탈관직되었고 그후 옥사하였다. 시호는 충의(忠毅).

령(夏之令)³²⁾의 아들 하승(夏承)과 함께 공은 엽자(葉咨)·안문중
(顔文仲)을 매질하였는데, 때마침 넘어져서 죽다. 생각건대 허현순
은 큰 이치를 실현한다 하고 최응원과 더불어 역모를 따르다가 충
단공을 고문한 것이다. 엽자와 안문중 두 사람은 여러 사람을 곤경
에 빠트렸는데, 모두 손수 해악을 만들어낸 자들이다.

6월, 이실·이영정(李永貞)³³⁾·유약우(劉若愚)³⁴⁾ 등 세 명의 엄당
이 중부(中府)에서 심문을 받을 때, 이실은 자기 스스로 나아간 것
이 아니라고 변명하며, 위충현이 가짜 인신(印信)을 갖고 이영정으
로 하여금 공란에 쓰게 하였기 때문에 먹(墨)은 주상(硃上)에 있다
고 하다. (그러면서 그는) 뒤로는 거인(擧人) 원(袁)모를 시켜 3천
금을 공에게 보내며 질책하지 말아줄 것을 호소하다. 공이 그것을
왕에게 보고하며 말하기를, "이실은 오늘 뇌물을 공에게 보내었는
데, 그 변론한 것을 어찌 믿을 수 있겠는가!"하고, 그를 송곳으로
찌르다.

(역모자들에 대한) 논죄가 끝난 뒤 엄당의 피해를 당한 이들의
자제들이 제단을 설치하고 옥문 앞에서 위대중(魏大中)³⁵⁾의 아들
절강 가선(嘉善) 위학렴(魏學濂, 1608~44)이 지은 제문을 읽는데,
읽기를 다 마치지 못하고 대성통곡하자 보는 이들도 통곡하다. 좌
사우사(左史右史)의 관리들이 입궐하여 이것을 장열제(莊烈帝,
1628~44)³⁶⁾에게 고하자, 장열제가 탄식하며 말하기를, "충신들의

---

32) 명말 광산인(光山人)으로 자는 소무(紹武)이다. 만력년간에 진사하여 어사
　를 지냈다. 위충현의 탄압을 받아 옥사하였다.
33) 명말 직예(直隸) 통주인(通州人). 만력년간의 곤령궁내시(坤寧宮內侍)였으
　며, 위충현의 심복이었다.
34) 명말 태감(太監). 책을 좋아하고 학문을 즐겼다. 위충현이 패하자 그는 어
　사 양유원(楊維垣)에게 탄핵받았다.
35) 명말 가선인(嘉善人). 자는 공시(孔時)이며 만력년간에 진사하여 이과도급
　사중(吏科都給事中)을 지냈다. 위충현을 탄핵하다가 모함을 받았다. 시호
　는 충절(忠節).
36) 명말의 의종(毅宗) 주유검(朱由檢, 연호는 숭정)을 말한다.

자제들이 참으로 측은하니 나의 마음도 슬프다"고 하다.

가을, 충단공의 영구(靈柩)를 남쪽으로 옮기며 경구(京口)를 지나는데, 어느 절에 불사(佛事)가 있어 공이 들어가보니 신위(神位)에 충단공의 이름이 적혀 있고, 제사상이 차려져 있었다. 공이 통곡하고 예를 올리자 절에 있던 사람들이 모두 놀라다.

겨울, 유종주 선생이 와서 조문하고 옷자락을 거둬올리고 관의 먼지를 쓸며 통곡하고 돌아가다.

1629년(숭정 2), 공 20세.

군(郡)에서 유종주 선생과 석량(石梁) 도석령(陶奭齡)이 강학을 열다. 석량의 제자는 모두 선승(禪僧)들로 불교 교리에 빠져 있었다. 유종주 선생 홀로 신독(愼獨)을 종지(宗旨)로 삼고 즙산에서 강학하다. 공은 오월(吳越) 지역의 알고 있는 선비 60여 명을 초청하여 함께 강학에 참여해 석량의 설을 힘써 비판하고, 남을 해치는 말을 귀담아 듣지 않다.

6월 18일, 큰 아들 기질공(棄疾公) 황백약(黃百藥, 1629~94)이 태어나다.

가선(嘉善)으로 가 전사승(錢士升)[37]을 만나 충단공의 묘지명(墓志銘)을 부탁하다. 운간(雲間)으로 가 내의당(來儀堂) 정사에서 진계유 선생을 방문하여 이틀밤을 묵고 돌아오다.

또 장내(張鼐)[38] 선생을 그 집에서 뵈었는데, 때마침 병중이었다. (장 선생이) 말하기를 "공은 정신이 맑으니 다른 날 멀리 가더라도 어르신의 말씀을 잊지 말라"고 당부하다.

---

37) 명말 가선 사람이다. 자는 억지(抑之). 만력년간에 전시(殿試)에서 1등을 하였다. 관직은 숭정년간에 예부상서·동각대학사(東閣大學士)를 지냈다. 장열제 때 시정을 비판하다가 제의 뜻과 맞지 않아 인책당해 면직되었다. 저술로 『주역규』(周易揆)·『남송서』(南宋書)·『명표충기』(明表忠記)·『손국일서』(遜國逸書)가 있다.

38) 명말 송강 화정인으로 자는 세조(世調)이고 만력년간에 진사하여 남경이부우시랑(南京吏部右侍郞)을 지냈다.

겨울, 고향으로 돌아오다.

11월 25일, 충단공을 은학교(隱鶴橋)에 장사지내다.

【1630~1649】 (21~40세)

1630년(숭정 3), 공 21세.

할머니 노태숙인(盧太淑人)을 모시고 남경 응천부(應天府) 경력서(經曆署)에 가다.[39] 남경 국자감승(國子監丞)으로 있던 번우(番禺) 한상계(韓上桂)[40]가 조마(照磨)[41]로 좌천되었는데, 그 부서와 경력서는 단지 하나의 담장 너머에 있었다. 공이 아침 저녁으로 그곳을 지나치자 한상계가 비로소 공에게 시 짓는 법을 전수하다. 그 때 남방에서 큰 모임이 있었는데, 금단(金壇) 의부(儀部) 주표(周鑣)[42]가 공을 초청하여 참가하다. 남사공(南司空)[43] 하교원(何喬遠)[44]

---

39) (원주) 그 때 공의 작은 아버지 황백애(黃白崖)가 경력(經曆)으로 있었다.

40) 명말 번우 사람으로 자는 맹욱(孟郁), 호는 월봉(月峯)이다. 어려서부터 영리하고 독서를 좋아하였지만 집안이 가난하여 책을 구입할 수 없었다. 다른 사람에게 21사(史)를 빌려 한달 동안 대략적인 내용을 묵지할 정도였다. 관직은 국자감승(國子監丞)을 지냈고, 후에 영평통판(永平通判)에 이르렀다. 숭정말년에 북경이 적에게 함락되었다는 소식을 듣고 분개하다 화병으로 죽었다.

41) 원대 이후 육부·추밀·선정(宣政)·선휘(宣徽)의 여러 원(院)과 어사대·대사농사(大司農司)·대도독부 등의 서(署)와 제위제친군(諸衛諸親軍) 및 행중서성(行中書省)·선위사(宣慰司)·염방사(廉訪司)·도전운염사사(都轉運鹽使司)에 모두 설치하여 문서를 주관하였다. 명대에는 도찰원(都察院)과 포정(布政)·안찰(按察) 등 두 사(司) 및 각 부(府)에 설치하였다. 청대에는 도찰원을 제외한 포정·안찰 두 사와 각 부에 두고 문서 수발·권종(卷宗)의 업무를 담당하였다.

42) 자는 중어(仲馭)이며 공을 복사(復社)로 이끈 사람이다.

43) 남사(南司)는 남조시대(南朝時代) 어사중승(御史中丞)을 말한다. 남북조에는 어사대(御史臺)가 상서성(尙書省)의 남쪽에 위치하고 있었기 때문에 남대(南臺)라고 하고 중승을 남사라고 하였다. 이후 당대에서는 남사는

이 또 공을 시모임에 초대하다.

9월, 봉황대(鳳凰臺)에서 대회가 열려 남방의 사인(詞人) 왕일(汪逸)[45], 임고도(林古度), 복건 진강(晋江) 황거중(黃居中)[46], 임운봉(林雲鳳), 민경현(閔景賢) 같은 사람들이 모두 공과 함께 결속을 맺다.

안휘 선성(宣城) 심수민(沈壽民, 1607~75)[47]이 공의 생업을 위해 과거에 응시할 것을 권면하자, 공이 처음으로 과거시험을 보다.[48]

과거시험 발표 후 강소 태창(太倉) 장부(張溥, 1602~41)[49] 선생이 진회(秦淮)에서 모임을 열었는데, 이 때 모인 사람들은 소주(蘇州) 양정추(楊廷樞, 1595~1647)[50], 진자룡(陳子龍)[51], 강소 태창 오위업

재상을 말하였다. 이는 중서·문하·상서 삼성이 모두 남쪽에 있는 까닭이다.

44) 명말 진강(晉江) 사람이다. 자는 치효(穉孝), 호는 비아(匪莪) 또는 자서재(自誓齋), 시호는 문숙(文肅)이다. 만력년간에 진사하고 숭정년간에 남경 공부우시랑(工部右侍郎)을 지냈다. 『명계십삼조유사』(明季十三朝遺事)를 편집하고 『민서백오십권』(閔書百五十卷)을 편찬하였다.

45) 명말 흡(歙) 사람이다. 자는 유민(遺民)이고 저술로 『왕유민시』(汪遺民詩)가 있다.

46) 명말 진강 사람이다. 자는 명립(明立), 호는 천경재(千頃齋)이다. 만력년간에 진사하고, 남경 국자감승(國子監丞)을 지냈다. 학자들은 그를 해학(海鶴) 선생이라 불렀다. 저술로는 『천경재집』(千頃齋集)이 있다.

47) 명말 심무학(沈懋學)의 증손이며, 자는 미생(眉生)이다. 동란 이후 은거하여 강학에 종사했다. 저서로 『유집』(遺集)·『한도록』(閑道錄)이 있다.

48) 공은 33세까지 네 차례 과거시험을 보았으나 모두 낙제하였다.

49) 명말 태창 사람이다. 자는 천여(天如), 호는 칠록재(七錄齋)이다. 숭정년간에 진사하였다. 같은 마을의 장채(張采, 1596~1648)와 동학이면서 둘이 모두 유명해져 사람들이 누동(婁東)의 이장(二張)이라고 하였다. 당시 문학결사체인 복사(復社)에서 활동하였다.

50) 명말 장주(長洲) 사람으로 자는 유두(維斗)이다. 숭정년간에 향시에서 1등을 하였다.

51) 명대 송강화정(松江華亭) 사람이다. 자는 인중(人中) 또는 와자(臥子)이고, 호는 대준(大樽)이며, 추증된 시호는 충유(忠裕)이다. 숭정년간에 진사하고 병과급사중(兵科給事中)을 지냈다. 저서에 『시문략』(詩問略)·『백운초려거』(白雲草廬居)·『상진각』(湘眞閣) 등이 있고, 이문(李雯)과 함께 『명시선』(明詩選)을 편찬하였다.

(吳偉業, 1609~71)[52], 강소 동산(銅山) 만수기(萬壽祺, 1603~52)[53], 장명옥(蔣鳴玉)[54], 팽연(彭燕), 오래지(吳來之) 등이다. 그 밖에 참가한 사람들은 공과 심수민뿐이다. 남방으로 돌아가는데 문숙공(文肅公) 문진맹(文震孟)[55]을 경구(京口)에서 만나 함께 배를 타고 오문(吳門)으로 가다.

문진맹은 공이 과거에 합격하지 못한 것을 보고 크게 탄식하며 말하기를, "다음에 큰 저술로 세상에 이름을 날린다면 한때의 잃은 것과는 족히 계교할 수 없을 것이다"고 하다.

주표가 여요(餘姚)로 와 황죽포(黃竹浦)에서 공을 만나다.

1631년(숭정 4), 공 22세.

충단공이 체포되었을 때, 도중에 공에게 이르기를, "학자는 역사를 알지 못하면 안 된다. 앞으로 서가에서 『헌징록』(獻徵錄)을 섭렵해야 한다"고 하였다. 그래서 공은 발분해서 명조로부터 13조실

---

52) 청대 태창 사람이다. 자는 준공(駿公) 또는 매촌(梅村)이고, 호는 관은(灌隱)이다. 숭정년간에 진사하고 국자감좨주(國子監祭酒)를 지냈다. 저서에 『매촌집』(梅村集)·『왜구기략』(倭寇紀略)·『태창십자시선』(太倉十子詩選) 등이 있다.

53) 청대 서주(徐州) 사람이다. 자는 연소(年少) 또는 내경(內景)이고, 호는 수도인(壽道人)·소도인(素道人)·명지도인(明志道人)이다. 명대 숭정년간에 거인(擧人)으로 청대 들어와 유의승모(儒衣僧帽)하고 오초(吳楚) 지역을 왕래하여 만도인(萬道人) 또는 사문혜수(沙門慧壽)라고 불렸다. 시문서화(詩文書畵)를 잘하고 전각(篆刻)에 뛰어났다. 저서에 『습서당집』(隰西堂集)이 있다.

54) 명말청초 금단(金壇) 사람이다. 자는 초진(楚珍)이고, 호는 중완(中完)이다. 숭정년간에 진사하고 태주부추관(台州府推官)을 지냈다. 저서에 『사서강의』(四書講義)·『오경강의』(五經講義)가 있다.

55) 명말의 인물로 문징명(文徵明)의 증손이다. 자는 문기(文起)이고, 호는 약포(藥圃)이다. 복왕(福王) 때에 문숙(文肅)이란 시호를 받았다. 천계년간의 전시(殿試)에서 1등을 하였다. 수찬(修撰)을 지내며 근정강학(勤政講學)을 열었는데 위충현이 미워하여 외관(外官)으로 좌천되었는데 그만두고 귀향하였다. 관직은 예부좌시랑(禮部左侍郎) 겸 동각대학사(東閣大學士)를 지냈다. 저서로 『고소명현소기』(姑蘇名賢小記)가 있다.

록, 그 위로 21사(史)를 매일 한 권씩 읽었다. 동틀 무렵에 일어나 닭이 울 때까지 공부하여, 그것을 2년 만에 모두 섭렵하다.

5월 18일, 할아버지 태복 곤명공이 별세하다. 별세하시기 전, 공은 기술자들의 기술이 도탑지 못하다고 여기고 더위를 무릅쓰며 4백 리를 걸어 제기(諸暨)에 이르러 200금(金)을 주고 빛깔 좋은 개오동나무를 사오자, 태복공은 그것을 오랫동안 어루만지면서 기뻐하며 말하다. "네가 훗날 나와 같은 관직을 받아도 그것은 또한 허명(虛名)이다. 오늘의 이런 효성이 곧 실사(實事)일 뿐이다."

1632년(숭정 5), 공 23세.

처음으로 용상(甬上) 육부(陸符, 1574~1644)와 만태(萬泰, 1598~1667)[56] 두 선생과 교류하다. 이 때 동림(東林)[57]・복사(復社)[58]가 서로 의지하다. 공의 처소는 비록 먼 거리 벽지에 있었어도 사방의 손님들이 찾아들다. 두 선생은 해마다 서너 명을 거느리고 오는데, 해질 무렵 거룻배 한 척이 항구에 닿으면 보는 사람들은 모두 용상의 두 선생이 공의 형제를 방문하는 것으로 알다.

충단공의 문하생 곤산(崑山, 지금의 江蘇) 문정공(文靖公) 주천린

---

56) 방부(邦孚)의 아들이다. 자는 이안(履安)이고 만년에는 회암(悔菴)이라고 불렸다. 명대 숭정년간의 거인으로 호부주사(戶部主事)를 지냈다. 청조가 들어서자 벼슬하지 않았고, 그의 아들 사년(斯年)・사정(斯程)・사정(斯禎)・사창(斯昌)・사선(斯選)・사대(斯大)・사비(斯備)・사동(斯同) 등 여덟 명은 모두 황종희에게서 배웠다.

57) 명말 고헌성(顧憲成)과 고반룡(高攀龍)이 중심이 되어 조직한 정치단체이다. 신종 말년에 신종이 총애하던 아들을 후계자로 세울 것을 주장하다 받아들여지지 않자 귀향하여 동림서원(東林書院)을 열고 정치현실의 문제를 기탄없이 비판하였다. 이로 인해 비동림당과 격렬한 당쟁이 벌어졌다. 그러나 위충현이 득세하면서 동림당은 와해되었다.

58) 천계년간 장부(張溥) 등 10여 명이 시작한 문학결사체이다. 남북 각 성의 문사(文社)를 결집하여 오군(吳郡)에서 모였는데, 명목상 문학결사체이고, 실제로는 동림당의 뜻을 이은 정치결사체이다. 한편 당시의 결사체는 항주의 독서사(讀書社), 소주의 복사(復社), 남경의 국문광업사(國門廣業社) 등에서 모임이 결성되어 활동하였다.

(朱天鱗, ?~1650)[59]이 시 원고를 보여주고 공에게 서문을 위촉하다.

1633년(숭정 6), 공 24세.

무림(武林) 남병산(南屛山) 아래서 강호(江浩)·장기연(張岐然, 후에 濟義, 곧 仁菴師라 개명) 등과 함께 독서하다.

징군(徵君) 심수민이 해외에서 돌아와 죽포(竹浦)로 공을 찾아왔으나 만나지 못하고 돌아가다.

가을, 안휘(安徽) 무호(蕪湖) 심사주(沈士柱)[60]가 무림에 이르러 공과 함께 고산(孤山) 독서사(讀書社)에 우거하자 제자(諸子)가 모두 모였다. 당시 항주에는 독서사·소축사(小築社)·등루사(登樓社)가 있었다.

촉(蜀)사람 유도정(劉道貞)이 새로 법을 체득하고 풍종(馮悰)·장기연·강호가 공을 초청하여 그들과 정기적으로 교류하다. 공은 강우(江右) 유동승(劉同升)[61], 심수민과 곤동(崑銅)의 여러 문사(文士)와 내왕하다. 이들은 함께 『논어』 『주역』을 읽으며 쓸데없는 말과 새로운 의미를 가려 뽑아 옥석을 가려내었는데, 이것은 하늘도 경탄할 정도였다.

둘째 동생 택망공이 박사제자원(博士弟子員)에 보임되다.

12월 2일, 태부인의 사순(四旬) 잔치에 용상 만태·육부 두 선생이 축하하러 오다. 어사(御史) 구식사(瞿式耜)[62]가 시 몇 장을 지어

---

59) 명말 오강 사람이다. 곤산에 거하였고 자는 유초(游初), 호는 칠관재(七觀齋)이며, 충단공의 문하생이다. 숭정년간에 진사하고 예부상서(禮部尙書)·동각대학사(東閣大學士)를 지냈다. 청나라 군사가 쳐들어오자 왕을 따라 나섰다가 도중에 죽었다. 저서로 『역정삼연』(易鼎三然)이 있다.

60) 명말 무호(蕪湖) 사람이다. 호적을 박탈당하고 남경에서 임시로 거주하였다.

61) 명말 유응추(劉應秋)의 아들이다. 자는 진경(晉卿) 시호는 문충(文忠)이다. 숭정년간에 전시(殿試)에서 1등을 하였고 수찬(修撰)을 거쳐 병부좌시랑(兵部左侍郞)을 지냈다. 명이 망하자 양정린(楊廷麟)과 함께 명조 부흥운동을 하였다.

62) 명말 상숙(常熟) 사람 구여설(瞿汝說)의 아들이다. 자는 기전(起田), 호는 경석재(耕石齋)·괴림거사(愧林居士)이고, 시호는 충선(忠宣)이다. 만력

장수를 기원하다.

1634년(숭정 7), 공 25세.

계속해서 독서사의 여러 사람들과 함께 무릉(武陵)에서 책을 읽
다. 그 때 공은 율려(律呂)를 강습하는데, 장기연과 여요·항주의
좋은 대나무를 골라 12율과 네 가지 맑은 소리를 만들고 그것을 불
어 황종(黃鐘)⁽⁶³⁾을 정하다. 고소(姑蘇)로 가 건산(乾山) 관롱(管籠)
의 집에서 우거하였는데, 관롱은 한때 천태의 가르침의 중흥에 힘
썼는데, 명사들이 모두 비난하다.

태창 장부(張溥)⁽⁶⁴⁾, 수채(受采)⁽⁶⁵⁾ 두 선생을 방문하다. 어느 집에
장서(藏書)가 있다는 소리를 듣고 공은 장부와 함께 등불을 받쳐들
고 가보다.

가선(嘉善)에서 위대중을 장사지내고, 공은 유종주 선생을 따라
다시 성으로 돌아가다. 중서(中書) 진용정(陳龍正, 1585~?)⁽⁶⁶⁾은 수
서(守書) 소정(紹旵) 선생과 함께 가서 선생이 공을 끝까지 보자
공이 웃으며 "고리타분하다"고 말했다. 선생이 한참 있다가 말하기
를 "천하에 누가 고리타분한가?"라고 했다. 그 때 『고충헌유집』(高
忠憲遺集)이 처음 출간되었는데, 공은 배 안에서 한나절 동안 그것

년간에 진사하고 복왕 때에 우첨도어사(右僉都御史)로써 광서 순무(巡撫)
를 지냈다.
63) 12율(律)의 하나. 6율 6여(呂)의 기본이 되는 음이다.
64) 명말 학자로 자는 천여(天如). 같은 마을의 장채(張采)와 더불어 누동이장
(婁東二張)이라 불렸다. 저서로 『시경주소대전합찬』(詩經注疏大全合纂)·
『춘추삼서』(春秋三書)·『역대사론』(歷代史論)·『한위육조일백삼가집』(漢
魏六朝一百三家集)·『칠록재시문집』(七錄齋詩文集) 등이 있다.
65) 명말 태창 사람 장채(張采)를 말한다. 수선(受先)은 그의 자이고 숭정년간
에 진사하여 복왕 때 예부원외랑(禮部員外郎)을 지냈다. 장부와는 같은 동
리에 살았다. 저서로 『지외당집』(知畏堂集)·『태창주지』(太倉州志)가 있다.
66) 명말 가선 사람이다. 자는 척용(惕龍), 호는 기정(幾亭)이다. 사시(私諡)는
문결(文潔)이며 고반룡에게 사사받았다. 숭정년간에 진사하여 중서사인(中
書舍人)을 지냈다. 저서로 『구황책회』(救荒策會)·『정자상본』(程子詳本)
이 있다.

을 모두 읽다.

군성으로 돌아와 목련암(木蓮菴)에서 주중(周仲)과 해후하고 책장에서 운연(雲淵)[67]의 『신도대편』(神道大編) 수십 책을 보았는데, 그 넓이가 모두 2척(尺)이 넘었다. 그래서 그것을 다 베끼고자 했으나 주중을 만나 초(楚)로 가면서 뜻을 이루지 못하다.

1635년(숭정 8), 공 26세.

정월 26일, 할머니 노태숙인이 돌아가시다.

1636년(숭정 9), 공 27세.

2월, 장주(長洲)를 들러 문숙공(文肅公) 문진맹(文震孟)을 찾아뵈다. 우산(虞山)에 들러 전종백(錢宗伯)을 방문하다. 유선공(留仙公) 풍원양(馮元颺)[68]이 공을 초청하여 태창 수도서(守道署)[69]에서 책을 열람하는데, 풍원양이 왕을 뫼시고 떠나자 공도 사양하고 떠나다. 항주로 가서 동생 회목공·택망공과 함께 해시(解試)에 응시하다.[70]

12월, 충단공을 화안산(化安山)으로 이장(移葬)하다. 처음에 충단공이 죽어서 돌아오자 은학교(隱鶴橋)에 장지를 점지하였었다. 문인 서충양(徐忠襄)이 장(狀)을 만들고 가선(嘉善)의 전사승(錢士升)이 명(銘)을 만들었으나, 동네 사람들 가운데 그 안에 반대하는 자가 있었는데, (그는) 천자가 충성스럽고 의로운 일을 표창하는 것을

---

67) 명말 절강 산음(山陰) 사람이다. 자는 계지(繼志), 호는 운연자(雲淵子). 역학(曆學)·율려(律呂)·여지(輿地)·산법(算法)에 능란하였다.

68) 명말 자계(慈谿) 사람이다. 숭정년간에 진사하고 도수주사(都水主事)·우첨도어사(右僉都御史)를 지냈다. 동생 풍원표(馮元飇)와 함께 이풍(二馮)이라 알려졌다.

69) 수도(守道)는 관직명으로 지방행정관이다. 명대에는 참정참의(參政參議) 의관이 각 도에 나뉘어져서 주현을 감독하고 포정사(布政使)를 도왔다.

70) (원주) 공의 형제는 다섯인데 이들 두 형제는 공의 가르침을 받아 수년이 못되어 명성이 대단했다. 그래서 유림들은 그들을 동절삼황(東浙三黃)이라고 지목하였다. 당시 시험관들이 공의 형제들을 찾고자 문밖을 나가보았지만 찾지 못하자 사람들이 애석하게 여겼다고 한다.

시기하여 추진하는 데 어려움이 있어서 이장하고, 문숙공 문진맹이 명을 짓다.

1637년(숭정 10), 공 28세.

무림(武林) 풍종(馮悰)이 찾아오다.

2월, 분수도(分守道)⁷¹⁾를 맡고 있는 남해(南海)의 사운규(謝雲虯)가 명을 받들어 충단공에게 제를 올리자 부현(府縣)의 여러 관리들과 신사(紳士)들이 운집하여 공이 그들을 응대하는데, 찬 이슬이 내린 것도 아닌데 분위기가 경색되다.

가을, 택망공과 함께 항주에 가다.

1638년(숭정 11), 공 29세.

징군 심수민을 만나러 완상(宛上)으로 갔으나 만나지 못하고, 안경(安慶)으로 가려고 했으나 심수민의 동생 심수국(沈壽國)이 그것을 알고 공을 성안으로 모시자 안휘 선성(宣城) 매랑중(梅朗中)⁷²⁾·마삼형(麻三衡)⁷³⁾·서율시(徐律時)·안정생(顏庭生) 등 10여 명이 길에 나와 환영하다. 공은 여기서 서율시의 부친 서건악(徐乾岳)의 집에서 열흘간 머물다. 매랑중의 집에 이르러 3층 누각에 올라 장서(藏書)를 열자 매랑중이 『진여집』(陳旅集)을 공에게 주다. 이후 심수국의 집에 머물다. 공이 잠자리에 들자 심수국이 공의 짐보따리를 열어보았는데, 갖고 있는 것이 없었다. 심수국은 몰래 50금(金)을 넣고 열쇠로 잠가 전과 같이 놔두었다. 동틀 무렵 공이 그것을 알고 심수국에게 이르기를 "이것은 그대가 모은 것으로 저 벽에 회단(會單)이 있다. 무릇 어떤 사람이 어려운 환경에 처하면 이것

---

71) 명대의 안찰사(按察使)·안찰분사(按察分司)를 말하며, 감사(監司)를 지칭하기도 한다.

72) 명말 매정조(梅鼎祚)의 손자로 자는 낭삼(朗三)이다. 제생(諸生)이며 시(詩)·문(文)·사(詞)에 능했다. 저서에 『서대원집』(書帶園集)이 있다.

73) 명말 인사로 마용(麻溶)의 손자이다. 복왕 말 오태평(吳太平)·원항(阮恒)·원선양(阮善良)·유정갑(劉鼎甲)·호천구(胡天球)·풍백가(馮百家)와 함께 군대를 일으켰다가 실패하였다.

을 그에게 주어야 하는데, 어찌 나에게 주는가?"고 사양하며 받지
않다. 지주(池州)로 가서 유성(劉城)[74]을 만나 이틀을 묵고 떠나다.

그 때 관에서 다시 일을 만들어 역당(逆黨)이 없어지기를 바라
다. 원대성(阮大鋮)[75]이 무거운 뇌물을 받았다는 새로운 소문이 백
하(白下)[76]를 뒤흔들다.

7월, 금단(金壇) 주표, 강소 의홍(宜興) 진정혜(陳貞慧, 1604~5
6)[77], 귀지(貴池) 오응기(吳應箕)[78]가 「남도방란게」(南都防亂揭)를
제출하고 여러 명사들을 모아 그(원대성)를 비난하다.[79] 여기에는
단문공(端文公)의 손자 무석(無錫) 고고(顧杲)[80]와 함께 공이 앞장

---

74) 명말 제생이며 귀지인(貴池人)이다. 자는 백종(伯宗)이고 청조가 들어서
    여러 차례 관직을 제수하였으나 받지 않았다. 저서에 『춘추좌전지명록』
    (春秋左傳地名錄)·『인명록』(人名錄)·『역동집』(嶧桐集)·『독서약기』(讀
    書略記)·『고금사이동』(古今事異同)·『남송문감』(南宋文鑑)·『고금명현
    연보』(古今名賢年譜)·『고금묘학기』(古今廟學記) 등이 있다.
75) 명말청초 회령(懷寧) 사람이다. 자는 원해(圓海), 호는 백자산초(百子山樵)
    이다. 숭정년간에 위충현의 반란에 가담하여 동림당을 탄압했던 장본인이
    다. 관직을 잃고 나중에 남경에서 거하며 마사영(馬士英)과 교류하다가,
    복왕 때 마사영이 정권을 잡자 병부시랑과 병부상서를 지냈다.
76) 성(城) 이름으로 강소성 강령현(江寧縣)의 서북을 가리키며 일명 백석피
    (白石陂)라 한다.
77) 명말청초 사람으로 진우정(陳于廷)의 아들이다. 자는 정생(定生)이고, 모양
    (冒襄)·후방역(侯方域)·방이지(方以智)와 함께 사공자(四公子)라고 불
    렸다. 원대성이 재기용되자 복사의 명사 오응기·고고 등과 함께 그것을
    저지하다가 복왕 때 원대성이 병부상서가 되면서 그는 투옥되었다. 나라
    가 망하자 은거하다 순치년간에 죽었다. 저서에 『황명어림』(皇明語林)·
    『산양록』(山陽錄)·『설겸집』(雪岑集)·『교유록』(交游錄)·『추원잡패』(秋
    園雜佩)·『팔대가문선』(八大家文選) 등이 있다.
78) 명말 귀지(貴池) 사람이다. 자는 차미(次尾)이고 고문을 잘하였다. 저서에
    『누산당집』(樓山堂集)·『독서지관록』(讀書止觀錄)이 있다.
79) 「남도방란게」(南都防亂揭)는 원대성을 배척하는 성명이다. 여기서 남도는
    남경을 말한다. 이 배척운동의 성공은 공의 『명이대방록』 저술에 결정적
    인 영향을 주었다. 특히 이 운동을 통하여 겪은 다양한 체험을 근거로 「학
    교」(學校) 편이 작성되었다. 그러나 이 운동에 참여한 자들을 일망타진하
    려는 원대성의 모략으로 공을 비롯한 이들이 난을 피해 도망하였다.

서고, 충의공(忠毅公) 좌광두의 두 아들 좌국주(左國柱)·좌국병(左
國棅), 그리고 심수민·심사주, 충절공(忠節公) 위대중의 아들 위학
렴 등이 뒤따르다. 공은 또한 엄당으로 인해 죽은 사람들의 자제들
과 요엽도(姚葉渡)에서 모임을 갖고 그들과 함께 원대성에게 재갈
을 물리고 뼈를 찌르는 성토를 하다.[81]

금릉에서 『충단공집』을 내는데 양정추(楊廷樞) 선생에게 서문을
부탁하다. 공이 고향으로 돌아오자, 증경(曾鯨)[82]이 요(姚)에 와서
충단공의 모습을 그리다.

무림(武林) 정현(鄭鉉)과 풍종이 강을 건너 공을 방문하는데 시
골길이 진흙투성이였다. 함께 온 심장생(沈長生)이 진흙에 빠진 다
리를 빼지 못하자 정현이 웃으며 말하기를 "황죽포 가는 길이 참으
로 등용문하는 것보다 어렵다"고 하다.

사고우(謝皐羽)가 「서대통곡기」(西臺慟哭記), 「동청인」(冬靑引)
을 주석하다.

1639년(숭정 12), 공 30세.

남경으로 가 해시(解試)를 보고, 오강을 들러 주정조를 만나다.
구용(句容)으로 가 의부 주표를 만나고, 금릉에 이르자 첨원(僉院)
김광진(金光辰)[83]의 동생 김광방(金光房)의 천계사(天界寺) 사실(私
室)에서 머물다. 공이 학질(瘧疾)에 걸리자 오도응(吳道凝)이 모산
(茅山) 도사에게서 알약을 구해 갖고와 공에게 주다. 공은 친구의
참된 마음에 감복하여 차마 그 뜻을 헛되이 하지 않기 위해 그것을

---

80) 명말 동림서원을 일으킨 고헌성의 종손이다. 자는 자방(子方)이고 시문과
   초서(草書)에 뛰어났다. 오응기와 함께 원대성을 성토하는 글을 올렸다.
81) (원주) 이 조항은 「행략」에는 12년으로 되어 있으나, 「신도비」와 공이 쓴
   「진정생선생묘지」(陳定生先生墓誌)에 근거하면 11년으로 되어 있다.
82) 명말 보전(莆田) 사람이다. 금릉(金陵)에 기거하였다. 자는 파신(波臣)이다.
   이탈리아인 마테오리치의 기술을 절충해서 사생화(寫生畵)에 능란했다.
83) 명말 전초(全椒) 사람이다. 자는 거원(居垣)이고, 숭정년간에 진사하여 첨
   도어사(僉都御史)를 지냈다.

조금 복용하다. 그 때 강서 의춘(宜春) 장자열(張自烈)[84]이 큰 사업을 위한 결사를 조직하자 사방의 명사들이 다 모여들다. 공과 더욱 밀접한 사람은 선성 매랑삼, 무석 고고, 의흥 진정혜, 광릉(廣陵) 모양(冒襄)[85], 하남 상구(商邱) 후방역(侯方域, 1618~54)[86], 안휘 동성(桐城) 방이지(方以智, 1611~71)[87] 등으로 이들은 서로 호형호제하며 친하게 지내는 사이다. 후방역이 술을 권할 때에는 반드시 기생이 따라붙었는데, 공이 장자열에게 말하기를 "조정의 대인 상서(尙書) 후순(侯洵)[88]께서 옥에 계신데, 어찌 이렇게 하는 게 도리이겠는가? 우리들이 말하지 않으면 서로 이롭지 못한 벗이 되고 만다"고 하자, 장자열이 그렇다고 하다.[89]

1640년(숭정 13), 공 31세.

이 해에 큰 재앙이 일어나 양식이 고갈되고 일자리를 잃고 집이 전복되다. 말세에 모두가 서로 바라보며 눈물로 근심하다. 공이 황암

---

84) 명말 의춘(宜春) 사람으로 자는 이공(爾公)이다. 저서에『사서대전변』(四書大全辨)·『제가변』(諸家辨)·『고금문변』(古今文辨)·『정종통』(正宗通) 등 10여 종이 있다.

85) 명말청초 모기종(冒起宗)의 아들로 자는 벽강(辟疆), 호는 소민(巢民)·박소(樸巢)·박암(樸菴)·영매암(影梅菴)·잠효 선생(潛孝先生)이다. 저서에『영매암억어』(影梅菴憶語)·『박소』(樸巢)·『수회이집』(水繪二集) 등이 있다.

86) 명말청초 후순(侯洵)의 아들로 자는 조종(朝宗)이다. 명말 부친을 따라 경사(京師)에 거할 때, 동성의 방이지 등과 '4공자(公子)'라 불렸다. 저서에『장회당문집』(壯悔堂文集)·『사억당시집』(四憶堂詩集)이 있다.

87) 명말청초의 사상가이면서 과학자. 자는 밀지(密之), 호는 만공(曼公)이며, 동성(桐城, 지금의 안휘성 지역) 출신이다. 젊어서 진정혜·오응기·후방역 등과 함께 복사활동에 참여하여 '명말 4공자'란 소리를 들었다. 숭정년간에 진사하여 한림원검토를 지냈으며, 청나라 군대가 남하하자 승려가 되었고, 이름을 대지(大智), 자를 무가(無可), 호를 홍지(弘智)·약지(藥地)·부산우자(浮山愚者)·우자대사(愚者大師)·극환로인(極丸老人) 등이라 하였다. 저술에『통아』(通雅)·『물리소지』(物理小識)·『동서균』(東西均)·『약지포장』(藥地炮莊)·『부산집』(浮山集) 등이 있다.

88) 명말 인사로 후집포(侯執蒲)의 장자이다. 자는 약곡(若谷)으로 만력년간에 진사하고 숭정년간에 어사를 지냈다.

89) (원주) 이에 대한 일은 공이 저술한『사구록』(思舊錄)에 상세하다.

(黃巖, 지금의 臨海縣의 남쪽)에서 쌀을 사라 이르고, 연두빛 비단으로 치장하는 것을 금하다. 예원로(倪元璐, 1593~1644)[90]·기표가(祁彪佳)[91]·왕아운(王峩雲) 등 세 선생과 도모하며, 그 일의 중지를 모으다. 임해에 들러 진함휘(陳函輝)[92]를 만나고, 섬계(剡溪)로 가서 사군(使君) 등석번(鄧錫蕃)이 있는 원초사(圓超寺)에 눈이 많이 내려 며칠을 머물다. 공은 여기서 "큰 눈이 산을 덮어 고요한데 노승(老僧)이 침을 찔러 정진한다는[刺血] 글자가 흐릿하다"고 시를 짓다. 공이 태(台)와 월(越) 사이를 왕래하면서 천태(天台)·안탕(雁宕)의 여러 명승지를 여행하였는데, 이것을 『태탕기유』(台宕紀遊)라는 책으로 내다.

이 해 둘째 아들 직방공(直方公) 황정의(黃正誼, 1640~93)가 태어나다.

1641년(숭정 14), 공 32세.

남쪽으로 가서 비부(比部) 황거중(黃居中)[93]의 집에서 천경당(千頃堂)의 글 가운데 의심나는 부분을 번역하고 교열하다. 공은 1630년부터 1641년까지 그 집에 머물다.

---

90) 명말 상우(上虞, 지금의 절강) 사람으로, 자는 옥여(玉汝) 혹은 여옥(汝玉), 호는 홍보(鴻寶)·원객(園客), 시호는 문정(文正)이다. 천계년간에 진사하여 숭정 초기에 동림당을 비호하며 손신행(孫愼行)·고반룡 등을 군자라 칭송하고, 위충현 엄당을 배격하였다. 여러 관직에 추천되었지만 모두 사양하고 다만 호부상서를 지냈다. 저서에 『아역내외의』(兒易內外儀)·『예문정집』(倪文貞集)·『홍보응본』(鴻寶應本)이 있다.

91) 명말청초 절강 산음 인물로 기승업(祁承㸁)의 아들이다. 자는 홍길(弘吉), 시호는 충경(忠敬)이다. 천계년간에 진사하고 우첨도어사(右僉都御史)를 지냈다.

92) 명말 임해 사람으로 원명은 위(煒)이고, 자는 목숙(木叔), 호는 초도인(椒道人)·몽강재(夢江齋)·소한산자(小寒山子)·수원(隨園)이다. 숭정년간에 진사하고 정강지현(靖江知縣)을 지냈다.

93) 명말 진강인(晉江人)으로 자는 명립(明立)이다. 만력년간의 거인. 남경 국자감승. 책 모으기를 좋아하였고, 당시 학자들은 그를 해학(海鶴) 선생이라고 불렀다. 저서에 『천경재집』(千頃齋集)이 있다.

조천궁(朝天宮)에 『도장』(道藏)이 있어서 공은 역학에 대한 내용 이외에도 산천과 관계된 자료를 모두 손으로 베껴 쓰다. 초씨(焦氏)가 책을 수집하고자 한다는 소문을 듣고 공은 급히 편지를 띄웠지만 기본 수 단위 이해[奇零]의 가치를 받지 못하여 그만두다. 선성 매랑삼과 수개월 동안 아침 저녁을 함께 지내다. 하루는 고깃배들이 해안에 모여 있는 연자기(燕子磯)로 걸어가다. 해가 기울자 그물 걷는 것을 보고 있는데, 어떤 이가 여러 고화(古畵)들이 있다는 말에 공과 매랑삼이 가서 구경을 하다가 이경(二更 : 밤 9~11시)에 돌아오다. 도영인(陶英人)을 마주치자 오응기가 소매에서 종이 한 장을 꺼내고 고미(顧媚)[94]를 껴안고자 하여 공이 촛불로 그들을 밝혀주자 한번 크게 웃고 헤어지다. 도어사 방진유(方震孺)[95]가 방문하여 공에게 이르기를, "그대의 문장은 본받을 만하니 속세의 원리에 따라 알기 쉽게 설명한 것이 아니라, 진정한 고문(古文)의 씨앗이다"라고 하다.

겨울, 장인 엽육동 선생의 장례를 치르는데, 시방요(施邦曜)[96]가 주관하고 공이 토지신[后土]에게 제사를 지내다. 시방요가 말하기를 "천하가 앞으로 위험에 처하면 우리들은 어디에 정착할지 모른다"고 하다.

1642년(숭정 15), 공 33세.

충단공의 사당을 세우다.

살 곳을 읍의 서쪽 서석산(西石山)에 정하고 여씨(呂氏) 서실을

---

94) 명말청초 상원(上元) 사람이다. 공정자(龔鼎孽)의 첩으로 이름은 미(媚), 자는 미생(眉生), 별명은 미(眉), 호는 횡파(橫波)이다.

95) 명말 수주(壽州) 사람으로, 자는 해미(孩未), 호는 염도인(念道人)이다. 만력년간에 진사하여 어사·감군순안(監軍巡按)을 지내고, 숭정년간에는 우첨도어사(右僉都御史)·순무광서(巡撫廣西)를 지냈다.

96) 명말 여요 사람으로 자는 이도(爾韜), 시호는 충개(忠介)이다. 만력년간에 진사하여 공부랑중(工部郎中)·복건포정(福建布政)·남경통정사(南京通政使)를 지냈다.

위해 관에 백금(百金)을 주고 그것을 사다. 같은 마을에 역당(逆黨)
의 판결로 태상경(太常卿)으로 있다가 고향으로 돌아온 장(蔣)모[97]
가 당쟁을 부추겨 동절(東浙)의 사대부가 모두 그것을 불평한다고
여기다. 이 때 두 명의 풍공(馮公) 중승(中丞) 풍원양(馮元颺)[98]과
상서(尙書) 풍원표(馮元飇),[99] 효성스럽고 청렴한 육부와 만태, 경전
에 밝은 유응기(劉應期) 등 10여 명이 사당에 모여 곡하고 제문을
전한 다음, 혀를 깨물어 죽다.[100]

　북경으로 가 과거시험을 보자 서충양(徐忠襄)이 사구(司寇)가 되
어 공을 맞이하다. 공은 육부 선생과 함께 만부마(萬駙馬) 북호원
(北湖園)에서 독서하다. 그 때 조정에서는 시호를 내리는 것이 하
나의 절목(節目)이었는데, 마배원(馬培原) 등과 같은 사람이 조정에
상소하다. 어떤 이는 상소를 쓰고, 어떤 이는 탄핵안을 초하는데,
시랑(侍郞) 심창서(沈滄嶼)는 하나에 그치지 않았다.

　7월 말, 첨원 김광진이 방문하여 공의 상소문을 찾아 올렸으나
오래지 않아 북경에 계엄이 내려져 실현하지 못하다(그 후 1644년
시어(侍御) 관소영(管紹甯)이 상소하여 충단(忠端)이란 시호를 얻
다). 이것이 발표된 후 양선(陽羨)의 상국(相國) 주연유(周延儒)[101]
가 공을 중서사인(中書舍人)에 천거하고자 했으나, 공은 극력 사
양하며 나가지 않았다. 하루는 시내를 산보하는데 목탁소리를 듣
고 말하기를, "이것은 길성(吉聲)이 아니다"고 하고, 남쪽으로 돌
아가다.

---

97) (원주) 만력 신축(辛丑)에 진사한 이로 이 일은 『양조박복록』(兩朝剝復錄)
　　에 상세히 기록되어 있다.
98) 명말 자계인(慈谿人)으로 자는 이새(爾賽)이다. 숭정년간에 진사하여 우첨
　　도어사를 지냈다.
99) 명말 풍원양의 동생이다. 자는 이도(爾弢)이고, 천계년간에 진사하여 게양
　　령(揭陽令)을 지내고, 숭정초에는 급사중(給事中)을 거쳐 병부상서에 올랐다.
100) (원주) 이 내용은 공의 『충단사신현곡』(忠端祠神絃曲) 1권에 있다.
101) 명말 의흥(宜興) 사람으로 자는 옥승(玉繩)이다. 만력년간에 진사하여 대
　　학사를 지냈다.

11월 10일, 북경에서 돌아오다. 며칠 지나 여러 형제들과 사명동 (四明洞)을 여행하기로 약속했으나 시일이 지나도 회목공이 오지 않아 중도에 그만두다.

그 후 11월 12일, 마침내 행장을 꾸려 재촉하며 남계(藍溪)에서 나아가 달밤에 밀암(蜜巖)으로 가 석질(石質)에 숨겨놓은 서적을 찾다. 설두(雪竇)에서 하룻밤을 묵고 은담빙주(隱潭冰柱)를 관광하다. 큰눈이 내렸는데, 부용봉(芙蓉峯)을 오르고 국후암(鞠侯巖)을 돌아 과운(過雲)에 이르러 이른바 목빙(木冰)을 알다.[102] 갑인(甲寅) 이 되어서야 집에 도착하다. 회목공이 시를 짓고, 택망공이 여행기 록을 작성하였는데, 이것이 공의 『사명산지』(四明山志)이다.

진와자(陳臥子)가 소흥(紹興) 추관이 되었는데, 요읍에 진상이 확실하지 않은 재판이 있자 공이 진와자에게 말하기를 죄로 죽은 두 사람을 많은 이들이 칭송한다고 하다.

1643년(숭정 16), 공 34세.

항주로 가서 심사주와 함께 호숫가에서 기거하다. 가을 택망공과 함께 숭덕(崇德)에 가서 동사(東寺)에 우거하자, 뜻 있는 선비 손상 (孫爽)[103]이 공이 온 것을 듣고 방문하다. 다음날 손상의 집에 가서 마침내 경구(京口)로 갈 것을 요구하고, 장강을 거슬러올라가 금릉 에 도착해서 헤어지다.

10월 26일, 3남 주일공(主一公) 황백가(黃百家, 1643~?)[104]가 태어나다. 태부인의 50세 생신을 맞아 같은 마을의 부원(副院) 시방 요가 먼저 와 축하하며 "나의 친구 황종희는 즙산 선생의 뛰어난 제자이다"고 말하다. (충단공의) 기일이 되자 즙산 선생이 서문을

---

102) (원주) 이 내용은 공의 『과운목빙기』(過雲木冰記)에 있다.

103) 명말청초 전당(錢塘) 사람으로 자는 자도(子度), 호는 용암(容菴)이다. 저 서에 『용암집』(容菴集)·『신묘집』(辛卯集)이 있다.

104) 자는 주일(主一)이고 호는 불실(不失)이다. 『명사』 편찬에 참여하였고 저 서에는 『학기문고』(學箕文稿)·『실여시고』(失餘詩稿)·『구고구측해원』(句 股矩測解原) 등이 있다.

지어 장공(長公) 백작(伯汋)으로 하여금 죽포(竹浦)에 가서 축수하고, 「명봉기」(鳴鳳記)를 쓰다. 초산(椒山)에서 이 책을 필사할 때 태부인은 지나치게 울면서 통곡하여 이것을 알지 못하다.

1644년(淸 順治 원년), 공 35세.

4월, 북경이 함락되었다는 소식을 듣고 유종주 선생을 따라 항주로 가서 오산(吳山) 해회사(海會寺)에 우거하다. 장정신(章正宸)[105]·주대전(朱大典)·웅여림(熊汝霖)[106] 등과 함께 군사를 널리 모집할 계획을 도모하다. 그 후 얼마 안 있어 복왕(福王)[107]이 조칙을 내리자 공이 마침내 나아가 상서하다. 그 때 원대성이 천자를 옹립하고[108] 군사를 모아 보복할 것을 생각하고 널리 중인(中人)을 모으니 모두 140명이다. 『황남록』(蝗蝻錄)[109]을 지어 한꺼번에 그들을 몰살하려고 하다. 마을 가운데 엄당이 있자 유종주 선생과 그 삼대 제자, 곧 어사 기표가, 급사(給事) 장정신, 공 등이 그것을 규명하다. 계속해서 마을에 엄당 서대화(徐大化)의 조카 서광록승(署光祿丞)을 상소하고 마침내 고헌성(顧憲成, 1550~1612)의 증손 고고와 함께 그를 체포하자 진정혜도 체포하러 오다. 주표는 사형을 논고하고, 심수민·오응기·심사주는 망명을 주장하다. 좌국주·좌국병 형제가 영남(甯南)군에 입대하자 공 등이 두려워하며 편안해 하지 않았다. 그 때 추호신(鄒虎臣)과 고고가 인연이 있어 가첩(駕帖)이 지연되자 공은 황급히 절동(浙東)으로 달려갔지만, 오래지 않아 곧

---

105) 명말 회계(會稽) 사람으로 자는 우후(羽侯), 호는 격암(格菴)·칭동아부(偁東餓夫)이다. 유종주의 제자로 학행이 뛰어났다. 숭정년간에 진사하여 예과급사중(禮科給事中)·이과도급사중(吏科都給事中)을 지냈다. 명이 망하자 중이 되었고 『장격암유서』(章格菴遺書)를 남겼다.

106) 명말 여요 사람으로 자는 우은(雨殷)이다. 숭정년간에 진사하여 노왕 때에는 병부상서를 지냈다.

107) 신종 만력제의 손자 유숭(由崧)이다.

108) 남경에서 총독 마사영(馬士英)이 복왕을 감국(監國, 임시 황제)으로 옹립하고 정권을 잡았는데, 이 때 원대성이 병부상서로 재기용되었다.

109) (원주) 동림을 황(蝗), 복사를 남(蝻)이라 하였다.

큰 군대가 이르러 면할 수 있었다.

1645년, 공 36세.

4월, 가흥(嘉興)으로 가서 사구(司寇) 서석기를 만나다.

5월, 항주로 돌아와 행인(行人) 웅개원(熊開元)[110]을 만나 그간의 일을 깊이 탄식하고 안타까워하며 헤어지다.

6월, 2백 리를 걸어 유종주 선생 집에 이르다. 그 때 월성(越城)은 이미 함락되었고, 선생은 양붕(楊塸)으로 피난중이었다. 공이 마침내 요문산(繞門山) 사잇길에서 양붕으로 들어서니 선생은 침상에 누워 손에 새깃으로 만든 부채를 들고 한 모금의 물도 마시지 못한 채 이미 20일이 지나 있었다. 공이 감히 그 앞에서 울지 못하고 눈속에 눈물이 고인 상태로 자신이 쓴 글을 보이자 선생이 끄덕이다. 공은 다시 걸어서 돌아온 후 태부인을 모시고 피난을 떠나다. 대군이 동으로 강을 건너와 군읍(郡邑)이 위태한 지경에 이르다.

윤 6월, 읍의 전 이과도급사중(吏科都給事中) 웅여림과 구강도(九江道) 첨사(僉事) 손가적(孫嘉績)[111]이 군대를 이끌고 강을 경계로 수호하다. 공은 형제들과 함께 황죽포(黃竹浦)에서 수백 명을 규합하여, 감국(監國) 노왕(魯王)을 호패(蒿塌)에 나가 맞이하고 강변에 군대를 주둔시키자, 사람들이 그것을 '세충영'(世忠營)이라고 부르다.

10월 10일, 용상(甬上)의 행인(行人) 육부가 공을 방문하여 절동의 일을 탄식하다. 다음해 부음도 이 날 당하다.

11월, 마사영(馬士英)[112]이 마침내 국안(國安) 경계에 들어와 조

---

110) 명말 가어(嘉魚) 사람으로 자는 어산(魚山)이다. 천계년간에 진사하여 오강령(吳江令)·급사중(給事中)을 역임하였다.

111) 손여유(孫如游)의 손자로 자는 석부(碩膚), 시호는 충양(忠襄)이다. 숭정년간에 진사하여 병부랑중(兵部郎中)을 지냈다.

112) 명말 귀양(貴陽) 사람으로 자는 요초(瑤草)이다. 만력년간에 진사하여 숭정년간에 우첨도어사를 지냈고 그 후 병부시랑을 역임했다. 복왕을 남경에 세우고 동각대학사·태보(太保)로 승진하였다. 원대성과 함께 권력을 전횡하다가 남경이 청군에 점령되면서 도망갔다가 잡혀 죽었다.

회받기를 원하자 군신들은 "마사영은 의당 죽여야 한다"고 말하다. 웅여림은 국안을 지키는 것을 두려워하고 근심하며, "지금은 마사영을 죽일 때가 아니다. 마땅히 공을 세워 스스로 속죄하게 해야 한다"고 하다. 그러자 공이 말하기를, "여러 신하들의 힘으로는 죽일 수 없을 뿐이다. 『춘추』의 공자가 어찌 진항(陳恒, 생몰년 미상)[113]에게 더 할 수 있겠는가? 다만 죽이지 않으면 안 되는 것을 말한 것이다"고 하자, 웅여림이 고맙게 여기다.

12월, 여요현의 일을 겸임한 병부주사(兵部主事) 왕정중(王正中)[114]이 공이 지은 『감국로원년대통력』(監國魯元年大統曆)을 올려 조칙으로 선부사신(宣付史臣)이 절동에 반포하다.[115] 공이 총병(總兵) 왕지인(王之仁)에게 글로써 말하기를 "공은 자산(赭山)으로 가는 군사를 따르지 않고 날마다 강에 배를 띄워 북을 두드리며 공격을 준비하겠다. 작은 삼부(三府)는 10만 명을 제공하여 북쪽의 병사가 화살 하나라도 발사하지 않으면 1년 후 또한 어찌 지탱할 수 있겠는가?" 하고, 또 말하기를 "숭명(崇明)은 강과 바다의 문호로, 군사로 그것을 소란하게 하면 또한 강의 세력을 나눌 수 있다"고 하자, 듣는 이들이 모두 공의 말이 옳다고 하였지만 그렇게 할 수 없었다. 관병이 서석산 충단공의 사당에 주둔하며 지붕의 재목을 뜯어 부대의 불로 밝히자 유사가 제사를 치르지 못하다. 공이 왕사

---

113) 춘추시대의 제나라 사람으로 시호는 성자(成子)이다. 진항은 대부로서 군주를 시해하였다. 그러자 공자는 애공(哀公)에게 그를 토벌할 것을 주장하였고, 애공은 당시 세력가인 '삼자'(三子)에게 고하라고 하며 물러섰다. '삼자'는 그렇게 할 수 없다고 하였다. 자세한 내용은 『논어』「헌문」과 『춘추』「애공」 14년에 기록되어 있다.

114) 명말 보정(保定) 사람으로 자는 중휘(仲撝)이다. 숭정년간에 진사하여 장흥현(長興縣) 지현(知縣)으로 있다가 명나라가 망한 후 노왕의 부름으로 여요현(餘姚縣) 지현(知縣)을 지냈다. 저서로 『주역주』(周易註)·『율서상주』(律書詳註)가 있다.

115) (원주) 이 내용은 『소전기년』(小腆紀年)에는 9월로 되어 있으나 여기서는 『행조록』(行朝錄)을 따랐다.

(王事)로 말을 달리며 그것을 듣고 눈물을 흘리다.

1646년, 공 37세.

2월, 감국이 공을 병부직방사주사(兵部職方司主事)로 삼자 공이 이필(李泌)의 군대에 구원을 청하고 포의(布衣)로 참군(參軍)하는 것은 허락하지 않다. 가하경(柯夏卿)과 손가적이 서로 천거하여 따로 감찰어사를 여전히 직방과 겸하다. 장국주(張國柱)[116]가 왕명겸(王鳴謙)을 위협해서 정해(定海)로부터 내륙으로 들어와 병사를 놓아 크게 노략질하다. 여러 군영이 크게 진동하자 조정에서는 백(伯)으로 봉하려고 하다. 그 때 공이 말하기를 "이와 같이 처리한다면 더욱 기승을 부릴 것이니, 어찌 훗날을 기대하겠는가? 관에 청해서 장군으로 삼자"고 하자, 감국이 그것을 따르다. 총병 진오(陳梧)가 취이(檇李)에서 패하고 바다를 건너 요에 이르러 향리를 노략질하다. 직방 왕정중(王正中)이 현의 일을 보면서 병사를 파견하여 그들을 물리치고 마을에서 거세한 소의 뿔로 진오를 죽이다. 그러자 조정에서 왕정중을 싫어하는 사람들이 이것을 성토하다. 그 때 공이 말하기를, "진오의 살해 장면을 보여준 것은 여러 민중들의 화를 잠재우기 위한 것이다. 왕정중이 나라를 위하고 백성을 보호하기 위한 것은 마땅히 죄가 될 수 없다"고 하며, 상소하여 그를 구제하니 성토가 그치다. 공이 힘써 서편 강 건너에 진을 치고 경계를 하고, 웅여림은 다시 서쪽으로 행군하여 해염(海鹽)을 공격하였지만 워낙 군대가 약해 전진하지 못하고 돌아오다.

5월, 손가적이 화공(火攻)을 하고, 공과 왕정중이 군을 합쳐 3천여 명을 얻고, 태복시경(太僕寺卿) 진잠부(陳潛夫)[117], 직방 사계좌

---

116) 명말청초 철령(鐵嶺) 사람으로 명의 부장(副將)이다. 순치 초기에 병사를 이끌고 투항하여 전공을 쌓아 운남제독(雲南提督)이 되었다. 오삼계(吳三桂)를 따라 반역에 가담하여 형주(衡州)·장사(長沙)·악주(岳州)를 함락시켰다가 청나라 군대가 호남·귀주를 회복하자 그는 철군하다 죽었다.

117) 명말 전당 사람으로 자는 현천(玄倩)이다. 숭정년간의 거인(擧人). 그는 유홍기(劉洪起)와 함께 의병을 일으켰다. 복왕 때에는 감찰어사를 지냈고,

(查繼佐)[118]가 바다를 건너 단산(壇山)을 점령하다. 상보사경(尙寶司卿) 주대정(朱大定), 병부주사 오내무(吳乃武)가 모두 절서(浙西)에서 군사를 모아 해영(海甯)에서부터 해염을 취하다. 100리 이내에 소고기와 술이 매일 지원되고 모든 군대가 사포(乍浦)에 모이다. 숭덕(崇德)의 의사(義士) 손상(孫爽) 등이 내응(內應)하고, 대군이 모여 삼엄한 경계를 폈지만 앞날을 알 수 없었다.

6월 초하루, 절하(浙河)의 군대가 궤멸하여 감국은 바닷길로 민(閩) 땅에 이르다. 공은 사명산으로 들어가 남은 병사 500명을 이끌고 결사항전 채비를 갖추다.[119] 공은 장석사(杖錫寺)에 군대를 주둔시킨 다음 미복으로 갈아입고 몰래 나와 감국을 방문하여 소식을 전하고자 사람을 뒤따르게 할 계획을 세우다. 산에 있는 사람들이 화를 두려워하며 갑자기 산속의 성채를 불살라 부장(部將) 모한(茅瀚)[120]과 왕함(汪涵)[121]이 죽다. 공이 돌아와 이 사건의 뒤를 밟아 용의자를 격문을 붙여 잡으려고 하다.

태부인을 모시고 화안산(化安山)으로 이사하다. (다음해 다시 고향으로 돌아가다.)

자수(慈水) 유서당(劉瑞當) 선생이 와서 고적(古跡)에 들러 위문하는데, 슬피 우는 소리가 텅 빈 계곡을 진동하다.

1647년, 공 38세.

산중에 거하는데 감로(甘露)가 내리자 『수시력』(授時曆)에 주석을 달다. 시어(侍御) 왕정중이 군성에서 와 그것을 받아가지고 가

한때 마사영의 미움을 사 투옥되었다가 다시 태복소경(太僕少卿)을 역임하였다.

118) 명말 절강 해령 사람으로 자는 이황(伊璜)·경수(敬脩), 호는 홍재(興齋)·동산(東山)·조수(釣叟)이고 명말 거인. 서화에 능했다. 저서에 『반한사론』(班漢史論)이 있다.

119) (원주) 이 내용은 공의 『사명산채기』(四明山寨記)에 자세하다.

120) (원주) 명말 귀안(歸安) 사람으로 자는 비경(飛卿)이다.

121) (원주) 명말 매계(梅谿) 사람으로 자는 숙도(叔度)이다.

다. 이 해에 공은 『춘추일식력』(春秋日食曆)·『수시력고』(授時曆故)·『대통력추법』(大統曆推法)·『수시력가여』(授時曆假如)·『회회력가여』(回回曆假如)·『서력가여』(西曆假如)·『기운산법』(氣運算法)·『구굉도설』(勾肱圖說)·『개방명산』(開方命算)·『측환요의』(測圜要義) 등을 저술하다.

1648년, 공 39세.

유서당 선생이 죽포로 공을 방문하여 이틀 밤을 묵고 가다.

10월 10일, 동생 사여공이 27세의 나이로 죽다.

1649년, 공 40세.

감국이 해상으로 돌아오자 공이 조정에 가 좌첨도어사(左僉都御史)에 나아가고 다시 좌부도어사(左副都御史)에 임명되다.

6월, 정서후(定西侯) 장명진(張名振)[122]이 남전(南田)에서 다시 건도소(健跳所)를 회복하다.

7월, 임술(壬戌), 공은 태학사 심신전(沈宸荃)[123], 유기춘(劉沂春)[124], 상서 오종만(吳鍾巒, 1576~1651)[125], 이향중(李向中)[126], 시랑 손연령(孫延齡)[127], 우첨도어사 장황언(張煌言)[128] 등과 함께 감국에

---

122) 명말 강령(江寧) 사람으로 자는 후복(侯服)이다. 전당(錢塘)의 군대가 무너지지 노영을 호종(扈從)하고 민(閩)으로 갔다.

123) 명말 자계(慈谿) 사람으로 자는 우손(友蓀)이고 숭정년간에 진사하여 복왕 때 어사를 지냈다.

124) 명말 복건 장락(長樂) 사람으로 자는 사철(泗哲)이고 숭정년간에 진사하여 형부주사를 지냈다.

125) 명말 무진(武進, 지금의 강소 常州) 사람으로 자는 만치(巒穉), 호는 하주(霞舟)·십원재(十願齋)이고 고헌성·고반룡에게 수업받았고, 역학에 조예가 깊었다. 숭정년간에 진사하여 복왕 때에는 예부주사를 지내고 노왕이 군사를 일으키자 거기서 예부상서를 맡았다. 저서에 『주역패설』(周易卦說)·『하주어록』(霞舟語錄)·『십원재문집』(十願齋文集)이 있다.

126) 명말 종상(鍾祥) 사람으로 자는 입재(立齋)이고 숭정년간에 진사하여 장흥현(長興縣) 장관을 지냈고, 복왕 때에는 소송병비부사(蘇松兵備副使), 당왕(唐王) 때에는 상보경(尙寶卿), 노왕 때에는 병부상서를 역임하였다.

127) 명말청초 요동 사람으로 강희년간에 진수광주장군(鎭守廣州將軍)을 지냈다. 오삼계가 반란을 도모하자 계림에서 응전하다가 후에 부(傅) 굉열(宏

와서 건도소에 머물다. 임오(壬午)에는 북쪽의 군사가 건도를 포위하자 탕호백(蕩湖伯) 원진(阮進)[129]이 그것을 물리쳐 구하고, 왕익(王翊)[130]이 북쪽의 군사를 물리쳐 감국에 공물을 바치게 하다. 장명진이 공물이 자기에게 오지 않으므로 자못 그것을 원망하다. 공이 상서하며, "여러 군영에서는 문관을 시랑·도어사라 칭하고, 무관을 장군·도독(都督)이라 칭한다. 오직 왕익만이 왕실에 마음을 두고 크게 자만하지 않으니 병사가 또한 가장 강대하다. 마땅히 그 벼슬에 만족하며 그것으로 여러 군영을 다스려 해상을 방어하고 있다"고 하자, 감국에서는 왕익에게 우첨도어사를 제수하다.

다음해 왕익은 병부우시랑에 나아가다. 그 때 국사는 모두 정서후 장명진에게 돌아가니, 곧 각신(閣臣) 장긍당(張肯堂)[131]도 예견할 수 있는 것이 아니었다. 여러 장수들의 사나움이 방(方)·왕(王)보다 심했고, 문신들도 점점 그 사이가 벌어져 화가 미치다. 공은 이미 병사를 잃고 날마다 상서 오종만과 함께 옷깃을 여미고 강학에 치중하거나 틈나는 대로 『수시』(授時)·『태서』(泰西)·『회회』(回回)의 세 가지 역법을 주석하다.

그 후 얼마 안 있어 망한 왕조의 신하로서 명령을 따르지 않는 자들은 유사가 그 명단을 군주에게 보고하게 하다. 공은 이 소식을

烈)의 권고로 귀순하였지만 오삼계는 그를 처벌하였다.

128) 명말 절강 은현(鄞縣) 사람으로 자는 원저(元著), 호는 창수(蒼水), 추증된 시호는 충렬(忠烈)이며, 숭정년간의 거인. 명말 남경이 함락할 즈음에 같은 군의 전숙락(錢肅樂) 등과 함께 대의를 부르짖으며 여러 차례 청군에 저항하다 죽었다. 저서에 『기영초』(奇零草)·『수사집』(水槎集)·『북정록』(北征錄)·『채미음』(採薇吟)이 있다.

129) 명말 노왕감국 시절에 장명진영장(張名振營將)을 지냈다. 수전(水戰)에 능하였다.

130) 명말 여요 사람으로 자는 완훈(完勳), 시호는 열민(烈愍)이고 노왕 때 병부주사·병부시랑을 지내며 여러 차례 청나라와 전쟁을 치렀다.

131) 명말 송강 화정 사람으로 자는 재령(載寧)이고 천계년간에 진사하여 태자소보(太子少保)를 지냈다.

듣고 탄식하며 말하기를, "군주는 충신의 후예로서 나를 의지하나 나는 황급히 차마 떠나지 않을 수 없다. 지금 방촌(方寸)이 이미 혼란하여 강백약(姜伯約)[132]이 될 수 없다"고 하며, 감국에 그 상황을 알리고 간청하여 조용히 집으로 돌아가다. 그 때 오종만이 삼판선(三板船)을 타고 공을 20리 밖까지 눈물로 전송하다.

8월, 산중이 혼란하여 태부인을 모시고 읍성으로 이사하고, 다음 해 다시 고향으로 돌아오다.

10월, 감국이 건도(健跳)에서 주산(舟山)으로 와서 공을 다시 부르자 공은 시랑 풍경제(馮京第)[133], 부징파장군(副澄波將軍) 원미(阮美)와 함께 일본에 군사를 요청하러 가다. 나가사키(長崎)에 도착하여 요청을 들어주지 않자 공은 「식미」(式微)란 시를 지어 감회를 피력하다.[134] 이 내용은 『일본걸사기』(日本乞師紀)·『해외통곡기』(海外慟哭紀)에 있다.[135]

【1650~1669】 (41~60세)

1650년, 공 41세.

---

132) 삼국(三國)시대 촉(蜀)의 천수(天水) 사람 강유(姜維)로 백약은 그의 자이다. 정서장군(征西將軍)을 지냈고, 제갈량(諸葛亮)이 죽은 후 그 무리를 장악하고, 여러 차례 위(魏)를 정벌하였지만 성과가 없었다. 후주(後主) 유선(劉禪)이 항복하자 그는 항복하였다.

133) 명말 자계(慈谿) 사람으로 자는 제중(躋仲), 호는 점계(簟溪)이며 노왕감국 시절에 병부우시랑을 지냈다. 저서에 『부해기』(浮海紀)가 있다.

134) 이것은 풍경제의 제2차 군사요청 때의 일이다.

135) 공이 일본에 가서 군사원조 요청을 했다고 하는 내용은 명백한 근거로 전해진 것은 아니다. 공의 사후 그의 후손과 향리에서는 이와 관련된 내용을 전혀 알지 못하고 있었기 때문이다. 다만 동향 후배인 전조망(全祖望)이 공이 지은 「피지부」(避地賦)에서 "나가사키와 사쓰마(薩斯瑪)를 지나니 저 높은 산과 평원으로 장식되어 있다"는 내용을 보고, 공의 「묘지명」(墓志銘)에 이 사실을 기록한 것이 그 근거이다.

태수(大帥)가 절동지방을 다스리며 무릇 명부에 있는 자와 해상에서 활동한 자를 체포하다. 공의 아우 회목공이 시랑 풍경제의 군대에 참여한 것으로 체포되어 옥중에서 죽음만을 기다리고 있었다. 공이 몰래 용상(甬上)으로 가서 만태·고두괴(高斗魁, 旦中)·풍제도(馮濟道) 등과 함께 그를 살릴 계획을 세우다.[136]

3월, 공이 상숙(常熟)에 와서 전(錢)씨의 강운루(絳雲樓)에서 진력해서 서적을 번역하다. 숭덕(崇德)으로 돌아와 손상을 방문하여 그와 급히 말하고자 했으나 육기(陸圻)[137]가 공이 왔다는 소리를 듣고 억지로 성내로 들어가 오자호(吳子虎)의 집에서 함께 머물다. 공의 시에 "뽕나무 밭 사이에 숨어사는 손상을 생각하고, 애써 생을 유지하며 욕되게 사는 육기를 돌이켜본다"는 구절이 있다. 웅여림의 부인이 북경으로 가려고 하자 공은 보호하고자 그곳을 떠나다.

겨울, 장인 엽류동 선생을 읍의 동쪽 서황포(西黃浦)로 이장하는데, 공이 장례행렬을 보내다.

1651년, 공 42세.

류하(柳下)에서 지내는데 시어 왕정중이 방문하다.

여름에서 가을로 접어드는 계절에 첩자를 보내 경고하다.

9월 2일, 큰 병사가 옹주(翁洲) 곧 주산(舟山)으로 내려와 성이 함락되고 감국은 다시 민(閩)으로 피난가다. 이 해 막내아들 수(壽)가 태어나다.

1652년, 공 43세.

---

136) (원주) 자세한 내용은 「길기정집자고선생신도비」(鮚埼亭集鷓鴣先生神道碑)에 보인다.
137) 명말청초 전당 사람으로 자는 여경(麗京)·경선(景宣), 호는 강산(講山)·점하사객(漸河槎客)이며, 순치년간의 공생(貢生)이다. 장종(莊鍾)의 사화(史稿)에 연루되어 만년에는 무당산(武當山)에 들어가 도사가 되었다. 저서에 『종동집』(從同集)·『전봉당집』(旃鳳堂集)·『서릉신어』(西陵新語)·『신부보』(新婦譜)가 있다.

『율려신의』(律呂新義)를 저술하였는데, 시어 왕정중이 와서 그것을 받아가지고 가다.

1653년, 공 44세.

5월, 화정(華亭) 신자연(申自然)[138]이 변량(汴梁) 소씨(蘇氏)를 따라와서 방문하다. 장마비가 끊이지 않고 계속되자 소씨는 어젯밤의 꿈 이야기와 민간에서의 전설을 이야기하다. 산에서 세상을 등지고 사는 사람을 살찐 입술로 조소하여 적막을 깼다는 이야기였다. 태부인의 6순 잔치를 여는데, 용상의 만태 선생이 「정기당수연서」(正氣堂壽讌序)를 지어 축하하고, 양선(陽羨) 진우정(陳于庭)[139], 진정혜 부자가 모두 시를 지어 장수를 기원하다.

1654년, 공 45세.

정월 대보름날 밤 주시자(周侍者)를 추도하다. 정서후 장명진이 몰래 왔다가 천태(天台)에서 잡히자 공도 이에 결박당하다.

겨울, 공의 셋째 딸을 용동(甬東) 주항(朱沆)[140]에게 시집보내고, 만(萬)씨의 한송재(寒松齋)에서 동수유(董守諭)[141]·고두괴 두 선생과 옛날 이야기를 하며 지내다. 동수유가 오두막집에서 역을 편찬하며 질문하면 공이 그 괘의 뜻을 주소(註疏)하는 것으로 답하다. 행인(行人) 풍개장(馮愷章)이 중승(中丞) 유선공(留仙公) 풍원양의

---

138) 명말청초 강소화정 사람으로 이름은 포(浦)이다. 명이 망하자 의병을 일으켜 항청에 나섰다.

139) 명말 의흥 사람으로 자는 맹악(孟諤), 호는 정헌(定軒)이며, 만력년간에 진사하여 이부좌시랑을 지내고, 숭정 초기에는 남경우도어사·좌도어사를 지냈다. 저서에 『정헌고』(定軒稿)가 있다.

140) 청대 대흥(大興) 사람으로 자는 달부(達夫), 호는 완악(浣岳)·완방(浣芳)이다. 관직은 양회운판(兩淮運判)을 지냈다. 초서에 능하고 산수인물화를 잘 그렸다.

141) 명말청초 절강 은(鄞) 출신으로 자는 차공(次公)이고 명말 천계년간의 거인. 노왕 때 호부주사를 지냈다. 저서에 『독역일초이초』(讀易一鈔二鈔)·『괘변고략』(卦變考略)·『역운보유』(易韻補遺)·『춘추간수집』(春秋簡秀集)·『동호부집』(董戶部集) 등이 있다.

「신도비명」을 요청하다.

1655년, 공 46세.

화안산에서 문사(門士) 위사징(魏思澄)의 고향까지 가서 슬퍼하며 시를 짓다. 섣달 그믐날 밤 공이 가장 아끼고 사랑하던 막내아들 수가 일찍 죽자 마음을 추스르고 병신(丙申)년의 시를 모두 개괄해서 『행상집』(杏殤集)이라 하다.

1656년, 공 47세.

2월 초하루, 산에 불이 나 무덤까지 번져 위협하자 밤중에 택망공과 함께 화안산으로 가다.

3월, 대가산(戴家山)에서 묘제를 지내던 중 공은 동생 회목공·택망공·효선공과 함께 산적들에게 결박당했다가, 심(沈)·이(李) 두 사람이 와서 구해줘 집으로 돌아갈 수 있었다. 난을 피해 성으로 들어가 외가에서 기거하다.

4월, 둘째 며느리 손(孫)씨가 집에서 죽다.

5월, 손자 하나가 천연두로 일찍 죽다. 공은 시를 지으며 "여덟 식구 나그네 되어 떠도는데, 10년의 난세가 아직 끝나지 않는구나!"라고 하며, 그 일을 기록하다. 고향으로 돌아왔지만 집이 무너지고 식량도 떨어지다. 태부인이 반림(半霖)으로 이사했다가 가을에 고향으로 돌아오다. 자수(慈水)의 채주(寨主) 심이서(沈爾緖)가 화를 당하고, 공도 체포당하자 온갖 힘을 다해 죽음에서 벗어나다. 동생 회목공이 체포되자 공은 초조해 하며 "죽었구나!"고 말하고, 친구 주아순(朱雅淳)·제아륙(諸雅六)에게 부탁하여 그를 구하고 죽음을 모면하다.

1657년, 공 48세.

봄, 용상 고두괴가 방문하다.

2월 15일 이전까지 석정(石井)에 거처하며 탄식하는 시를 쓰다. (작년 산에서 병사들에게 포박당해 여기에 왔다.) 나벽산(蘿壁山) 벽하원군사(碧霞元君祠)에 오르다. 공의 둘째아들 직방공이 상우

(上虞) 우(虞)씨와 결혼하여 그 집에서 묵다. 상우의 이름난 산은
금뢰(金罍)·나암(蘿巖)·봉명(鳳鳴)이다. 그 유민은 안서백(顔敍
伯)·육포보(陸苞甫)·범부생(范裒生)이고, 공은 여기서 왕래 유람
하며 옛날의 자취를 살피며 즐거워하다. 항주에 와서 효렴(孝廉)
왕풍(汪渢)¹⁴²⁾을 만나 고산(孤山)에 우거하며 용계(龍溪) 양생법의
하나인 조식법(調息法)을 강습하고 시부(詩賦)를 논하다.

1658년, 공 49세.

택망공과 함께 군성으로 가 만청헌(滿聽軒)을 들러 예원로 선생
을 조문하고 유교(柳橋)에 올라 왕원지(王元趾) 선생을 조문하다.
항주로 가 소경사(昭慶寺)에 우거하는데, 오문(吳門) 추문강(鄒文
江)이 방문하여 비로소 징군 심수민의 소식을 듣고 시를 지어 그에
게 보내다. (이 때 심수민은 이미 고향으로 돌아갔다.) 1657년 1658
년 두 해 동안 지은 시를 모아『금뢰집』(金罍集)이라 하다.

1659년, 공 50세.

2월, 항주 고산(孤山)으로 가 왕풍의 거처를 방문하고 인암사 장
기연을 찾아가다. 해상이 혼란스런 가운데 공은 바닷가를 방어하는
군대가 바라다보이는 데서 생활하다가 처소를 유린당하여 섬중(剡
中) 곧 화안산으로 이사하다. 이것은 「산거잡영시」(山居雜詠詩)에
있다. 공이 말하기를 그것을 읽으면 온몸에 고초를 느끼고 눈물로
책을 적시는 자가 있을 것이라고 하다. 회목공이 태부인을 모시고
삼계구(三溪口)에 머물자 공은 간간이 왕래함 안부를 물어 살피다.
다음해 겨울 고향으로 돌아오다.

1660년, 공 51세.

용호산당(龍虎山堂)¹⁴³⁾에 거주하다.

---

142) 명말청초 전당(錢塘) 사람으로 자는 위미(魏美)이다. 숭정년간의 거인으로
　　 국변 후 모친을 모시고 산으로 들어가 은거하였다.
143) (원주) 사명(四明)의 북쪽 산기슭으로 화안산에 있기 때문에 이른바 송섬
　　 중(宋剡中)이라 한다. 동쪽 봉우리는 호랑이 모양이고 서쪽 봉우리는 용

8월 11일, 광려(匡廬)로 여행하며 소산(蕭山)에 들러 서휘지(徐徽之)를 찾아갔으나 만나지 못하다. 전당의 천장사(天章寺)를 건너 고두괴를 만나다.

9월 14일, 남강(南康)에 이르러 신미(辛未)에 산에 들어가 이충의공사(李忠毅公祠 : 이응승의 사당)를 참배하고 개선사(開先寺)에 머물며 엄우의(嚴羽儀)와 밤새 좌담하다. 만삼사(萬杉寺)를 여행하며 백록동(白鹿洞)을 방문하고, 정묘사(淨妙寺)·능소암(淩霄巖)을 경유해서 오로봉(五老峯)의 정상을 올랐다가 만송평(萬松坪)으로 내려와 서주(徐州) 염이매(閻爾梅)[144]를 만나 대림사(大林寺)에서 시부(詩賦)를 논하고, 우영흥비(虞永興碑)와 귀종사(歸宗寺)를 찾아 진정원사(眞淨元社)를 변론하고 옥천문(玉川門)에 이르러 안천(雁川)과 함께 밤새 대화하며 방이지에게 편지를 하다.

10월 5일, 남강으로 돌아가다. 경자(庚子)에 배로 오로봉을 떠나 운룡사(雲龍寺)로 가 우화동(雨花洞)을 찾고, 마침내 금릉으로 가 다시 배를 사서 숭덕에 이르러 고두괴·택망공이 있는 성안으로 들어가 우거하다.

11월 18일, 숭덕을 떠나 정축(丁丑)에 요강(姚江)으로 돌아와 『광려행각시』(匡廬行脚詩)·『광려유록』(匡廬遊錄)에 기록하다.

1661년, 공 52세.

여전히 용호산당에 거주하며 『역학상수론』(易學象數論)를 저술하다.

정월 대보름날 밤 용상의 문사 만사정(萬斯禎)·만사동(萬斯同, 1638~1702)[145]·만언(萬言)[146]이 산중의 공을 방문하다.

의 모양을 하고 있는데 공이 머물던 곳은 그 사이에 있었기 때문에 용호산당이라고 하였다.

144) 명말청초 패현(沛縣) 사람으로 자는 조정(調鼎), 호는 고고(古古)·백탑산인(白耷山人)이다. 숭정년간에 진사하였다. 시에 능했으며, 저서에 『백탑산인집』(白耷山人集)이 있다.

145) 명말청초 근현(鄞縣) 사람으로 만태의 8남. 자는 계야(季野), 호는 석원(石園), 사휘(私諱)는 정문(貞文) 선생이다. 명말 혼란기를 겪으면서 관직에

늦은 봄 용상으로 가 고(高)씨의 조그만 누각에서 우거하며 고두권(高斗權)·고두괴(高斗魁) 형제와 시작(詩作)을 하고 옛 이야기를 나누다. 시어 왕정중이 찾아와 공은 천관임둔(天官壬遁)의 학문을 전수하고, 『위서삼사』(緯書三史)를 저술하자, 왕정중은 섬중(剡中)에서 함께 공부하기를 바라다. 상숙의 효렴(孝廉) 등대림(鄧大臨)[147]이 용상에서 돌아와 방문하여 서로 창(唱)을 주고받으며 열흘 동안 머물다가 공과 함께 무림(武林)으로 가다.

연말에 도적을 피해 용호산(龍虎山)으로 가 우거하다.

1662년(康熙 元年), 공 53세.

정월 대보름날 밤 용상의 만언이 방문하다. 며칠 지나자 군(郡)의 충정공 유종주의 아들 유작(劉汋, 1613~64)[148]이 방문하다.

2월 8일, 용호산당에 불이 나다.

5월 3일, 고거에 또 불이 나다. 공은 시로 "반평생 열 번의 죽을

뜻을 두지 않고, 학문에 주력하였다. 강희년간에 박학홍사과(博學鴻詞科)에 추천되었으나 나가지 않았다. 훗날 포의(布衣)로써 사관에 참여하여 『명사고』(明史稿) 500권을 수정(手定)하고, 또 상서(尙書) 서건학(徐乾學)을 위해 『독례통고』(讀禮通考) 200여 권을 편찬하였다. 저서로는 『역대사표』(歷代史表)·『기원휘고』(紀元彙考)·『송계충의록』(宋季忠義錄)·『남송륙릉유사』(南宋六陵遺事)·『경신군유사』(庚申君遺事)·『하원고』(河源考)·『하거고』(河渠考)·『유림종파』(儒林宗派)·『석경고』(石經考)·『석고문고』(石鼓文考)·『군서변의』(群書辨疑)·『서학휘편』(書學彙編)·『주정휘고』(周正彙考)·『역대재보휘고』(歷代宰輔彙考)·『석원시문집』(石園詩文集) 등이 있다.

146) 명말청초 만사년(萬斯年)——만태의 장자로 자는 승조(繩祖), 호는 담암(澹菴)——의 아들이다. 자는 정일(貞一), 호는 관촌(管村)이며 고문에 능한 것으로 소문이 났다. 부공(副貢)으로 『명사』 편찬에 참여하였다. 관직은 오하현(五河縣) 지현(知縣)을 지냈고, 저서로 『관촌집』(管村集)이 있다.

147) 명말청초 상숙 사람으로 자는 기서(起西), 호는 단구(丹丘). 업(業)을 강음(江陰)의 황번기(黃繁祺)에게서 받았다.

148) 명말 유종주의 아들이다. 자는 백승(伯繩), 시호는 정효 선생(貞孝先生)이다. 부친 유종주가 국난으로 순국한 이후 20년 동안 은거하며 독서에 열중하였다. 저서에 『예경고차』(禮經考次)가 있다.

고비를 맞았는데, 1년 사이에 화재를 두 번씩이나 당했다"고 적다.

9월, 남계시(藍溪市), 곧 육가부(陸家埠)로 이사하다. 대략 이 해에 시집 『노거집』(露車集)을 내고 거처가 불안하다고 기록하다. 『명이대방록』을 저술하다. 다음해 겨울 수정 보완하여 이로각(二老閣)에서 교정 판각하다. 공은 또 『유서』(留書) 1권을 저술하다.

1663년, 공 54세.

4월, 어계(語溪)에 이르러 여(呂)씨의 매화각(梅花閣)에서 거주하며 『수생초당창화시』(水生草堂唱和詩)를 쓰다. 오지진(吳之振)[149]이 아들처럼 생각하는 자목(自牧)과 함께 와서 수생초당(水生草堂)에서 독서하고, 공과 함께 침상에서 등불을 켜고 대구로 시를 지으며 함께 『송시초』(宋詩鈔)를 편찬하다.

4월 말, 동생 택망공이 병에 걸렸다는 소식을 접하고 급히 돌아가다.

8월 8일, 택망공이 죽다. 자세한 내용은 공이 지은 『광지』(壙志)에 있다. 태부인의 7순 잔치에 공은 시로 "백수를 휘날리면서도 아직도 학문을 하시며, 절하(浙河)에 이런 어머님이 아직 안전하시다"고 하며, 축하하다. 이 해에 쓴 시를 『심단집』(心斷集)이라 하였는데, 이것은 맹양양(孟襄陽)[150]의 '심단척령원'(心斷脊鴒原)이란 시구에서 인용한 것이다. 유작 선생이 율려(律呂)에 대해 질문하자 공이 편지로 답하다.

1664년, 공 55세.

2월, 동생 회목공과 함께 고두괴가 있는 어계로 가다.

평소 유민공(裕愍公)의 아들 고린생(顧麟生)과 함께 적안(赤岸)

---

149) 명말청초 절강 석문(石門) 사람으로 자는 맹거(孟擧), 호는 황엽촌농(黃葉村農)이다. 강희년간의 공생(貢生). 관은 중서과중서(中書科中書)이다. 장서(藏書)와 비본(祕本)이 많았다. 여유량(呂留良)과 함께 『송시초』(宋詩鈔)를 편찬하였다. 저서에 『황엽촌장집』(黃葉村莊集)이 있다.

150) 당나라 맹호연(孟浩然)을 말한다. 양양(襄陽) 출신이기 때문에 맹양양이라고 불렸다. 오언고시에 능했고, 저술로 『맹호연집』(孟浩然集)이 있다.

에서 충의공(忠毅公) 이응승의 아들 이손지(李遜之)를 방문하고,
오목(烏目)으로 웅개원(熊開元)을 방문하다. 이 때 웅개원은 영암
(靈巖) 계공(繼公)에게 법을 전수받고 있었다. 탁상으로 돌아오는데
등대림이 성 서쪽의 양충렬사(楊忠烈祠 : 충단공의 동지 양련의 사
당)까지 전송하고 눈물로 이별하다. 오문(吳門)으로 충개공(忠介公)
주순창의 아들 주무란(周茂蘭)¹⁵¹⁾을 방문하자 형제가 그 집에서 생
활하고 있었다. 며칠 지나 동생 회목공과 함께 고두괴가 있는 영암
으로 가 굉저(宏儲)·문숙공 문진맹의 아들 문병(文秉)¹⁵²⁾, 서방(徐
枋)¹⁵³⁾, 주자결(周子潔)·추문강(鄒文江)·왕쌍백(王雙白)을 천산당
(天山堂)에서 만나 7일 동안 대담하다. 공의 궤짝에 글 수 편이 있
었는데, 서방이 그것을 보고 탄식하기를 그치지 않다. 굉저가 마침
내 공이 쓴 「삼봉제이비」(三峯第二碑)를 구하다. 공이 추문강과 함
께 심수민을 방문하기로 약속하였으나 추문강이 약속을 지키지 않
자 공도 아쉬워하며 그만두다. 항주로 돌아와 호수변에 우거하며
산인 신자연을 남병(南屛)에서 만나 공이 계사(癸巳)에 함께 온 손
님에 대해 질문하는데, 싸라기눈이 휘날리자 그치기를 기다리며 서
로 탄식하며 슬퍼하다.

　6월, 향리로 돌아오다. 용상의 문사 만사선(萬斯選)¹⁵⁴⁾이 찾아와

151) 명말 주순창의 아들로 자는 자패(子佩), 호는 예재(藝齋), 사휘(私諱)는 단
　　효(端孝)이다. 저서로 『참동계연의』(參同契衍義)가 있다.
152) 명말 문진맹의 아들로 자는 손부(蓀符), 호는 축오유민(竺塢遺民)이다. 명
　　말의 유사(遺事)를 기록한 『선발지시』(先撥志始)를 저술하였다.
153) 명말청초 장주(長洲) 사람으로 서견(徐汧)의 아들이다. 자는 소법(昭法),
　　호는 사재(俟齋)·진여산인(秦餘山人)·설상암주인(雪牀菴主人)이다. 숭
　　정년간의 거인. 부친 서견이 국난으로 순국하자 은거하여 나오지 않았다.
　　심수민·소명성(巢鳴盛) 등과 함께 해내삼유민(海內三遺民)이라 불린다.
　　저서에 『거이당집』(居易堂集)·『사재집』(俟齋集)·『이십일사문휘』(二十一
　　史文彙)·『통감기사유취』(通鑑紀事類聚)·『독사비어』(讀史裨語)·『독사
　　잡초』(讀史雜抄) 등이 있다.
154) 명말청초 만태(萬泰)의 다섯째 아들로 자는 공택(公擇)이다. 황종희의 평
　　에 의하면 그는 오여필(吳與弼)의 유에 속한다. 저서에 『백운집』(白雲集)

공을 만나 흐트러진 시문의 필사를 허락받고 다시 깨끗한 책으로
만드는데, 공은 그 중 마음에 들지 않는 것 3분의 2를 가리고 소자
첨(蘇自瞻)의 뜻을 취택하여 『남뢰시력』(南雷詩歷)이라고 하다. 이
해의 시를 『오정집』(吳艇集)으로 묶어 내다. 유작 선생의 병문안으
로 군성에 가서 반 개월을 체류하다.

10월 초, 어계로 돌아가다.

12월 초, 향리로 돌아가다.

1665년, 56세.

봄, 용상의 만사대(萬斯大, 1633~83)[155]·만사동·진석하(陳錫
嘏)[156]·진적충(陳赤衷)[157]·동재중(董在中)·동도권(董道權)·동윤
린(董允璘)·구조오(仇兆鰲)[158] 등 20여 명이 함께 와서 수업을 받
고 2~3일 동안 남루(南樓)에서 머물다 돌아가다. 공은 어계로 가
회목공과 함께 만사선의 용산(龍山)에 올라 보잠암(輔潛庵)[159] 선생

이 있다.

155) 명말청초 절강 은현(鄞縣) 사람으로 만태의 6남이다. 자는 충종(充宗), 만
호(晩號)는 파옹(跛翁)이며 학자들이 갈부(褐夫) 선생이라고 불렀다. 저서
에 『학례질의』(學禮質疑)·『주관변비』(周官辨非)·『의례상』(儀禮商)·『예
기우전』(禮記偶箋)·『정재갑양초』(丁災甲陽草)가 있다.

156) 명말청초 절강 은(鄞) 사람으로 자는 개미(介眉) 또는 이정(怡庭)이라고
한다. 강희년간에 진사하여 편수를 지냈다. 경학으로 명성을 날렸고 저술
로 『겸산당집』(兼山堂集)이 있다.

157) 명말청초 절강 은 사람으로 자는 기헌(夔獻), 호는 환촌(環邨) 혹은 환촌
(環村)이다. 경학에 조예가 깊었고 강경회(講經會) 활동을 하며 만사대와
토론하였다.

158) 명말청초 절강 은 사람으로 자는 창주(滄柱)이다. 강희년간에 진사하여
이부우시랑을 지냈다. 황종희에게 배웠고, 저술에는 『사서설약』(四書說
約)·『두시상주』(杜詩詳注)가 있다.

159) 송대의 보광(輔廣)으로 자는 한경(漢卿), 호는 잠암(潛庵)이다. 여조겸과
주희를 사사하였으며, 그의 학문은 복건·절동에 큰 영향을 주었다. 저서에
『사서찬소』(四書纂疏)·『육경집해』(六經集解)·『통감집의』(通鑑集義)·『시
동자문』(詩童子問)·『일신록』(日新錄)이 있지만 대부분 산일되었고, 후일
사람들이 『종보록』(宗輔錄)이란 책으로 재편집하여 출간했으나, 황종희는
이 책은 착오가 많다고 지적하였다.

의 묘에 참배하고 정중히 의논하여 비를 세우고, 시로 "제자들과 주희의 문도 가운데 선생의 뜻을 전하는 이가 없어 어느 사람의 좋은 기사에 의지해서 이 글을 쓴다"[160]고 하다. 오강 주정조를 찾아가고자 했으나 실행하지 못하고 장문의 글로 대신하였는데, 회답없이 시간이 흐르다. 가화(嘉禾)의 효렴 소명성(巢鳴盛)[161]이 어계로 와 공을 방문하다.

8월, 여용회가 평호(平湖)에서 와서 효렴 왕풍이 돌아갔다는 소식을 전하다. 범원장(范元長)이 강우(江右)에서 와서 진홍서(陳弘緒)[162]가 세상을 떴다는 소식을 전하다.

10월, 또 산인 신자연이 객사했다는 소식을 들었고, 숙부 계진공(季眞公) 황보소(黃葆素)가 돌아갔다는 소식이 3일이나 지나서 당도하다. 공은 슬퍼하며 「팔애시」(八哀詩)[163]를 쓰다. 남뢰(南雷)에 속초당(續鈔堂)을 세우다.

1666년, 공 57세.

계속 어계에 머물다 해창(海昌)으로 가 육가숙(陸嘉淑)[164]과 함께 진확(陳確, 1604~77)[165] 선생을 방문하다. 또 주조영(朱朝瑛)[166] 선

---

160) (원주) 이것은 출간하지 않은 『보잠암전』(輔潛庵傳)에 있다.

161) 명말청초 기흥인(嘉興人)으로 자는 단명(端明), 호는 송농(崆峒), 자호는 지원(止園)이며, 숭정년간의 거인이다. 효자로 이름났고, 청조가 들어서자 벼슬을 버리고 은거하였다.

162) 명말청초 진도형(陳道亨)의 아들로 자는 사업(士業), 호는 석장(石莊)이며, 진주목(晉州牧)을 지냈다. 청조가 들어서자 벼슬을 버리고 장강(章江)에 거주하였다. 송의 『유민록』(遺民錄)을 편집하고, 저술로 『주역비고』(周易備考) · 『시경상서의』(詩經尙書議) · 『석장집』(石莊集) · 『홍각집』(鴻桷集) · 『항산존고』(恒山存稿) · 『한의집』(寒衣集) 등을 남겼다.

163) (원주) 「팔애시」는 「갑진곡장사마창수」(甲辰哭張司馬蒼水) · 「유선생백승」(劉先生伯繩) · 「전종백우산」(錢宗伯虞山) · 「인암의선사」(仁菴義禪師) 등 모두 8명에 대한 시를 묶은 것이다.

164) 명말청초 절강 해령 사람으로 자는 빙수(冰修), 호는 신재(辛齋) · 사산(射山)이며, 저술로 『신재유고』(辛齋遺稿)가 있다.

165) 명말청초 절강 해령 사람으로 처음에 이름을 도영(道永), 자를 비현(非玄)이라고 했다가, 나중에 이름을 확(確), 자를 건초(乾初)라고 하였다. 유종

생의 집에 이르러 공은 그가 기록한 오경(五經)을 읽고 밤새 토론
하며 인생의 도리를 말하다. 금릉에 도착하여 하해(何楷)[167]의 사무
실에 들러 오경을 토론하는데 여기에 온 이는 두 사람뿐이다.

5월 보름, 동쪽을 지나 다시 어계로 가다. 취이(檇李) 고씨(高氏)
의 편지가 오지진(吳之振)에게 돌아오자 공은 .어계에서 세 번이나
조심스레 처음부터 끝까지 검열하다. 기광원(祁曠園)[168]의 글이 혼
란 이후 화록사(化鹿寺)로 옮겨지다. 공이 군으로 가 3일 밤낮을 산
에서 검열하고 가지런히 해서 보내다.

1667년, 공 58세.

2월, 군성으로 가 시어 왕정중과 만나 옛날 이야기를 나누며 슬
퍼하다. 유종주 선생이 증인서원(證人書院)에서 강학하며 명(命)을
바르게 한 후 자리를 비운 지 20여 년이 흐르다.

9월, 공은 동문 친구 강희철(姜希轍)[169]·장응오(張應鰲) 두 선생
과 다시 강학회를 열다. 공은 유종주 선생의 학문을 다음과 같이
표현하다. 미발(未發)에 대한 논의는 크게 4가지다. ① 정존(靜存)

주의 제자로 명나라가 망한 이후 집안에 거처하다 병사하였다. 저서에
『대학변』(大學辨)·『장서』(葬書)·『고언』(瞽言)이 있다.

166) 명말청초 절강 해령 사람으로 자는 미지(美之), 호는 강류(康流)·뇌암(儡
菴)이다. 숭정년간에 진사하여 지정덕현(知旌德縣)을 지냈고, 청조가 들어
서자 벼슬하지 않고 지냈다. 황도주(黃道周)의 제자이며, 저술은 『오경약
기』(五經略記)·『뇌암잡술』(儡菴雜述)·『금릉유초』(金陵遊草)가 있다.

167) 명말청초 진해위(鎭海衛) 사람이다. 자는 원자(元子)이고 군서(群書)에 박
통하였으며 특히 경학에 밝았다. 숭정년간에 공과급사중(工科給事中)을
지냈다. 저서에 『고주역정고』(古周易訂詁)·『시경세본고의』(詩經世本古
義)가 있다.

168) 명말청초 절강 산음 사람으로 자는 이광(爾光), 호는 광원(曠園)이다. 만력
년간에 진사하였다. 장서(藏書)를 좋아하고 교감(校勘)에 정밀하였다. 저
술로 『목진』(牧津)·『담생당집』(澹生堂集)을 남겼다.

169) 명말청초 회계(會稽) 사람으로 자는 이빈(二濱), 호는 정암(定菴). 명말 숭
정년간의 거인이며, 청조에서는 봉천부승(奉天府丞)에 올랐다. 저서에
『좌전통전』(左傳統箋)·『양수정집』(兩水亭集)이 있다.

의 밖에 동찰(動察)이 없다. ② (미발은) 의(意)가 마음 가운데 존재하고 있으면서 발하지 않은 것이다. ③ 이발(已發)·미발(未發)은 표리대대(表裏待對) 관계로 말한 것으로 전후로서 말할 수 없다. ④ 태극이 만물의 총체적인 이름이 된다.[170]

동윤린(董允璘)은 '의가 마음에 존재한다'는 것을 의심하며 아직 체득하지 못하고 「유자질의」(劉子質疑)를 쓰다. 공이 말하기를 "선생님이 의가 마음에 존재한다는 것과 왕양명(王陽明)의 양지(良知)는 미발지중(未發之中)이라는 그 종지는 서로 부합한다"[171]고 하였다. 만언이 남심(南潯)에서 와서 근래 지은 것으로 바른 것을 구하다.

5월, 자읍(慈邑) 정량(鄭梁)[172]이 처음 공을 보자 공은 그에게『자유자학언』(子劉子學言)·『성학종요』(聖學宗要) 등을 주다. 정량은 공의 논의를 듣고 스스로 그 원고를 불태우며 한 글자도 남기지 않다. 그는 그렇게 한 이후의 원고를『견황고』(見黃稿)라고 이름하다.

1668년, 공 59세.

처음으로『명문안』(明文案)을 편찬하다. 군성으로 가 계속 동문들과 함께 증인서원에서 강학회를 열었는데, 이것은 「증인회어」(證人會語)에 있다. 공은 스스로 말하기를 "유종주 선생에게서 처음으로 학문을 배우기 시작하였다" 하고, "그 때는 뜻이 학업을 세우는 데 있었고 체득할 수는 없었으며, 즙산 선생 문인의 한 사람임을 기뻐할 뿐이었다. 하늘이 움직이고 땅이 갈라지며[天移地轉] 깊은 산에서 굶주림으로 지쳐 죽을 지경인데도 숨겨놓은 책을 꺼내어 읽

---

170) (원주) 상세한 내용은 황종희가 편집한『자유자행장』(子劉子行狀)을 보라.
171) (원주) 자세한 것은 「답오중서」(答吳仲書)를 보라.
172) 명말청초 자계(慈谿) 사람으로 자는 반인(半人), 호는 우매(禹梅)·우미(禹楣)·우문(禹門)·한촌(寒邨)·향미산주(香眉山主)이며, 황종희에게 배웠다. 강희년간에 진사하여 고주부지(高州府知)를 지냈다. 시화에 능했고, 만년에는 오른손을 쓰지 못하고 왼손만을 사용하였다. 저술로『한촌집』(寒邨集)이 있다.

었다. 그렇게 지낸 지 근 20년이 지나 가슴속을 가로막고 있는 응
어리들을 도려내며 비로소 이전의 부담에서 벗어날 수 없음을 알았
다"고 하다. 용상의 여러 문사들이 은성(鄞城)의 강학회에 참석할
것을 청하다.

3월, 공은 은성으로 가 여러 사람들과 광제교(廣濟橋)에서 큰 모
임을 갖고 또 연경사(延慶寺)에서 모임을 가졌는데, 이 역시 증인
서원의 이름으로 모인 것이다. 공은 대강(大江) 이남에서 널리 강
학회를 열었는데, 그를 흠모하고 추앙하면서 쓴 그 문하생들의 학
문 방향은 다음과 같다. 경술(經術)에 밝은 진적충·만사대·진자
순(陳自舜)[173]·구조오·진석하, 명리에 밝은 왕석용(王錫庸:文
三)·만사선, 궁행이 뛰어난 장단복(張旦復)·동윤린, 사학의 만사
동, 문장의 정량 등이다. 공이 말하기를 "학문은 반드시 육경을 근
본으로 해야하고, 공리공담은 종국에는 건져낼 것이 없다"고 하며
용상에서 경을 강론하는 모임을 가지다.[174]

4월, 정량이 고문(古文)을 갖고 죽교(竹橋)로 공을 찾아오다.

1669년, 공 60세.

봄, 군성에 이르러 계속 증인서원에 머물며 운문(雲門)의 여러
명승지를 여행하고, 이것을 「운문기유」(雲門紀遊) 시 여덟 수에 담
다. 비릉(毘陵) 운일초(惲日初)[175] 선생이 왔는데, 그가 저술한『유
자절요』(劉子節要)에 공의 서문을 부탁하며, 또 말하기를 "오늘날

---

173) 명말청초 사람으로, 자는 동량(同亮), 호는 요산(堯山)이다. 황종희에게서
    경학을 배웠다. 책 모으는 것을 좋아하여 그 장서 규모가 범씨(范氏)의 천
    일각(天一閣) 다음이었다.
174) (원주) 공은 경술에 깊이가 있어『역학상수론』(易學象數論)·『수서수필』
    (授書隨筆)·『맹자사설』(孟子師說) 등을 저술하였는데, 이 것은 앞시대
    사람들이 발간하지 않은 독창적인 것들이다.
175) 명말청초 무진(武進) 사람으로 자는 중승(仲升), 호는 손암(遜菴)·칠암
    (柒菴)이다. 명말 숭정년간에 부공(副貢)을 지냈다. 저서에『견칙당어록』
    (見則堂語錄)·『불원당시문집』(不遠堂詩文集)이 있다.

선생님(유종주)의 학문을 알고 있는 사람은 오직 나와 그대뿐이니 의논이 일치한다. 오직 선생님의 뜻은 점점 원만하게 하여 막힘이 없게 되는데 있다"고 하자, 공이 말하기를 "선생님이 여러 다른 유학자들과 다른 것은 바로 의(意)에 있고 오히려 발명(發明)하는 데 있지 않기 때문이다"[176]고 하다. 동생 회목공, 그리고 친척 동생 황종예(黃宗裔)와 함께 어계로 가다.

8월, 공 60세 환갑을 맞이하다. 정량과 만정일이 서로 다투어 존경을 표시하는 문장을 보내자, 공이 말하기를 "선친께서는 50을 맞지 못하셨는데 하루의 사랑을 받으며 어찌 감히 스스로 5, 60이라 하겠는가?"하고, 염암(念庵) 선생의 축하하는 글을 원용하며 그것을 사양하다.

겨울, 달봉산(達蓬山)에서 바다를 바라보며 「달봉기유」(達蓬紀遊) 시 8수를 짓고, 「해시부」(海市賦)와 「향산사지서」(香山寺志序)를 쓰다.

이 해에 동생 효선공이 세상을 뜨다.

【1670~1695】 (61~86세)

1670년, 공 61세.

윤 2월 19일, 공재(邛在)·회목(晦木)·도전(道傳) 등 여러 사람과 석정(石井)에서 유숙하며 시를 짓고 담론하다.

가을, 군성으로 가 증인서원에서 우거하다. 절강 산음(山陰)[177] 주윤화(周允華)가 자제를 데리고 차례대로 나아가 참배하고, 그 할아버지 운연(雲淵) 선생을 위해 전(傳)을 작성하다. 항주로 가 오산

---

176) (원주) 자세한 것은 「답운중승서」(答惲仲昇書)를 보라.

177) 절강성에 속해 있으며 민국 이래로 산음·회계 두 현이 합쳐져 소흥현(紹興縣)이 되었다.

(吳山)에 거하다. 며칠 지나 서호(西湖)가 범람하자 남산(南山)으로 와서 고려(高麗)·법상(法相)·연하(烟霞) 등의 여러 사찰을 지나 쳐 마침내 풍황령(風篁嶺)에 올라 용정천(龍井泉)에서 수작하고 수 성원(壽聖院)을 찾아갔다가 발지암(鉢池菴)으로 돌아와 머물다. 다 음날 비가 오는데도 묘에 표지를 하고 호숫가에서 배를 타고 긴 노 래를 부르며 그것을 기념하다.

1671년, 공 62세.

군성으로 가 고소학(古小學)에 우거하는데, 서상(庶常) 노율(魯 栗)이 방문하여 공의 문장을 보고 감탄하며 말하기를 "이천(二川) 이후 백년 동안 이런 작품이 없었다"고 하다. 장군후(張郡侯)가 와 서 군지(郡誌)의 수찬(修撰)을 청하자 공은 사양하다.

1672년, 공 63세.

정량이 부친 진천(秦川) 선생을 따라 속초당(續鈔堂)으로 공을 만나러 오다. 『요강일시』(姚江逸詩)를 편찬하는데 공은 평일 여러 문집에서 근본되는 것과 관계되는 것은 반드시 기록하여 이 해에 비로소 마치게 되다.[178] 「증소보시충민공전」(贈少保施忠愍公傳)을 지어 그 동생의 아들 명(銘)과 의논하여 뒤로 미루다.[179]

1673년, 공 64세.

용상으로 가자 범우중(范友仲)이 공을 이끌고 천일각(天一閣)에 올라 장서를 열고 아직 널리 유통되지 않은 서목을 베껴 마침내 좋 은 것은 유통시키다. 곤산의 상서 서건학(徐乾學, 1631~94)[180]이 문

---

178) (원주) 무릇 15권은 판각교정을 마쳤고, 이후 또 『요강문략』(姚江文略)· 『요강쇄사』(姚江瑣事) 등을 편집하였으나 아직 판각하지는 않았다.

179) (원주) 의논한 것은 『문정후집』(文定後集)에 게재하다.

180) 명말청초 경학가이면서 정주학을 종으로 삼고 육왕학을 배척하였다. 훈고 하는 데 고주를 근거하면서도 송원대의 경설을 폐하지 않았다. 곤산인(崑 山人)으로 자는 원일(原一), 호는 건암(健菴)·곤산상서(崑山尙書)·담원 (澹園)이며, 강희년간에 진사하여 편수(編修)·형부상서를 지냈다. 『일통 지』(一統志)·『회전』(會典)·『명사』 편찬을 총괄 지휘하고, 또 『감고집람』

사들에게 그것을 베끼게 한 다음 갖고 가다. 태부인 80세 생신을 맞이하여 징군(徵君) 손기봉(孫奇逢, 1584~1675)[181] 선생(이 때 그의 나이는 90세였다)이 『이학종전』(理學宗傳) 한 권과 축하하는 시 한 수를 붙여오다. 징군 이청(李淸)[182] 선생이 지은 『학영록』(鶴齡錄)을 축하하는 뜻으로 보내다. 효렴 소명성 또한 글로 축하하다. 이것은 모두 공의 「사축수제군자시」(謝祝壽諸君子詩)에 있다.

1674년, 공 65세.

이 때 많은 도적들이 산속에 있어 공은 태부인을 모시고 해변 제사문(第四門)으로 가 제래빙(諸來聘)의 서실에서 우거하다. 서실 안에는 한 개의 의자만 놓을 수 있었는데, 의자 세 개를 들여놓았고, 침대와 부엌, 책장이 모두 그 안에 있었다. 틈나는 대로 여구호(汝仇湖)를 거닐며 우둔오(牛屯塢)를 지나 구룡정(九龍亭)에 머물

(鑑古輯覽)·『고문연감』(古文淵鑑) 등을 편찬하였다. 저서에 『독례통고』(讀禮通考)·『문집』(文集)·『외집』(外集)·『우포집』(虞浦集)·『사관집』(詞館集)·『벽산집』(碧山集)·『담원집』(憺園集)이 있다.

181) 명말청초 용성(容城) 사람으로 자는 계태(啓泰) 또는 종원(鍾元)이며, 학자들은 하봉(夏峰) 선생이라고 불렀다. 명말 만력년간에 거인이다. 좌광두·위대중 등과 함께 기절로 유명하며, 황종희·이옹(李顒)과 함께 삼대유(三大儒)로 불린다. 명말 혼란을 피해 역주오공산(易州五公山)으로 피하였고, 만년에는 소문(蘇門)의 하봉(夏峰)으로 이주하였다. 학문은 신독(愼獨)을 종주로 하였고, 처음에는 육왕학을 따르다가 후에 주자학을 조화시켰다. 저서에 『사서근지』(四書近指)·『독역대지』(讀易大旨)·『경서근지』(經書近旨)·『성학록』(聖學錄)·『양대안록』(兩大案錄)·『갑신대난록』(甲申大難錄)·『세한거자양』(歲寒居自養)·『을병기사』(乙丙記事)·『이학종전』(理學宗傳) 등이 있다.

182) 명말청초 이춘방(李春芳)의 현손(玄孫)으로 자는 심수(心水), 호는 영벽(映碧) 또는 천일거사(天一居士)·담령재(澹寧齋)이다. 명말 숭정년간에 진사하여 대리시좌승(大理寺左丞)을 지냈다. 청초 강희년간 『명사』 편찬에 참여할 것을 요청받았으나 나이가 많다는 것을 핑계로 참여하지 않았다. 저서에 『담령재집사론』(澹寧齋集史論)·『여세설』(女世說)·『사략정오』(史略正誤)·『남북사남당서합주』(南北史南唐書合注)·『정사외사적기』(正史外史摘奇)·『이십일사동이』(二十一史同異)·『남도록』(南渡錄)·『삼원필기』(三垣筆記)·『명사잡저』(明史雜著)가 있다.

며 절벽에 새겨진 상들을 살피고 동산사(東山寺)를 방문하여 산을 등지고 바다를 바라보다. 궤를 열고 반산(半山 : 諱는 嘉仁)[183]·경주(景州 : 諱는 尙質)[184] 등의 시문과 『축재문집』(縮齋文集)·『택망공집』을 꺼내어 교정하고 서문을 쓰다. 당나라 육구몽(陸龜蒙)[185]·피일휴(皮日休)[186]의 시 「사명산창화시」(四明山倡和詩)가 있는데, 그것을 아홉 가지 주제로 나누다. 후에 사명(四明)이란 명승을 이름한 것은 여기에서 연원하지 않은 것이 없다. 공이 지은 「사명산구제고」(四明山九題考)는 각기 그것과 관련된 시이다.

1675년, 공 66세.

남산의 혼란이 평정되어 윤 5월 고향으로 돌아가다.

가을, 손천경(孫千頃)이 방문하여 함께 영락사(永樂寺)에 가다.

8월, 손님이 장주(長洲)에서 심수민이 4월 20일 직접 쓴 편지를 갖고 왔는데, 심수민은 5월 3일에 세상을 뜨고 이 편지는 죽기 전에 마지막으로 쓴 글이다. 양자호(楊慈湖, 1140~1225)[187] 선생의 묘

---

183) 북송대 왕안석(王安石, 1021~86)을 말한다. 저술로 『왕문공문집』(王文公文集)·『주관신의』(周官新義)·『임천집』(臨川集)·『당백가시선』(唐百家詩選)이 있다.

184) 북송대 주희에게 사사한 황간(黃幹)이다. 저술로 『오경강의』(五經講義)·『사서기문』(四書紀聞)이 있다.

185) 당나라 장주(長洲) 사람으로 송강보리(松江甫里)에 거주하였다. 자는 노망(魯望), 호는 강호산인(江湖散人)·천수자(天隨子)·보리선생(甫里先生)·부옹(涪翁)·강상장인(江上丈人)이다. 세속을 떠나 유유자적하며 살았다. 피일휴와 가까이 지냈고 둘이서 서로 화답한 시를 『송릉창화시집』(松陵唱和詩集)이라고 하였다. 저서에 『뇌사경』(耒耜經)·『소명록』(小名錄)·『입택총서』(笠澤叢書)·『보리집』(甫里集)이 있다.

186) 당나라 양양인(襄陽人)으로 자는 습미(襲美) 또는 일소(逸少), 호는 한기포의(間氣布衣)·취음선생(醉吟先生)·취사(醉士)·주민(酒民)이다. 문장에 능하고, 육구몽의 친구로 두 사람을 함께 피륙(皮陸)이라 불렀다. 함통(咸通, 860~874)년간에 진사하여 태상박사(太常博士)를 지냈다. 저서에 『피자문수』(皮子文藪)·『송릉창화시집』(松陵唱和詩集)이 있다.

187) 남송대 이학자이면서 심학의 대표자이다. 자계(지금의 절강)인 양정현(楊庭顯)의 아들 양간(楊簡)으로 자는 경중(敬仲), 시호는 문원(文元)이다. 육

272

지를 참배하다. 『명문안』(明文案) 편찬을 완성하였는데, 모두 217권
이다.[188]

1676년, 공 67세.

2월, 해창(海昌)으로 가다. 안양(安陽) 시랑 허삼례(許三禮, 1625~
91)[189]가 읍령(邑令)이 되어, 공에게 월중(越中)과 용동(甬東)에서
교육을 부탁하다. 읍의 사대부들이 북사(北寺)에 모여 공부하는데,
곤산(崑山) 서병의(徐秉義)[190]가 오고 건암(健菴) 대사구(大司寇)가
문인 팽손휼(彭孫遹)[191]을 보내다. 공이 말하기를 "여러분들이 백성
을 사랑하고 직분을 다하며, 때때로 학문을 익히는도다!"고 하며, 2
개월간 머물며 교육하다 돌아가 「유별해창동학서」(留別海昌同學
序)를 쓰다. 고염무(顧炎武, 1613~82)[192] 선생이 자신이 저술한 『일

<hr>

구연(陸九淵)의 제자로 학자들은 자호(慈湖) 선생이라고 불렀다. 저서에
『갑을고』(甲乙稿)·『양씨역전』(楊氏易傳)·『오고해』(五誥解)·『자호시전』
(慈湖詩傳)·『관기』(冠記)·『혼기』(昏記)·『자호유서』(慈湖遺書)가 있다.
188) (원주) 이것은 『사고전서』(四庫全書)에 들어갔는데 나중에 보충한 『문해』
(文海) 482권도 『사고전서』에 포함되었다.
189) 청초 안양 사람으로 자는 전삼(典三), 호는 유산(酉山)이다. 순치년간에 진
사하여 해령현(海寧縣) 지현(知縣)을 지냈고, 어사가 되어 병부독포우시
랑(兵部督捕右侍郎)을 맡았다. 손기봉·황종희에게서 수학하고, 정주학을
정통으로 계승하였다. 저술로 『독례우견』(讀禮偶見)·『인효달천발명』(仁孝
達天發明)·『성학문답고』(聖學問答考)·『성학발명』(聖學發明)·『정사강설』
(正史綱說)·『해창강학집』(海昌講學集)·『성학직지』(聖學直指)·『역관』(易
貫)이 있다.
190) 명말청초 서건학의 동생이다. 자는 언화(彦和), 호는 과정(果亭)·운포(耘
圃)이며, 강희년간에 진사하여 이부시랑을 지냈다. 저서에 『운포배림당대
언집』(耘圃培林堂代言集)이 있다.
191) 청초 해염 사람으로 자는 준손(駿孫), 호는 선문(羨門)·금율산인(金栗山
人)이다. 순치년간에 진사하여 이부우시랑을 지냈다. 시에 능하여 왕사진
(王士禛)과 함께 팽왕(彭王)으로 불렸다. 저서에 『송계당』(松桂堂)·『향
렴』(香匳)·『창화』(唱和) 등이 있다.
192) 명말청초 강소 곤산 사람으로 자는 영인(寧人)이고 학자들은 정림(亭林)
선생이라고 불렀다. 복사에 가담하여 활동하다가 명말 항청운동을 하였
다. 박학다식하여 고증학의 오파(吳派)·환파(皖派) 모두의 개조가 되었

지록』(日知錄)을 공에게 보내며 비평을 부탁하다.

6월 8일, 엽안인(葉安人)이 돌아가자 공이 정량에게 묘지명을 부탁하다.

9월, 다시 해창으로 가 주가징(朱嘉徵)[193] 선생과 함께 밤새워 문장을 논하다.

9월 9일, 구조오·진자계(陳子棨)·진자문(陳子文)[194]·사하중(査夏重)·범문원(范文園)과 함께 북문으로 나가 범문청(范文淸)의 동리(東籬)에 이르러 시를 짓다. 소자미(蘇子美)의 「곡사로시」(哭師魯詩)를 읽고 차운(次韻)으로 「곡심미생징군」(哭沈眉生徵君)을 쓰며 일찍이 말하기를 "종신토록 힘써 서로 권면한 것은 심수민과 육부 두 사람뿐이다"고 하다.

허삼례와 10월 그믐에 약속하고 해염 운수산(雲岫山), 즉 응과정(鷹窠頂)에서 해와 달이 만나는 일식을 보기 위해 가다. 하루 전 공은 구조오·소료삼(邵蓼三)·진이중(陳彝仲)과 그곳에 왔고 허삼례가 천천히 와서 5경(새벽 3~5시)에 일어나 그것을 보려고 했으나 비가 오다.[195] 호고원(胡考轅) 선생 집에 이르러 장서를 보는데 그 아들 호령수(胡令修)가 공을 위해 오래된 궤짝을 열다.

충단공사(忠端公祠) 묘비명을 모아 「정기록」(正氣錄)으로 내다. 『명유학안』(明儒學案)을 완성하였는데 모두 62권이다.[196] 그 후 또

다. 저서에 『일지록』·『천하군국이병서』(天下郡國利病書)·『조역지』(肇域志)·『음학오서』(音學五書)·『운보정』(韻補正)·『정림시문집』(亭林詩文集) 등이 있다.
193) 명말청초 해령 사람으로 자는 민좌(岷左), 별호(別號)는 지계포인(止谿圃人)이다. 명말 숭정년간에 거인이며, 추관(推官)을 지냈다. 저서에 『낙부광서』(樂府廣序)·『지계시문집』(止谿詩文集)이 있다.
194) 명말청초 해령 사람 진혁희(陳奕禧)로 호는 향천(香泉)이다. 남안지부(南安知府)를 지냈고, 시서(詩書)에 능했다. 저술로 『여령당첩』(予零堂帖)·『익주우역기』(益州于役記)·『금석유문록』(金石遺文錄)이 있다.
195) (원주) 이 내용은 「응과정관일월병승기」(鷹窠頂觀日月並升記)에 있다.
196) 『사고전서』에 있는 것은 안양허씨(安陽許氏)와 용상만씨(甬上萬氏) 각본

274

『송원학안』(宋元學案)을 편집하다가 완성시키지 못하였는데, 유명
(遺命)으로 주일공이 그것을 완성하다.[197)

1677년, 공 68세.

계속 해창에 머물며 강학하는데, 공은 매번 사서와 오경을 집어
들고 강의하며, 사강(司講)으로 하여금 읽게 하고 읽기를 마치면
토론하였다. 공이 말하기를 "각자 스스로 터득한 것이 바야흐로 학
문이다. 행(行)·수(數)·묵(墨)을 찾아 선생님의 말씀을 억지로 갖
다붙이면 성현의 경전이 모두 모호한 마음을 갖게 하는 도구에 지
나지 않게 된다. 예컨대 주자가 밝혀놓은 것에 한 가지 골자만을
덧붙인다면 한 길의 빛을 가로막는 것과 같다"고 하다.

용상의 동재중이 북경으로부터 오는데 학사(學士) 엽방애(葉方
藹)[198)의 글 오언고시 350자를 붙여오자 곧바로 공은 차운하며, 힘
써 장거(莊渠) 위교(魏校, 1483~1543)[199)의 뛰어난 학문을 계승하고

(刻本) 몇 권이나 수정한 내용이다. 고성가씨(故城賈氏)의 각본은 억견으
로 혼잡하다. 오직 자수정씨(慈水鄭氏)가 만씨의 미각본을 완성시킨 것이
잘된 각본이다. 그후 막보재(莫寶齋) 시랑 진씨(晉氏)가 다시 펴낸 판본도
가씨가 제대로 수정한 것이다.
197) (원주) 용상 태사(太史) 전조망이 또 그것을 개수하니 모두 100권이다. 자
수의 풍오교(馮五橋)가 간행한 것은 판본이 훼손되었고, 도주(道州) 하자
정(何子貞)이 편수(編修) 중간(重刊)하다.
198) 청초 엽방항(葉方恒)의 동생으로 자는 자길(子吉), 호는 인암(訒菴)·독서
재(讀書齋), 시호는 문민(文敏)이며, 순치년간에 진사하여 형부우시랑을 지
냈다. 저서에『독서재우존고』(讀書齋偶存稿)·『독상집』(獨賞集)이 있다.
199) 명대 곤산인으로 자는 자재(子才)이며, 소주 봉문(葑門)의 장거(莊渠)에서
살았기 때문에 스스로 장거라고 하였고, 시호는 공간(恭簡)이다. 홍치년간
(1488~1505)에 진사하여 남경형부주사(南京刑部主事)·낭중(郎中)·병
부랑(兵部郎)을, 가정년간(1522~66) 초기에는 광동제학부사(廣東提學副
使)를 지냈고, 후에는 태상시경(太常寺卿)이 되어 좨주(祭酒)의 일을 관장
하였다. 호거인(胡居仁)의 주경(主敬) 학문에 사숙(私淑)하고 제유(諸儒)
의 설에 관통하였다. 저서에『주례연혁전』(周禮沿革傳)·『대학지귀』(大學
指歸)·『육서정온』(六書精蘊)·『춘추경세』(春秋經世)·『경세책』(經世策)
·『관직회통』(官職會通)·『장거유서』(莊渠遺書)가 있다.

자 하여 산에서 나가지 않을 뜻을 고하다.

육부(陸符) 선생이 상을 당하였는데, 일찍이 그가 거친 땅에 있었다는 것을 공이 듣고 탄식하며 말하기를 "이것은 나의 잘못이다"고 하자, 제자 만사대로 하여금 그것을 질문하게 하고, 또 그 생애의 대략을 기억해서 기록하다. 용상(甬上) 전로공(錢魯恭)이 와서 충개공(忠介公) 주순창의 기록을 구하자 공이 이르기를 "20년 동안 뗏목 타고 산 것 같아 없어진 것 같기도 하고 원래 없는 것 같기도 해 잠시 붓을 멈추고 생각하자니 눈물이 얼굴을 뒤덮는 것도 모르겠노라!"고 하다.

이문윤 선생이 와서 회계(會稽) 여증원(余增遠)[200]을 위해 묘비명을 청하자 공이 엽적(葉適, 1150~1223)[201] 선생의 글을 준거로, 진동보(陳同父)·왕시중(王時中)[202]의 예를 참고로 해서 여증원·주제증(周齊曾)[203] 두 선생의 묘지명을 짓다. 공은 이에 『기령초』(奇零草)·『북정록』(北征錄)[204]의 차례에 근거해서 묘지명을 쓰다.

겨울, 정량에게 「충단공집서」(忠端公集序)를 부탁하다.

1678년, 공 69세.

청조가 명조의 대학자들을 모으는 데 장원학사(掌院學士) 엽방

---

200) 명말청초 회계인으로 자는 겸정(謙貞)·약수(若水)이며, 숭정년간에 진사하여 보응현(寶應縣) 장관(長官)을 지냈다.

201) 송대 영가인(永嘉人)으로 영가학파의 대표인물이다. 자는 정칙(正則), 호는 수심(水心), 시호는 충정(忠定)이다. 순희(淳熙)년간에 진사하여 태학정(太學正)·박사(博士)를 지냈다. 영종(寧宗) 때에는 보문각대제겸강회제치사(寶文閣待制兼江淮制置使)를 맡았다. 공리를 중시한 그는 저서로 『습학기언』(習學記言)·『수심문집』(水心文集)·『수심외집』(水心外集)을 남겼다.

202) 명대 황인(黃人)으로 자는 도부(道夫). 홍치년간 진사하여 어사·병부상서·형부상서를 지냈다.

203) 명말청초 은인으로 자는 사기(思沂), 호는 유일(唯一)이며, 숭정년간에 진사하여 광동 순덕현(順德縣)의 장관을 지냈다. 명조가 망하자 머리카락을 자르고 은둔하여 무발거사(無髮居士)라고 하였다.

204) 장황언의 저술들이다.

애가 공의 이름을 강희황제(康熙皇帝, 1662~1722)에게 상소하였고
또한 이부(吏部)로 글이 넘어갔지만 공은 극력 사양하다.[205]

해창으로 가는데 허삼례가 따르고, 장해(漳海) 황도주(黃道周,
1585~1646)[206] 선생의 『삼역동기』(三易洞璣)와 『수시』(授時)·『서
양』(西洋)·『회회』(回回)의 세 가지 역법에 대한 책을 받다. 용산
(龍山)에 올라가 서충양공(徐忠襄公)에게 참배하다.

1679년, 공 70세.

천일각(天一閣) 범좌원(范左垣)이 거듭 서목(書目)을 정정하고
개문사(介門士) 왕석용(王錫庸)이 와서 『장서기』(藏書記)를 구하다.
해창으로 가는데 막내아들 주일공이 따라오다.

가을, 항주로 가 진적충과 함께 오산(吳山)에 우거하다. 육일천
(六一泉)[207]으로 가 충단공의 신위에 참배하다. 남병(南屛)에서 사마
(司馬) 장황언(張煌言)의 묘를 찾다. 『명사』를 감수하는 총재 서원
문(徐元文)[208]·엽방애 두 학사가 공의 문사 처사(處士) 만사동, 명
경(明經) 만정일을 초청하여 함께 수찬(修撰)하자 공은 충단공이

---

205) 청조는 박학홍사과(博學鴻詞科)를 설치하여 재야의 명대 학자들을 등용하
　　려 했는데, 이는 일종의 명대 유신(遺臣)을 소멸시키기 위한 고등문화정
　　책이었다. 공은 이런 청조의 권유를 거절하였다. 이 내용은 「행장」에는 기
　　미년(1679)의 일로 되어 있으나 여기서는 「신도비」의 내용을 따랐다.

206) 명말청초 장포인(漳浦人)으로 자는 유현(幼玄) 혹은 유원(幼元)·유평(幼
　　平, 『명사』의 기록), 호는 석재(石齋), 시호는 충렬(忠烈) 혹은 충단(忠端)
　　이며, 천계년간에 진사하여 숭정년간에 우중윤(右中允)·소첨사(少詹事)
　　를 지냈고, 복왕 때 예부상서, 당왕 때 무영전대학사(武英殿大學士)를 맡았
　　다. 병사를 이끌고 무원(婺源)에서 청군과 싸우다 패하여 죽었다. 저서에
　　『역상정의』(易象正義)·『태함경』(太函經)·『삼역동기』(三易洞璣)·『홍범명
　　의』(洪範明義)·『효경집전』(孝經集傳)·『춘추규』(春秋揆)·『속이소』(續離
　　騷)·『석재집』(石齋集)이 있다.

207) (원주) 육일천에는 양조충렬사(兩朝忠烈祠)가 있는데 광화사(廣化寺)라고 고
　　쳤다.

208) 명말청초 서건학의 동생으로 자는 공숙(公肅), 호는 입재(立齋)이며 순치
　　년간에 진사하여 장원학사(掌院學士)·문화전대학사(文華殿大學士)·호
　　부상서를 지냈다. 저서에 『함경당집』(含經堂集)이 있다.

기록한 『대사기』(大事記)와 『삼사초』(三史鈔)를 그들에게 주고 또한 시를 지어 그들에게 보내다.[209]

1680년, 공 71세.

정월 10일, 태부인이 돌아가시다. 향년 87세.

서원문이 말하기를 "공은 과거시험을 보거나 역사편수관으로 청빙하여도 나가지 않았다"고 하고, 이에 전 대리평사(大理評事) 홍화(興化) 이청 선생과 함께 두 사람이 특별히 유헌(遺獻)으로 받들다. 황제의 뜻을 받들어 명하며 "독무(督撫)가 예로서 돈독히 청하다." 공은 제부(制府) 이지방(李之芳)[210], 무군(撫軍) 이본성(李本晟)에게 편지로 늙어 병들어 나갈 수 없노라고 사양하다. 또다시 황제의 뜻을 받들며 특별히 명하기를 "생각건대 황종희는 논저와 견문이 많고 넓으니 명나라 역사에 대한 자료가 많을 것이다. 이에 지방관이 초록하여 북경 사관(史館)으로 오라"고 하다. 이사정(李士貞)이 막내아들 주일공을 부르러 관서에 와서 (그의) 교정한 내용들이 마치 책을 보고한 듯 정확하여 서리 수십 명으로 하여금 잘 기록하여 진정(進呈)하게 하다.[211] 서원문이 계속 주일공에게 사국

---

209) 이 해에 『명사』편찬을 위한 명사관(明史館)이 설치되어, 공도 초청되었으나 노병(老病)을 핑계로 사양하고 제자 만사동을 보냈으며, 다음해에는 3남 황백가를 보냈다.

210) 명말청초 산동 무정인(武定人)으로 호는 업원(鄴園), 시호는 문양(文襄)이며, 순치년간에 진사하여 좌부도어사(左副都御史)를 지냈고, 후에 이부상서(吏部尚書)·문화전대학사(文華殿大學士)를 맡았다. 저서에 『극청초』(棘聽草)·『주소』(奏疏)·『별록』(別錄)이 있다.

211) (원주) 공은 사학 방면에 일가견이 있어 일찍이 『송사』를 중수하고자 했으나 이루지 못했지만 『총목보유』(叢目補遺) 3권이 있다. 또한 『명사안』 244권을 편집하여 비록 징서(徵書)로 나아간 것은 아니지만 사국(史局)에 큰 안건이 있으면 총재가 반드시 공에게 자문을 구하였다. 예컨대 『역지』(曆志)가 검토(檢討) 오임신(吳任臣)의 손에서 나왔지만 공의 심사를 거친 후에 그 논의가 결정된 것과 같다. 『송사』에서 『도학전』(道學傳)을 별도로 수립한 것은 원나라의 학자들이 부족한 점이라 여기고, 공은 『명사』도 여전히 그 예가 마땅하지 않다고 하였다. 그 때 검토 주이존(朱彛尊)

(史局)에 참여하게 하자, 공은 편지로 그것을 기뻐하며 말하기를 "옛날 수양산의 두 어른에 대한 이야기를 듣자니(그들은) 상보(尙父)[212]에게 나라의 일을 맡기고 마침내 3년 동안 고사리를 먹었어도 안색이 바뀌지 않았다고 한다. 지금 내가 공에게 아들을 보내니 나를 대신할 수 있을 것이다"고 하고, 태부인의 대략적인 일을 사관에 올리다.[213] 서병의가 황죽포로 와서 공을 방문하여 말하기를 "시상(柴桑)을 지나 완화(浣花)에게 묻는 것보다 낫다"[214]고 하다.

늦은 가을, 해창으로 가다가 군성을 지나 윤암선사(輪菴禪師 : 文文肅公의 從子)가 있는 능인사(能仁寺)에 들러 공은 옛날 이야기를 하며, 오랫동안 슬퍼하다. 스스로『남뢰문안』(南雷文案)을 수정하고, 문인 만충종에게 주어 교정하게 하고, 정량에게 차례를 매기게 하다.

1681년, 공 72세.

해창으로 가자 서공섭(徐功燮)이 그 할아버지 충양공을 위해 신도비명을 지어줄 것을 부탁하자, 공이 「이부시랑장공격암(정신)행장」(吏部侍郎章工格菴(正宸)行狀)과 「웅공우은(여림)행장」(熊公雨殷(汝霖)行狀)을 지어 사관에 보내다.

9월, 공은 자읍(慈邑) 유인규(劉仁規)와 함께 황과초당(黃過草堂)으로 정량을 방문하여 부채에 그의 부친 정진(鄭溱) 선생의 칠순을 축하하는 글을 쓰다. 용상의 만사선이 회(淮)로부터 돌아와 방문하다.

1682년, 공 73세.

이 여기에 이의를 제기하자 탕빈(湯斌)이 공의 책을 내어 여러 사람들에게 보여줌으로써 일단락되었다. 사충(死忠)의 서적에 이르면 더욱 많은 핵심이 있다.『지지』(地志) 또한 공의『금수경』(水水經)을 취해서 고증한 것이 많다.

212) 주나라의 현신(賢臣)인 태공망(太公望) 여상(呂尙)의 존호(尊號).

213) 이 내용은『명사』「열녀전」에 수록되었다.

214) 시상은 강서성(江西省) 구강현(九江縣) 남쪽에 있으며, 완화는 시인 두보(杜甫)를 가리킨다. 황종희가 살던 절강성에서 사천성을 가기 위해서는 구강을 반드시 거쳐야 한다.

군으로 가서 100세 된 노인 효렴 진잠(陳箴 : 贗卿)을 만나 지팡
이를 드리고 시를 써 감사하다.

7월 그믐날 밤, 문사 육진사(陸鉁俟)·장만위(蔣萬爲)·홍휘길
(洪暉吉)과 함께 시 한 수를 지어 마을을 돌고 10월 보름이 되어
또 다시 시 한 수를 짓다. 가선의 위윤찰(魏允札)[215]이 와서 부친 위
학렴 선생의 묘지명을 부탁하자, 공이 말하기를 "위학렴의 큰 절개
는 40년이 지났어도 드러나지 않았다. 이것은 당인(黨人)들이 그것
을 가로막고 있었기 때문이다"고 하고, 가려져 있는 것을 드러나게
하다. 화정의 장수(張守)가 그 부친 사마 장이단(張履端) 집안의 전
통을 알고자 하자 공이 50년 전의 일을 회고하며 몸소 보고들은 것
을 저울질하며 집안과 나라의 한을 글로 써 모으며 자신도 모르게
실성통곡하다.

1683년, 공 74세.

정월 말, 용상의 후학 진여함(陳汝咸, 1658~1714)[216]이 만사대를
따라와서 학문을 하자, 공이 사람들에게 말하기를 "이들은 정이(程
頤, 1033~1107)[217]의 양적(楊迪)[218]이요, 주희(朱熹, 1130~1200)[219]의

---

215) 청초 위윤매(魏允枚)의 동생으로 자는 주래(州來), 호는 가거도사(家居道
士)이며, 저서에 『동재시문집』(東齋詩文集)이 있다.

216) 명말청초 절강 근현(勤縣, 지금의 寧波市)의 진석하의 아들로 자는 신학
(莘學)·회려(悔廬), 호는 심재(心齋)이며, 강희년간에 진사하여 장포령
(漳浦令)·대리사소경(大理寺少卿)을 지냈다. 저서에 『겸산당유고』(兼山
堂遺稿)·『장포정략』(漳浦政略)이 있다.

217) 북송대 낙양 출신으로 형 정호(程顥)와 함께 주돈이(周敦頤)에게서 배웠
다. 자는 정숙(正叔)이며 학자들은 이천선생(伊川先生)이라고 불렀다. 관
직은 숭정전설서(崇政殿說書)를 지냈고 왕안석(王安石) 신법에 반대하여
낙향하여 30여 년 간 공부에 몰두하였다. 저서에 『역전』(易傳)·『안자소
호하학론』(顔子所好何學論)과 후학이 편찬한 『유서』(遺書)·『문집』(文
集)·『경설』(經說) 등을 포괄한 『이정전서』(二程全書)가 있다.

218) 송나라 양시(楊時, 1053~1135)의 아들로 자는 준도(遵道)이며, 정이의 제자
이다.

219) 남송의 철학자로 휘주(徽州) 무원(婺源, 지금의 강서성 지역) 출신이며, 자

채침(蔡沈, 1167~1230)[220]이다"[221]고 하다.

4월, 오문(吳門)의 주무란(周茂蘭) 선생이 천리 길을 와서 화안산에 올라 충단공의 묘에 참배하고, 『금릉회구시』(金陵懷舊詩)를 지어 둘째아들 직방공에게 주다. 평양사(平陽寺) 본주(本書)[222]가 황죽포에 이르러 공에게 「산옹선사문집서」(山翁禪師文集序)를 써달라고 부탁하다.

5월, 군성으로 가 문우(門友) 동창(董塲), 문인 시경(施敬)과 함께 서위(徐渭)[223]의 벽에 쓴 글을 보고 차운하였는데, 이것이 「심우혈송육릉회고시」(尋禹穴宋六陵懷古詩)이다. 윤암(輪菴) 선사와 함께 우자목(虞呰牧) 양화서원(陽和書院)에서 잔치를 하고, 원대성이 가사를 만들어 창을 하는데, 그 말에 동림당에 대해 비판하는 내용

는 원회(元晦)·중회(仲晦), 호는 회암(晦庵)이다. 관직은 비각수찬(秘閣修撰)을 역임하였다. 저서에 『사서장구집주』(四書章句集注)『주역본의』(周易本義)·『시집전』(詩集傳)·『초사집주』(楚辭集注)가 있고, 후인이 편찬한 『회암선생주문공문집』(晦庵先生朱文公文集)·『주자어류』(朱子語類)가 있다.

220) 송나라 건양(建陽, 지금의 복건성 지역) 출신으로 채항(蔡沆)의 동생이다. 자는 중묵(仲默), 호는 구봉선생(九峯先生), 시호는 문정(文正)이다. 어려서 수회에게 사사빋았다. 저서로『서경집전』(書經集傳)·『홍범황극내편』(洪範皇極內篇)이 있다.

221) 이 글은 『청사고』(淸史稿) 권46에 있다.

222) 청초의 스님으로 자는 천악(天岳), 호는 한천자(寒泉子)이며, 소흥의 평양사(平陽寺)에 거주하였다. 저서에 『직목당시집』(直木堂詩集)이 있다.

223) 명말청초 절강 산음 사람으로 자는 문장(文長)·천지(天池), 호는 붕비처인(鵬飛處人)·전수월(田水月)·수전월로인(水田月老人)이며, 만호(晚號)는 청등(靑藤) 혹은 청등노인(靑藤老人)이다. 저서에 『노사분석』(路史分釋)·『필원요지』(筆元要旨)·『서문장집』(徐文長集)·『사성원』(四聲猿)·『운합기종』(雲合奇蹤)·『남사서록』(南詞敍錄)·『전다칠류』(煎茶七類)·『문장집궐편』(文長集闕篇)·『영도관집』(櫻桃館集)·『초대집』(抄代集)·『초소집』(抄小集)·『장자내편주』(莊子內篇注)·『참동계주』(參同契注)·『황제소문주』(黃帝素問注)·『곽박장서주』(郭璞葬書注)·『사서해』(四書解)·『수릉엄경해』(首楞嚴經解)·『회계현지』(會稽縣志)·『현초류적』(玄抄類摘)·『가소대』(歌嘯臺)·『이장길시집비주』(李長吉詩集批注)가 있다.

이 많았다. 공이 말하기를 "당고(黨錮)[224]를 뒤집는 새로운 주제이다"고 하다.

7월, 항주로 갔는데, 왕구공(王九公)이 호숫가 배로 초청하여 모제가(毛際可)[225]·허상암(許霜巖)·왕정헌(王廷獻)과 함께 시를 짓고 고마움을 기록하다. 만사대가 세상을 떴다는 소식을 듣고 가서 통곡하다. 곤산에 이르러 서건학의 집에 머물며 전시루(傳是樓)[226]의 책들을 보다. 주지전(朱之銓)이 그 부친 주천린(朱天鱗, ?~1650)[227]의 「문정공행장」(文靖公行狀)을 가지고 묘지명을 부탁하자 공이 행장을 근거로 묘지명을 작성하다.

1684년, 공 75세.

항주로 가서 남산을 유람하던 중에 법상사(法相寺)에 들르다. 동(董)·왕(王) 두 교서(校書)가 시를 써달라고 구걸하자 천태(天台)로 돌아오다.

1685년, 공 76세.

고소(姑蘇)로 가서 주자패 선생을 방문하였는데, 그 때 선생은 스님들의 숙소에서 동파(東坡)를 법 삼아 도당(道堂)에 꿇어앉아

---

224) '당고지화'(黨錮之禍)란 말에서 나온 것으로 이것은 후한 환제(桓帝) 때, 진번(陳蕃)·이응(李膺) 등 우국지사가 환관의 횡포를 비판하며 태학생을 거느리고 환관을 공격하자 환관들이 이들을 가리켜 조정을 반대하는 당인(黨人)이라고 하며 옥에 가두었는데 이 때 이들이 피살된 사건을 말한다. 여기서는 위충현 엄당과 이에 가담한 원대성 일파의 잘못을 지적하고자 한 내용이다.

225) 청초 수안인(遂安人)으로 자는 회후(會侯), 호는 학방(鶴舫)·송고도인(松皐道人)이며, 순치년간에 진사하여 창덕부추관(彰德府推官)·상부령(祥府令)을 지냈다. 저서에 『춘추삼전고이』(春秋三傳考異)·『송고시선』(松皐詩選)·『안서당문초』(安序堂文鈔)·『회후문초』(會侯文鈔)가 있다.

226) 청초, 강소성 곤산 서건학의 장서루(藏書樓) 이름이다. 당시 서건학은 송원대 간행된 책들을 소장하고 있었고 지금도 그 서목(書目)이 전한다.

227) 명말청초 곤산인. 자는 진청(震靑)·유초(游初). 숭정년간에 진사하여 한림원 편수를 지냈다. 사상적으로 유불(儒佛)을 넘나들었고, 저서로 『논학서』(論學書)·『건중우어』(虔中偶語)가 있다.

282

있은 지 49일, 더 수련하려고 하였지만 공이 온 관계로 그 일을 그
만두다. 곤산으로 가자 고경범이 「등단구전」(鄧丹邱傳)을 지어 공
에게 기록해줄 것을 청하다.

8월, 마을로 돌아오자 만사선이 어계에서 와서 방문하다.

연말, 용상으로 가 진석하를 병문안하다. 진석하와는 오랫동안
서로 의지한 사이다.

1686년, 공 77세.

3월, 충단공을 사당에 모시고 며칠간 성에 머물며 제사를 지내고
「요강춘사부」(姚江春社賦)를 짓다.

6월 25일, 동생 회목공이 운명하다.[228] 거처를 주가부(周家埠)로
옮기다.

1687년, 공 78세.

독학(督學) 왕염(王掞)[229]이 『자유자문집』(子劉子文集)을 출간하
자 공이 집안에 보관된 곳에서 초고를 찾아 유작 선생과 함께 그
뿌리를 찾아 마침내 교열하는데, 반드시 손으로 그 자취를 찾아 근
거로 삼다.[230] 회양(淮陽)의 문사 전석전(田錫田)[231]이 와서 인사하다.

1688년, 공 79세.

손녀 사위 용상의 만승훈(萬承勳)[232]이 오하(五河)에서 와서 문안
하다.

5월, 오문(吳門)으로 가 탕빈(湯斌, 1627~87)[233]을 만나고 탕빈이

---

228) 상세한 내용은 태사(太史) 전씨(全氏)의 「자고선생신도표」(鷦鷯先生神道
表)에 있다.
229) 청초 태창인으로 자는 조유(藻儒)·전암(顓菴)이며, 강희년간에 진사하여
문연각대학사(文淵閣大學士)를 지냈다.
230) 『각자유자전서계』(刻子劉子全書啓)가 있으나 미각고(未刻稿)이다.
231) 청초 양성인(襄城人)으로 자는 청사(靑簑)·수전(守田), 호는 견호(堅瓠)
이며, 강희년간의 제생이다. 저서에 『서학우록』(書學偶錄)이 있다.
232) 청초 만언(萬言)의 아들로 자는 개원(開遠), 호는 서곽(西郭)이며, 관직은
자주목(磁州牧)을 지냈다. 저서에 『빙설시초』(冰雪詩鈔)가 있다.
233) 청초 휴주인(睢州人)으로 자는 공백(孔伯)·형현(荊峴), 호는 잠암(潛菴),

돌아가며 사람들에게 말하기를 "황 선생이 학문을 논하는 것은 마치 우(禹) 임금이 물을 끌어들이고 산을 이용해서 맥락을 분명히 한 것처럼 우리의 두표(斗杓)[234]로다!"고 하다. 곤산의 서병의가 와서 만나고 마침내 곤산으로 가다.

6월, 화사(畵師) 황자기(黃子期)가 무림(武林)에서 무더위를 피해 공을 만나러 오다. 공이 그로 하여금 충단공의 「정명시」(正命詩) 가운데 예언과 관계된 것을 「조신도」(潮神圖)로, 유종주 선생의 읍별상(泣別像), 그리고 태부인의 경전을 외우는 모습 두 개를 그리게 하다.

9월, 군성에서 9일간 우거하며 육현서원(六賢書院)[235]에 참배하다. 옛날의 난정(蘭亭)을 찾는데, 토인(土人) 장경오(張敬吾)가 인도하여 비로소 그 땅을 얻다. 숭산(崇山) 아래 화표(華表)가 있는데 만력년간에 서정명(徐貞明)[236]이 건립하다.

11월 4일, 꿈에서 시어 왕정중이 통곡하였는데, 깨어보니 이불이 젖다. 스스로 『남뢰문안』・『오회집』(吾悔集)・『찬장집』(撰杖集)・『촉산집』(蜀山集)을 교정하고, 할 수 없어 남겨둔 것이 3분의 1인데, 그것은 『남뢰문정』(南雷文定)으로 후에 다시 추스려서 만든

시호는 문정(文正)이며, 순치년간에 진사하여 강령순무(江寧巡撫)・공부상서를 역임하였다. 그 학문은 손기봉보다 뛰어나 주륙(朱陸)에 박통하고 성의정심(誠意正心)을 근본으로 하였다. 저서에 『낙학편』(洛學編)・『휴주지』(眭州志)・『탕자유서』(湯子遺書)・『명사고』 약간 권 등이 있다.

탕빈은 강희 26년(1687) 10월에 죽었다. 황종희가 탕빈을 만난 것은 강희 24년(1685)의 일이다. 탕빈의 "退謂人曰……" 운운은 강희 20년 황종희 서신중의 발언으로 전도되어 있다. 참고로 『탕자유서』(湯子遺書) 권수・권4 및 『황이주문집』 부록을 보라. —황병후(黃炳垕) 주.

234) 두병(斗柄), 곧 북두칠성 중 자루 쪽의 세 별.

235) 이곳에는 충단공을 우두머리로 해서 유종주・시방요・예원로・기표가・주봉상(周鳳翔)을 배향하였다. 함풍(咸豊) 신유(辛酉)년에 훼손되었다.

236) 명말청초 서구사(徐九思)의 아들로 자는 유동(孺東)이고 융경(隆慶)년간에 진사하여 만력년간에 상보소경(尙寶少卿)을 지냈다. 저서에 『노수객담』(潞水客談)이 있다.

『문약』(文約)이다.[237]

1689년, 공 80세.

정월 대보름 날, 공이 요강서원(姚江書院)에서 강학하는데, 읍후(邑侯) 강연실(康璉實)이 오다. 소흥의 수령 이탁(李鐸)이 향음주례(鄉飮酒禮)를 베풀고 손님을 초청하자, 공이 말하기를 "나는 성스러운 천자의 부름을 받았다면 그 수고로움을 피하고자 가지 않을 것이며, 손님을 위해 초청하였다면 그 양생을 탐하며 음식을 즐기는 것이니 할 수 있겠는가?"고 하며, 사양하는 글을 보내다. 주일공이 북경에서 돌아와 서원문이 보낸 「술회시」(述懷詩) 3장을 곧 차운해서 보내다.

3월, 용상으로 가 만사동이 북으로 가는 것을 배웅하고 청도관(淸道觀)에 올라 풍령의(馮令儀)를 만나 장연사(張鍊師)의 방에서 유숙하다. 여러 노인들이 모여 천세회(千歲會)를 만드는데, 정근천(鄭近川)·진잠·소도숙(邵陶叔)·반(潘)모 등이 모두 100세이고, 나머지 6명 또한 90세이며, 공이 가장 어린 80세였다. 오산(烏山) 호(胡)씨가 기린을 낳자 공이 말하기를 이것은 큰 홍수의 조짐이라 하고 「획린부」(獲麟賦)를 쓰다.

1690년, 공 81세.

2월, 강희황제가 상서 서건학에게 묻기를 "이 땅에 박학하고 견문이 넓으며 문장이 바르고 우아하며 질문에 제대로 답할 수 있는 사람이 있는가?"고 하자, 서건학이 대답하기를 "신이 알기로는 단지 절강의 황종희뿐입니다. 그의 학문은 깊고 넓으며, 나이가 80인데도 손에서 책을 놓지 않으며, 일찍이 신의 아우 서원문이 추천하

---

237) 『남뢰문정』 전집 11권, 후집 4권은 무밀(武密) 근웅봉(靳熊封)이 교정 간행하고, 3집 4권, 4집 4권은 산양(山陽)의 대유일(戴唯一)과 서조(西洮)의 양우강(楊禹江) 등이 교정하여 간행하였다. 5집 3권은 주일공이 편집하고, 인화(仁和)의 심적림(沈荻林)이 판각하였다. 『문약』 4권은 자수(慈水)의 정남계(鄭南谿) 선생이 판각하여 이로각에 보존하였다.

는 상소를 하였습니다"고 하다. 황제가 말하기를 "(황종희를) 북경
으로 불렀으나 일을 맡지 않고 돌아가고자 해서 관리를 보내 그를
배웅했노라"고 하다. 서건학이 대답하기를 "전에는 노병으로 사양
하여 아마도 나갈 수 없었던 것 같습니다"고 하자, 성조는 인재 구
하는 것이 이처럼 어렵다고 하며 탄식하다. 독학 진릉(晉陵) 주청
원(周淸源)²³⁸⁾이 절동(浙東)에 부임하여 배를 타고 죽포로 가 산중
의 공을 방문하다. 운간(雲間)의 조카 중간공(仲簡公 : 黃炳)이 요
(姚)로 와서 조상의 묘지를 찾고, 공이 족보를 펼쳐보이자 죽교판두
(竹橋畈頭)의 지류가 됨을 알다.

3월, 직방공과 함께 항주 광화사(廣化寺)로 가 충단공의 신위에
참배하고 고소로 가 유용주(劉龍洲) 선생의 묘에 조문하고 주점(周
點 : 문숙공의 손자), 문사 구련(裘璉)²³⁹⁾과 함께 호구(虎邱)를 유람
하고 채방병(蔡方炳)²⁴⁰⁾·장무심(張茂深)을 만나 한 수를 짓다.

5월, 비로소 돌아오다. 오부(五夫)에 이르러 커다란 새가 밭에 앉
아 있는 것을 보고 처음에는 황새인줄 알았는데, 자세히 보니 학이
었다. 공이 말하기를 "절동에는 학이 없는데, 바닷새가 왔으니 저것
은 아마도 노(魯)의 구관조나 천진(天津)의 두견 같다"고 하다.

7월 말, 큰비가 내려 산사태가 나 충단공의 사당이 무너지다. 요
(姚) 사람이 와서 읍이 물에 잠겼다는 유언비어를 퍼뜨리자 동네
어른들이 압승(壓勝 : 주문)의 술수로 생각하고 성황신(城隍神)에
제사를 지내고, 성의 누각에 있는 여요현이란 세 개의 큰 글자를

238) 청초 무진인(武進人)으로 자는 아읍(雅揖), 호는 접원(蝶園)·용호(蓉
湖)·완초(浣初)·차박(且朴)이며, 공부시랑을 지냈다. 저서에 『안탕산유
기』(雁宕山游記)가 있다.
239) 청초 자계인으로 자는 은옥(殷玉), 호는 횡산(橫山)이며 강희년간에 진사
하였다. 저서에 『횡산집』(橫山集)이 있다.
240) 청초 곤산인(崑山人)으로 자는 구하(九霞), 호는 식관(息關)·원학재(願學
齋)·치존재(恥存齋)이며, 장주(長洲) 제생이다. 저서에 『원학재집』(願學齋
集)이 있다.

강에 던졌는데, 공은 이것을 「요심기」(姚沈記)에 기록하다.

10월, 다시 항주 육일천으로 가 충단공 신위를 참배하고, 선각사 (先覺祠)에서 강학에 참여했던 제현들을 참배하다.[241]

1691년, 공 82세.

오예지(吳裔之)──오하주(吳霞州) 선생의 아들──가 손수 쓴 편지를 받고 공은 43년 전 항해(航海)의 일을 고맙게 여기며 시 두 편을 쓰다. 사군(使君) 근치형(靳治荊)[242]이 신안으로 임무를 띠고 와서 공을 초청하여 황산(黃山)을 유람하다. 공이 신안으로 가 늙고 병들어 지팡이를 끌며 한 발자국 가는 것조차 매우 힘들었지만 왕율정(汪栗亭)으로 가 『황산속지』(黃山續志)에 서문을 쓰다.

4월 말, 마을로 돌아와 다시 새롭게 단장된 남문에 충단공 사당을 세우다.

1692년, 공 83세.

해염의 명부(明府) 이매서(李梅墅)가 공에게 강연을 청하였으나 할 수 없었다. 중승(中丞) 송락(宋犖)[243]이 시를 보내오자 공이 이에 차운해서 보내다.

7월, 공의 병이 심해져 문자와 관련된 모든 것을 하지 않다. 구조

241) 숭정초에 유종주는 서호에 오군자사(五君子祠)를 건립할 것을 청하였다. 먼저 절강에서 태어난 충단공과 위대중 및 그 아들 위학이(魏學洢), 절강에서 벼슬을 한 주종건(周宗建), 절강에서 강학을 한 고반룡을 선각사에 배향하고, 아울러 강학에 참여했던 제현들을 배향했는데, 지금은 육일천 광화암(廣化菴) 뒤로 이전하였다.

242) 청초 한군양황기인(漢軍鑲黃旗人)으로 자는 웅봉(熊封), 관직은 길안지부 (吉安知府)를 지냈다. 저서에 『사구록』이 있다.

243) 청초 상구인(商丘人)으로 송권(宋權)의 아들이며, 자는 목중(牧中), 호는 만당(漫堂)·서피(西陂)·서파방압옹(西坡放鴨翁)·면진산인(縣津山人)· 창랑우공(滄浪寓公)이다. 관직은 이부상서·태자소사(太子少師)를 지냈다. 저서에『서파류고』(西坡類稿)·『균랑우필』(筠廊偶筆)·『창랑소지』(滄浪小志)·『만당묵품』(漫堂墨品)·『괴석찬』(怪石贊)·『면진산인시집』(縣津山人詩集)이 있다.

오가 그간 온 편지를 갖고 왔는데, 북지(北地)의 가순암(賈醇庵)이 이미 『명유학안』을 간행하였다고 말하자 공은 잠시 신음을 토하고, 「서문」을 작성하는데, 공이 말하면 주일공이 그것을 받아쓰다. 공이 평일 『수경주』(水經注)를 읽으며 각 성의 통지(通志)를 참고하는데, 여러 군데가 일치하지 않자 전에 쓴 것을 따르지 않고, 여러 물줄기의 갈래를 설명하였기 때문에 그것을 『금수경』(今水經)이라 하고, 그 해에 완성하고 서문을 쓰다.[244) 그 해 이후 글을 쓴 것을 『병탑집』(炳榻集)이라고 하다.[245)

1693년, 공 84세.

만정일이 오언고시 500자를 보내오다. 『요지』(姚志)의 저본은 모두 공이 지었는데, 그 고증이 자못 상세하다. 『명문해』(明文海) 482권의 편찬을 끝내고 주일공에게 말하기를 "당나라의 『문원영화』(文苑英華) 100권은 명나라의 작자가 당나라보다 앞서고 있는데, 이것은 한 시대의 책으로 족하지 않은 것이 아니다. 생각해보건대 책을 읽어보면, 반드시 그와 같은 것이 아니니 내가 그 좋은 내용을 담고 있는 몇 편을 선택하여 너에게 줄테니 읽어보라. 여기에 『명문수독』(明文授讀) 62권이 있다"고 하다.[246)

겨울, 둘째 아들 직방공이 세상을 뜨다.

1694년, 공 85세.

정월 말, 만사선이 눈이 오는데도 방문하여 며칠 머물다 갔으나 8월에 죽다. 왕양명이 서애(徐愛, 1488~1518)[247)에게 한 것처럼 공

---

244) 동천(桐川)의 포이문(鮑以文)이 교정 간행하다.
245) 오늘날 이것은 『문정』 5집에 들어 있다.
246) 이것은 사명(四明)의 문사 장석곤(張錫琨)이 교정 간행하였다. 공에게는 또한 『속송문감』(續宋文鑑)·『원문초』(元文鈔)가 있는데 간행되지 않았다.
247) 명대 여요 사람으로 자는 왈인(曰仁), 호는 횡산(橫山)이다. 왕양명의 제자이며, 『전습록』(傳習錄)을 편찬하였다. 정덕년간에 진사하여 남공부랑중(南工部郎中)을 지냈고, 31세의 젊은 나이에 죽었다. 저서로 『서횡산문집』(徐橫山文集)이 있다.

은 그 집안사람들이 묘지명을 부탁하기 전에 쓰다.[248]

8월 29일, 맞아들 기질공(棄疾公)이 죽다.[249] 상국(相國) 서원문이 통곡하다.

1695년, 공 86세.

7월 3일 묘시(卯時), 일을 마치고 잠자리에 들다. 병이 심해지자 집안사람들에게 알리며 말하기를 "내가 죽은 후 다음날 상여를 메고 무덤에 이르러 시복(時服)으로 염하는데 이불과 요로 하고, 석상을 놓고 관곽(棺槨)은 사용하지 말며, 불사(佛事)를 드리지 말고 49재를 지내지 말며, 고취(鼓吹)·무격(巫覡)·명정(銘旌)·지번(紙旛)·지전(紙錢)은 모두 쓰지 말라"고 하였는데, 이것은 『장제혹문』(葬制或問)에 기록되었다.[250] 또한 『이주말명』(梨洲末命) 한 편에도 기록하였다. 주일공이 공의 마지막 말씀을 준수하여 돌아간 다음날 화안산으로 상여를 메고 와 무덤 속에 안장하고 무덤의 문을 닫다. 그 무덤 앞에는 편석(片石)을 놓다. 평시 정량에게 글을 부탁했지만 정량이 죽자 글을 완성하지 못하다. 그 후 전조망(全祖望, 1705~55)[251]이 그것을 보충하여 「이주선생신도비문」(梨洲先生神道碑文)이라 하다.[252]

---

248) 만태 선생에게는 8명의 아들이 있었는데 대부분 공에게서 배웠고, 그 가운데 공택·충종·계야(季野) 세 선생이 가장 고명하다고 한다.

249) 기질공은 어려서부터 질환이 있었지만 넓게 배우고 힘써 기록하여 『유궁초』(留窮草)를 저술하였다.

250) 『문정』(文定) 5집에 실려 있는데, 전조망이 말하기를 "공은 몸소 국가의 변란을 체험하고 빨리 썩기를 바라며 명백히 말하는 것을 원하지 않은 것은 이 때문이다"고 하였다.

251) 청초 절강 은현인으로 사학·경학의 대가이며 자는 소의(紹衣), 호는 사산(謝山)이다. 학자들은 사산선생이라 칭하였다. 건륭원년에 진사하여 지현(知縣)을 지냈다. 황종희를 추숭하였고 저서로 『길기정문집』(鮚埼亭文集)·『길기정문집외편』(鮚埼亭文集外編)·『경사문답』(經史問答)·『길기정시집』(鮚埼亭詩集)·『구여토음』(句餘土音)·『한서지리지계의』(漢書地理志稽疑)·『칠교수경주』(七校水經注)를 남겼다.

252) 이 글은 『길기정집』(鮚埼亭集)으로 간행되다.

옮긴이의 말

I

새 천년이 시작되었다. 각 방면에서 새 시대를 맞이하는 각오와 다짐이 다양하게 표출되고 있다. 특히 첨단 과학 분야에서의 이러한 움직임은 정부·기업·대학 등의 전폭적인 지원을 받고 있다. 그 중에서도 교육계에서 추진하고 있는 '두뇌한국 21' 계획은 상당수 교수들의 반대에도 불구하고 계속 진행되고 있는 실정이다.

지원 분야는 명목상 전분야를 망라하고 있지만 실제로는 이공 계통에 집중되어 있음은 두말할 것도 없다. 인문학 분야의 지원은 그저 항목에만 존재하는 수준이다. 그래서 학자들은 '인문학의 침체'를 넘어 '전멸'을 말하고 있다. 이미 대학에서의 인문학은 정부의 교육정책과 맞물려 침체의 길을 걸은 지 오래되었다.

그러나 한편에선 21세기는 '문화의 시대'가 될 것임을 예고한다. 앞으로의 시대는 냉전 이데올로기가 지배하는 획일적인 문화패턴은 지양되고 다원화된 문화의 형태로 나아갈 것이며, 여기서 기존의 전통문화는 지역을 연합시키는 동력으로 작용할 것이라고 예견한다. 이런 점에서 동아시아의 유구한 역사와 문화는 '문화의 시대'에 더욱 빛을 발할 수 있을 것이다. 특히 유구한 세월 동안 축적되어온 동아시아의 역사와 문화는 더욱 값진 모습으로 재등장할 것이다. 유교문화를 기반으로 하고 있는 이들 지역은 1970, 80년대 이후 지속적인 경제발전으로 세계의 이목을 집중시킨 바 있다. 비록 20세기를 마감하는 시점에 닥친 국가적인 경제위기는 동아시아 문화 전반을 부정적으로 각인시키는 측면도 없지 않았으나, 국가적 위기를 해결하는 데 동아시아적 가치는 그래도 유효하다는 지적 또한 만만치 않다는 점은 주목할 필요가 있다.

이렇게 볼 때 인문학의 위기 내지는 전멸이란 언급은 성급한 감이 없지 않다. 인문학은 끝나지 않았다. 인문학은 다시 사회 전면에서 국가와 민족, 나아가 지역공동체를 이끌 대안이다. 마치 정신과 육체가 불가분리이듯 과학과 문화는 떼려야 뗄 수 없는 공동운명체이다. 아직은 우리나라가 과학과 경제발전에 치중해야 하는 상황에 처해 있지만, 다가오는 21세기의 풍요로운 삶의 질을 생각한다면 인문학에 대한 관심과 적극적인 지원을 결코 소홀히 할 수 없을 것이다.

새 천년이 시작된 지금, 한길사의 인문학에 대한 지속적인 관심과 지원은 이런 점에서 매우 의미있는 일이다. 순수 학문에 대한 지원, 특히 고전번역 지원은 경영을 함께 고민해야 할 출판사의 사정을 감안한다면 큰 용단이 아닐 수 없다. 인문학을 공부하는 한 사람으로 한길사에 감사드린다.

II

인류 역사는 사회의 흥망사라고 해도 과언이 아니다. 흥망의 연속은 일치일란(一治一亂)의 동양적 사관과 일치한다. 황종희는 명말의 혼란기를 살면서 새 시대에 대한 강한 열망을 갖고 있었다. 이런 그의 열망은 행동으로 표현되었고, 행동이 좌절되자 글로써 이를 강력하게 피력하였다. 그렇게 해서 나오게 된 책이 바로 『명이대방록』이다. 이런 점에서 이 책은 '신시대 대망록'이라고 할 수 있다. '새 술은 새 부대에'라고 했던가.

처음에 그는 명조회복을 위해 자신의 몸을 아낌없이 던졌다. 비록 많은 문제를 안고 있는 정권이라 하더라도 체제내 개혁을 통해 새 사회를 이룩해보고자 했던 그의 희망은 강력한 외적 조건으로 물거품이 되고 말았다. 그러나 그는 희망을 접어두지 않았다. 그의 새 시대, 새 사회에 대한 열망과 결의는 저술을 통하여 더 큰 빛을 발휘하게 되었다.

그러나 개혁과 실천에 대한 강한 열망이 담긴 그의 저술을 본 기득권자들은 이를 경계하였고, 급기야 이 책은 금서처분을 당하게 된다. 1980년대 우리 사회에서도 만연했던 금서는 오히려 그 책의 가치를 상승시켰던 것처럼 『명이대방록』도 지식인들 사이에서는 더 큰 반향을 불러일으켰다. 이 책의 가치가 어떤 결과로 나타났는가를 수치로 표현할 수는 없지만 사회를 선도하는 일부 지식계층을 고무시켰던 사실은 혁명대열에 참여했던 청말 지식인들을 통해서 충분히 증명된다.

사회를 이끄는 원초적 힘은 당대의 지도자가 아니라 그들이 읽은 책이다. 지도자의 철학과 이념이 그가 읽은 책을 통해서 형성되기 때문이다. 그렇기 때문에 한 권의 좋은 책은 인류의 앞날을 결정할 수 있다. 『명이대방록』은 비록 17세기에 씌어졌어도 당대는 물론 청말 근대화의 길목에서 지식인들에게 큰 영향을 주었으며, 오늘날에도 중국의 전통적인 정치·경제사상을 점검하는 데 없어서는 안 될 중요한 자료가 되고 있다. 당대에만 유효했던 것이라면 그것은 좋은 책이 될 수 없다. 이 책에서 볼 수 있는 17세기의 개혁적·실천적 태도가 오늘날 우리들에게도 교훈적인 요소로 작용하고 있다.

민본(民本)·부민(富民)·사민평등(四民平等)의 정치사상은 동양적 가치를 오늘날까지 이어주는 중요한 제안이라는 것이다. 서구적 가치가 보편적인 가치로 묶이는 사회에서 전통적 가치의 중요성을 재인식하려는 항간의 움직임은 단순히 전통문화에 대한 재평가 수준에서 머무는 것이 아니라 과거를 통해 오늘을 반성한다는 매우 중대한 의미를 지닌다.

이같은 생각들은 석·박사 학위논문을 지도해주신 성균관대학교 동양철학과 안병주 교수님의 『명이대방록』 강독시간을 통해 확고해졌다. 안 교수님은 황종희를 '유교의 루소'라 평가한다. 『명이대방록』의 민본사상을 맹자 이래의 유교적 혁명론의 전통을 확대시킨 것이라고 지적하면서, 중국사상사에서 황종희의 사상이 차지하는 비중을 설명하였다. 옮긴이가 황종희 사상에 관심을 갖고 학문의 길에 들어서게 된 동기는 바로 이같은 안 교수님의 가르침이 결정적인 계기가 되었다 해도 과언이 아니다. 이후 명말청초의 개혁적·개방적·실천적 학문에 빠져들어 학문하는 즐거움을 조금씩 알게 된 것도 모두 안 교수님의 자상한 지도 덕분이었다. 이 자리를 빌려 감사드린다.

　참고로 이 번역서의 저본을 소개한다. 먼저 『명이대방록』은 절강고적출판사(浙江古籍出版社)가 1985년 출간한 『황종희전집』(黃宗羲全集) 제1책을 주된 원서로 하였고, 1968년 대만 융언출판사(隆言出版社)의 『이주유저휘간』(梨洲遺著彙刊)(하)을 참고하였다. 한편 연보는 『이주유저휘간』(상)의 「수권」(首卷)을 참고하였는데, 이는 완역이 아님을 밝혀둔다.

　2000년 1월
　옮긴이 김덕균

찾아보기

302

304

310

HANGIL GREAT BOOKS 41

명이대방록

지은이 황종희
옮긴이 김덕균
펴낸이 김언호

펴낸곳 (주)도서출판 한길사
등록 1976년 12월 24일
주소 10881 경기도 파주시 광인사길 37
홈페이지 www.hangilsa.co.kr
전자우편 hangilsa@hangilsa.co.kr
전화 031-955-2000~3 **팩스** 031-955-2005

인쇄 오색프린팅 **제본** 경일제책사

제1판 제1쇄 2000년 3월 20일
제1판 제5쇄 2022년 3월 5일

값 25,000원

ISBN 978-89-356-5230-3 94150

한길그레이트북스 인류의 위대한 지적 유산을 집대성한다

●한길그레이트북스는 계속 간행됩니다.